中華譯學館

莫言題

中华译学传文倘宇与

以中华为根 译与学并重

弘扬优秀文化 促进中外交流

拓展精神疆域 驱动思想创新

丁酉年冬月许钧撰 罗卫东书

中华译学馆·中华翻译家代表性译文库

许　钧　郭国良／总主编

李善兰 卷

黎昌抱／编

ZHEJIANG UNIVERSITY PRESS
浙江大学出版社
·杭州·

图书在版编目(CIP)数据

中华翻译家代表性译文库.李善兰卷 / 黎昌抱编. —
杭州：浙江大学出版社,2024.1
ISBN 978-7-308-24600-2

Ⅰ.①中… Ⅱ.①黎… Ⅲ.①李善兰(1811—1882)
—译文—文集 Ⅳ.①Z426

中国国家版本馆 CIP 数据核字(2023)第 255199 号

中華譯學館 題言莫

中华翻译家代表性译文库·李善兰卷
黎昌抱 编

出 品 人	褚超孚
丛书策划	张　琛　包灵灵
责任编辑	张颖琪
责任校对	陆雅娟
封面设计	闰江文化
出版发行	浙江大学出版社
	(杭州市天目山路 148 号　邮政编码 310007)
	(网址:http://www.zjupress.com)
排　　版	浙江大千时代文化传媒有限公司
印　　刷	杭州高腾印务有限公司
开　　本	710mm×1000mm　1/16
印　　张	19.75
字　　数	357 千
版 印 次	2024 年 1 月第 1 版　2024 年 1 月第 1 次印刷
书　　号	ISBN 978-7-308-24600-2
定　　价	98.00 元

总　序

考察中华文化发展与演变的历史,我们会清楚地看到翻译所起到的特殊作用。梁启超在谈及佛经翻译时曾有过一段很深刻的论述:"凡一民族之文化,其容纳性愈富者,其增展力愈强,此定理也。我民族对于外来文化之容纳性,惟佛学输入时代最能发挥。故不惟思想界生莫大之变化,即文学界亦然。"①

今年是五四运动一百周年,以梁启超的这一观点去审视五四运动前后的翻译,我们会有更多的发现。五四运动前后,通过翻译这条开放之路,中国的有识之士得以了解域外的新思潮、新观念,使走出封闭的自我有了可能。在中国,无论是在五四运动这一思想运动中,还是自 1978 年改革开放以来,翻译活动都显示出了独特的活力。其最重要的意义之一,就在于通过敞开自身,以他者为明镜,进一步解放自己,认识自己,改造自己,丰富自己,恰如周桂笙所言,经由翻译,取人之长,补己之短,收"相互发明之效"②。如果打开视野,以历史发展的眼光,

① 梁启超. 翻译文学与佛典//罗新璋. 翻译论集. 北京:商务印书馆,1984:63.
② 陈福康. 中国译学理论史稿. 上海:上海外语教育出版社,1992:162.

从精神深处去探寻五四运动前后的翻译,我们会看到,翻译不是盲目的,而是在自觉地、不断地拓展思想的疆界。根据目前所掌握的资料,我们发现,在 20 世纪初,中国对社会主义思潮有着持续不断的译介,而这种译介活动,对社会主义学说、马克思主义思想在中国的传播及其与中国实践的结合具有重要的意义。在我看来,从社会主义思想的翻译,到马克思主义的译介,再到结合中国的社会和革命实践之后中国共产党的诞生,这是一条思想疆域的拓展之路,更是一条马克思主义与中国革命相结合的创造之路。

开放的精神与创造的力量,构成了我们认识翻译、理解翻译的两个基点。在这个意义上,我们可以说,中国的翻译史,就是一部中外文化交流、互学互鉴的历史,也是一部中外思想不断拓展、不断创新、不断丰富的历史。而在这一历史进程中,一位位伟大的翻译家,不仅仅以他们精心阐释、用心传译的文本为国人打开异域的世界,引入新思想、新观念,更以他们的开放性与先锋性,在中外思想、文化、文学交流史上立下了一个个具有引领价值的精神坐标。

对于翻译之功,我们都知道季羡林先生有过精辟的论述。确实如他所言,中华文化之所以能永葆青春,"翻译之为用大矣哉"。中国历史上的每一次翻译高潮,都会生发社会、文化、思想之变。佛经翻译,深刻影响了国人的精神生活,丰富了中国的语言,也拓宽了中国的文学创作之路,在这方面,鸠摩罗什、玄奘功不可没。西学东渐,开辟了新的思想之路;五四运动前后的翻译,更是在思想、语言、文学、文化各个层面产生了革命性的影响。严复的翻译之于思想、林纾的翻译之于文学的作用无须赘言,而鲁迅作为新文化运动的旗手,其翻译动机、翻译立场、翻译选择和翻译方法,与其文学主张、文化革新思想别无二致,其翻译起着先锋性的作用,引导着广大民众掌握新语言、接受新思想、表达自己的精神诉求。这条道路,是通向民主的道路,也是人民大众借助掌握的新语言创造新文化、新思想的道路。

回望中国的翻译历史,陈望道的《共产党宣言》的翻译,傅雷的文学翻译,朱生豪的莎士比亚戏剧翻译……一位位伟大的翻译家创造了经典,更创造了永恒的精神价值。基于这样的认识,浙江大学中华译学馆为弘扬翻译精神,促进中外文明互学互鉴,郑重推出"中华译学馆·中华翻译家代表性译文库"。以我之见,向伟大的翻译家致敬的最好方式莫过于(重)读他们的经典译文,而弘扬翻译家精神的最好方式也莫过于对其进行研究,通过他们的代表性译文进入其精神世界。鉴于此,"中华译学馆·中华翻译家代表性译文库"有着明确的追求:展现中华翻译家的经典译文,塑造中华翻译家的精神形象,深化翻译之本质的认识。该文库为开放性文库,入选对象系为中外文化交流做出了杰出贡献的翻译家,每位翻译家独立成卷。每卷的内容主要分三大部分:一为学术性导言,梳理翻译家的翻译历程,聚焦其翻译思想、译事特点与翻译贡献,并扼要说明译文遴选的原则;二为代表性译文选编,篇幅较长的摘选其中的部分译文;三为翻译家的译事年表。

需要说明的是,为了更加真实地再现翻译家的翻译历程和语言的发展轨迹,我们选编代表性译文时会尽可能保持其历史风貌,原本译文中有些字词的书写、词语的搭配、语句的表达,也许与今日的要求不尽相同,但保留原貌更有助于读者了解彼时的文化,对于历史文献的存留也有特殊的意义。相信读者朋友能理解我们的用心,乐于读到兼具历史价值与新时代意义的翻译珍本。

许　钧

2019 年夏于浙江大学紫金港校区

目 录

导　言 ………………………………………………………………… 1

第一部分　数　学

一　几何原本(后 9 卷节录) …………………………………………… 23

　　1　续译原序 ……………………………………………………… 23

　　2　续译原跋 ……………………………………………………… 25

　　3　第七卷 ………………………………………………………… 26

　　4　第八卷 ………………………………………………………… 44

　　5　第九卷 ………………………………………………………… 57

　　6　第十三卷(论体三) …………………………………………… 72

　　7　第十四卷(论体四) …………………………………………… 97

　　8　第十五卷(论体五) …………………………………………… 105

二　代数学(节录) …………………………………………………… 112

　　1　译　序 ………………………………………………………… 112

　　2　卷首　纲　领 ………………………………………………… 113

三　代微积拾级(节录) ……………………………………………… 117

　　1　译　序 ………………………………………………………… 117

　　2　凡　例 ………………………………………………………… 119

　　3　卷　一 ………………………………………………………… 121

4　卷　二 …………………………………………………… 124

四　圆锥曲线说（节录） …………………………………… 130

1　卷　一 …………………………………………………… 130

2　卷　三 …………………………………………………… 145

第二部分　天文学

谈天（节录） ……………………………………………………… 163

1　译序一 …………………………………………………… 163

2　译序二 …………………………………………………… 165

3　凡　例 …………………………………………………… 166

4　卷首　例 ………………………………………………… 168

5　卷一　论　地 …………………………………………… 170

6　卷二　命　名 …………………………………………… 182

7　卷五　天　图 …………………………………………… 189

8　卷八　动　理 …………………………………………… 198

第三部分　物理学

重学（节录） ……………………………………………………… 203

1　跋（钱熙辅） …………………………………………… 203

2　译　序 …………………………………………………… 204

3　卷　一 …………………………………………………… 205

4　卷　二 …………………………………………………… 216

5　卷　五 …………………………………………………… 226

6　卷十五 …………………………………………………… 239

7　卷十九 …………………………………………………… 243

8　卷二十 …………………………………………………… 250

第四部分　植物学

植物学（节录）··· 259

　1　译　序 ·· 259

　2　卷一　总　论 ··· 260

　3　卷二　论内体 ··· 266

　4　卷三　论外体 ··· 270

　5　卷七　察理之法 ·· 282

　6　卷八　分　科 ··· 288

李善兰译事年表 ·· 299

导　言

一、生平介绍

李善兰(1811—1882),原名心兰,字竟芳,号秋纫,别号壬叔。清嘉庆十五年十二月二十八日(1811 年 1 月 22 日)出生于浙江省海宁县硖石镇,光绪八年十月二十九日(1882 年 12 月 9 日)卒于北京。他生于书香门第,祖上是南宋末年不图仕道、唯读书论道的汴梁人、著名学士李伯翼。元朝初年,李伯翼之子李衍举因贤良方正,被举荐为嘉兴路总管府同知,全家始定居浙江省海宁县硖石镇。父亲李祖烈系李伯翼第 17 代孙,喜好藏书,对李善兰产生了潜移默化的影响。

李善兰自幼接受私塾教育,天赋异禀,勤奋刻苦,擅数学,工天文,于所读诗书,过目即能成诵。9 岁时,他便接触《九章算术》。对此,李善兰在《则古昔斋算学》自序中写道:"善兰年十龄,读书家塾,架上有古《九章》,窃取阅之,以为可不学而能,从此遂好算。"[①]14 岁时,李善兰自学了古希腊数学家欧几里得(Euclid,前 330—前 275)的经典著作《几何原本》(前 6卷)。这部《几何原本》(前 6 卷)是由明末科学家徐光启(1562—1633)和意大利传教士利玛窦(Matteo Ricci,1552—1610)合作翻译的。李善兰在《几何原本·续译原序》中写道:"年十五时读旧译六卷,通其义。窃思

---

① 李善兰. 序//李善兰. 则古昔斋算学. 南京:金陵书局,1867:1.

后九卷必更深微,欲见不可得,辄恨徐、利二公之不尽译全书也。又妄冀好事者或航海译归,庶几异日得见之。"①由此可见,李善兰的求知若渴,为他日后着手研究科学与翻译西书埋下了心种。后来,李善兰研读了李冶(1192—1279)的《测圆海镜》和戴震(1724—1777)的《勾股割圆记》。30 岁时,李善兰在《天算或问(卷一)》中称:"善兰自束发学算,三十后,所造渐深。"②道光二十五年(1845),李善兰虽年仅 35 岁,却已是远近闻名、著述颇丰的"科学家",不仅刻印了《方圆阐幽》《弧矢启秘》《对数探源》三种数学著作,还独创了"尖锥术"来求简单的定积分公式。③ 这一年,李善兰来到嘉兴,在陆费家坐馆,结交了张文虎(1808—1885)、顾观光(1799—1862)、汪曰桢(1813—1881)等天算名家、名士,接触并深入研究了元代著名数学家朱世杰(1249—1314)所著《四元玉鉴》3 卷,并据此撰成《四元解》2 卷。④

咸丰二年(1852)五月,李善兰来到上海,进入墨海书馆,从此开启了他的翻译出版活动,先后出版了数学、物理学、植物学、天文学等多个近代重要学科领域的译著。是年六月,开始与英国汉学家伟烈亚力(Alexander Wylie, 1815—1887)合译《几何原本》后 9 卷。咸丰八年(1858),与英国传教士韦廉臣(Alexander Williamson, 1829—1890)和艾约瑟(Joseph Edkins, 1823—1905)一起翻译的《植物学》8 卷由上海墨海书馆刊行。咸丰九年(1859),李善兰自己作序的《代微积拾级》由墨海书馆刊行。同年,译著《代数学》由墨海书馆刊行,李善兰自序的《谈天》由墨海书馆刊行,与艾约瑟合译的《重学》20 卷亦由墨海书馆刊行,与艾约瑟合译完成《圆锥曲线说》。同治五年(1866),因受到李鸿章(1823—1901)的资助,新版《重

---

① 李善兰,伟烈亚力. 续译原序//利玛窦,徐光启,伟烈亚力,李善兰,译. 几何原本十五卷. 南京:金陵书局,1865:3.
② 李善兰. 天算或问(卷一)//李善兰. 则古昔斋算学. 南京:金陵书局,1867:387.
③ 王先明,郝锦花. "合中西为一法"——近代中国早期西学著作的译述及其历史特征. 山西大学学报(哲学社会科学版),2000(4):44.
④ 张必胜,曲安京,姚远. 清末杰出数学家、翻译家李善兰. 上海翻译,2017(5):75.

学》20 卷本与《圆锥曲线说》3 卷本一起刊行。

同治八年(1869),李善兰离开上海赶往北京,进入京师同文馆,担任京师同文馆算学馆总教习。在那里,他开始了其后半生的教育活动,直到生命的最后。他在京师同文馆所从事的科学教育和科学研究工作,不仅为当时落后的中国培养了大批科学人才,还为后来中国科学和科学教育的近代化做出了重大贡献。

李善兰的一生,是"读书—著书—译书—教书"的一生,是从事科学研究和科学教育的一生。[①] 他学贯中西,撰述、译著并称于世,不仅是晚清时期中国著名的数学家、天文学家、物理学家、植物学家和教育家,还是卓越的科学翻译家,是"西学东渐的集大成者"[②]。

二、翻译成就

第一次鸦片战争失败后,清政府被迫与西方列强签订了一系列不平等条约,允许外国人在开放口岸传教、行医、办学等。随着西方文化思潮涌入中国,有识之士逐渐认识到唯有"师夷长技以制夷",中国才有出路。就是在这样的历史背景下,李善兰开始介绍西方科学,成为近代中国翻译西方科技著作的先驱。从 1852 年至 1859 年的短短数年时间里,李善兰分别与伟烈亚力、艾约瑟、韦廉臣、傅兰雅(John Fryer, 1839—1928)等西方学者合作,共翻译出版译著 8 部,计 104 卷(本),可谓译著等身。其译笔涉及数学、天文学、力学、植物学等多个重要学科领域,涉猎之广博、钻研之精深、格局之高远,清末恐怕只此一人。从《几何原本》后 9 卷而始,后相继译成《代微积拾级》18 卷、《代数学》13 卷、《谈天》18 卷、《重学》20 卷、《圆锥曲线说》3 卷和《植物学》8 卷,尤其是其天算译著,"仰承汉唐,荟

---

① 张必胜. 李善兰的学术人生及教育思想研究. 高教探索,2019(4):123.
② 张必胜. 李善兰的学术人生及教育思想研究. 高教探索,2019(4):123.

萃中外,取精用宏,兼综条贯",业畴人者,莫不家庋一编,奉为圭臬"。①除《奈端数理》及《照影学》未得全书尽译之外,其余译著全部于上海墨海书馆和南京金陵书局付梓,反响极大,流传甚广,远及海外。李善兰在原著选择上颇具独到眼光,其所译西书几乎全是本学科的经典名作,均为当时中国所没有的学科。他每出版一部译著,就意味着中国引进了一门新学科。② 譬如,《几何原本》续译为中国近代乃至当代数学事业开拓了一方新天地,《代数学》成为中国数学史上第一部符号代数学著作,《代微积拾级》让中国有了微积分这门学科,《重学》是中国近代科学史上第一部关于静力学、动力学、流体力学等的力学译著,《植物学》为中国第一部普通植物学著作。特别值得一提的是,据统计,1840 年至 1860 年,西人在华有关史地科技的著译约 28 种,而李善兰从 1852 年至 1859 年在墨海书馆不过短短数年,却翻译出版了六七部影响深远的西方近代科技著作,为晚清中国推开了通往西方近代学科的大门,引领了晚清译介西方近代科学的潮流,堪称"中国近代翻译西方科学著作的第一人"③。李善兰虽未曾出过国门,却通过翻译西书,将代数学、解析几何、微积分、天文学、力学、植物学等西方近代学科首次介绍到中国,成为晚清中国西学阵营在科学思想上最杰出的代表。诚如杜学峰所指出的:"如果要讲述中国的数学、物理学、天文学、植物学等学科的发展过程,要绕开李善兰的这些译作是不可能的。抽去李善兰翻译的这些近代科学史上的开创之作,中国近代科学的发展将是不完整的。"④

1. 明译欧氏几何两百年后的唯一续笔之作

《几何原本》(*Euclid's Elements of Geometry*),亦名《原本》,是古希腊数学家欧几里得的数学经典著作,同时是平面几何、立体几何、比例论、数

---

① 汪煦. 听雪轩诗存·序(汲修斋校本). 国家图书馆藏,1900:1.
② 杜学峰. 近代科技翻译家李善兰. 江南论坛,2012(7):61.
③ 杨自强. 近代科技翻译第一人. 文史天地,2009(1):23.
④ 杜学峰. 近代科技翻译家李善兰. 江南论坛,2012(7):61.

论和无理量理论的集大成之作,也是西方除《圣经》以外流传最广的著述。《几何原本》之所以享此盛誉,是因为该书最早使用公理化方法建立起的演绎体系被后世奉为必须遵守的严密思维之典范。该书传入中国的历程并非一帆风顺。有文献表明,欧几里得的《几何原本》是中国在 13 世纪与阿拉伯的文化交流中和阿拉伯算学一起传入中国的。^① 具体来说,该书在蒙古大汗的宫廷里曾被传授并翻译过,蒙哥(1209—1259)时期的元上都也曾有该书的阿拉伯文译本,所以该书首次传入中国是在 13 世纪中叶。^② 3 个多世纪以后,明朝科学家徐光启和意大利传教士利玛窦合译了《几何原本》前 6 卷。徐光启对该书给予了高度评价,称"此书为益",并认为"举世无一人不当学","能精此书者,无一事不可精;好学此书者,无一事不可学"。^③ 但由于种种原因,该书后 9 卷的翻译工作最终并未能顺利开展。加之清朝实行闭关锁国政策,自清朝中后期以来,与外国的学术交流和贸易往来几乎全部中断,以致李善兰在通读《几何原本》6 卷后长叹"欲见不可得"。直到 1852 年夏,墨海书馆的伟烈亚力遇到来上海的李善兰,深深为其数学造诣所折服,遂邀其入馆译书。自此,李善兰和伟烈亚力开始共同翻译西书,合译的第一部书就是欧几里得的《几何原本》后 9 卷。

咸丰二年(1852),李善兰本着当年徐光启"会通"与"超胜"的态度,由伟烈亚力口述,日译一题,但"因应试、避兵诸役,屡作屡辍。凡四历寒暑,始卒业"^④。伟烈亚力在其序文中写道:"(英译本)较勘未精,语讹字误,毫厘千里,所失匪轻。余愧谫陋,虽生长泰西,而此术未深,不敢妄为勘定。

---

① 张祖林. 论《几何原本》在中国的传播及意义. 华中师范大学学报(自然科学版),2000(2):245-249;欧几里得. 几何原本. 2 版. 兰纪正,朱恩宽,译. 西安:陕西科学技术出版社,2003.

② 李国发,江献.《几何原本》的传入及对中国数学发展的影响. 曲靖师范学院学报,2005(3):52-55.

③ 徐光启.《几何原本》杂议//利玛窦,徐光启,伟烈亚力,李善兰,译. 几何原本十五卷. 南京:金陵书局,1865:1.

④ 李善兰,伟烈亚力. 续译原序//利玛窦,徐光启,伟烈亚力,李善兰,译. 几何原本十五卷. 南京:金陵书局,1865:2.

会海宁李君秋纫,来游沪垒。君固精于算学,于几何之术,心领神悟,能言其故。于是相与翻译,余口之,君笔之。删芜正讹,反复详审,使其无有疵病,则李君之力居多,余得以借手告成而已。"①伟烈亚力在此充分肯定了李善兰的数学和翻译能力。咸丰五年(1855),李善兰完成了徐、利二公的未竟之业,欧几里得《几何原本》终于有了第一个中译全本,并由墨海书馆于咸丰八年(1858)刊行,明译欧氏几何在李善兰笔下再次变得鲜活起来。译本"第七、八、九卷论数;第十卷论无比例之几何,分二十五类,明各类各线与他类诸线俱无等,此卷在几何术中最为精奥;第十一卷至末卷俱论体,而第十三卷论中末线之用;第十四、十五卷申言等面五体"②。概而言之,该译本后9卷主要包括初等几何数论、无理数、立体几何、立体的测量、建正多面体,以及立体几何的相关体积、侧面积和表面积的计算和证明,并对原书中的各项定义、公理和公设做了详尽描述,内容由浅入深,从简至繁,填补了明译欧氏几何以来的多项数学空白,让中国算学家得以窥见全豹,对中国近代数学发展起到了积极的推动作用,尤其是对讲求思维严密性与逻辑性的推演方式、几何论证方法(如分析法、综合法、归谬法)和公理化的数学教育方法影响深远。这部《几何原本》的唯一续译作品体现出来的理性精神和翻译手段均为中国近代乃至当代数学事业开拓了一方新天地。

2. 万有引力及哥白尼学说的首部翻译巨著

咸丰元年(1851),英国著名天文学家约翰·赫歇尔(John Herschel, 1792—1871)的天文学名著 Outlines of Astronomy (《天文学纲要》)第 4 版问世。同年,李善兰和伟烈亚力着手翻译这部刚传入晚清中国的西方天文学著作,先后历时八年,得以完成,取名《谈天》,并于咸丰九年(1859)

---

① 李善兰,伟烈亚力. 续译原序//利玛窦,徐光启,伟烈亚力,李善兰,译. 几何原本十五卷. 南京:金陵书局,1865:5-6.
② 李善兰,伟烈亚力. 续译原序//利玛窦,徐光启,伟烈亚力,李善兰,译. 几何原本十五卷. 南京:金陵书局,1865:6-7.

十月在上海墨海书局刊刻发行。《谈天》一书分为18卷,另外还有卷首"例"、附表。其中,卷一为"论地",卷二言"命名",卷三涉"测量之理",卷四讲"地理",卷五叙"天图",卷六述"日躔",卷七说"月离",卷八阐"动理",卷九谈"诸行星",卷十陈"诸月",卷十一议"彗星",卷十二论"摄动",卷十三释"椭圆诸根之变",卷十四解"逐时经纬度之差",卷十五聊"恒星",卷十六推"恒星新理",卷十七探"星林",卷十八道"历法",比较全面地介绍了西方近代天文学知识,对银河的奇观、星体的分布进行了描写,对变星、新星、双星、星团、星云等问题给予了阐述,特别是对双星变化的理论和实际观测结果做出了非常透辟的论述。此外,《谈天》还建立起了科学的太阳系概念,包括以太阳为中心的八大行星、小行星、彗星、流星群、卫星系统等,以及它们的运动规律和受摄运动中轨道根数的变化。《谈天》还区别了太阳系的恒星世界结构,详细介绍了影响天体视位置的诸因素以及太阳系的物理状况,为读者建立起了清晰的天球概念。①

可以说,《谈天》是我国第一部全面系统的近代天文学译著,极大地提升了晚清国人的天文学知识水平。译著出版后,"文人谈天说地,以不知此二书为耻"②。康有为将其列在《桂学答问》的卷首,认为该书是最初应读的西书之一。梁启超在《读西学书法》里也予以详细介绍,称此书"最精善",并指出,"人日居天地间,而不知天地作何状,是谓大陋,故《谈天》《地学浅释》二书,不可不急读"③。《江南制造局译书提要》称此书"以论太阳及各行星推测之法,洵为天学之要书也"④。可见,译作《谈天》问世后受到了社会各方的广泛关注和重视。直到20世纪40年代,《谈天》还被列为"汉译世界名著",由商务印书馆继续刊行。

---

① 俞星月. 晚清天文学译著《谈天》的译介及其影响研究. 南京:南京信息工程大学,2015:56-57.
② 熊月之. 西学东渐与晚清社会. 北京:中国人民大学出版社,2011:403. "二书"指《谈天》与《地学浅释》。——编者注
③ 梁启超. 读西学书法. 上海:大同译书局,1898:8.
④ 转引自:樊静. 晚清天文学译著《谈天》的研究. 呼和浩特:内蒙古师范大学,2007:50.

　　李善兰的这部译著不仅促进了一系列西方近代天文学知识和理念在中国的传播和接受,颠覆了中国传统的封建唯心天学,促成了古典天文学向近代天文学的转变,而且还影响着洋务运动以及戊戌维新时期能人志士们的宇宙观和世界观。为此,康、梁等维新人士几乎一边"谈天",一边变法图新。从这个意义上说,《谈天》在中国近代史上还是反对封建思想的"武器"。

　　3. 牛顿三大力学定律的首部扛鼎译作

　　"朝译《几何》,暮译《重学》。"①《重学》是李善兰在翻译《几何原本》时应英国传教士艾约瑟之邀合译的一部力学著作,其英文底本为 *An Elementary Treatise on Mechanics*(以下简称 *Mechanics*,《初等力学教程》),是英国维多利亚时期科学界中心人物胡威立(William Whewell,1794—1866)(现译"休厄尔")撰写的一部英国剑桥大学物理学教科书。《重学》有多个版本刊行于世,不同版本的内容构成也略有不同,其中以金陵版和美华版流传较广。李善兰在译序中借艾约瑟之口阐释道:"几何者,度量之学也;重学者,权衡之学也。昔我西国以权衡之学制器,以度量之学考天,今则制器、考天皆用重学矣,故重学不可不知也。我西国言重学者,其书充栋,而以胡君威立所著者为最善,约而该也。"②《重学》中的17卷内容源自原著 *Mechanics*,涵盖了当时西方近代力学的绝大多数内容,主要分为静重学和动重学。卷一至卷七为静重学,详细论述了力及其合成分解、简单机械及其原理、重心与平衡、静摩擦等静力学问题;卷八至卷十七为动重学,具体阐述物体的运动,如加速运动、抛物运动、曲线运动、转动、平动等,以及碰撞、动摩擦、功和能等动力学问题。这些内容绝大部分为首次传入中国,极大地开阔了晚清国人的视野。特别值得一提的是,书中介绍了牛顿三大运动定律,17 世纪约翰·沃利斯(John Wallis)、克里斯托弗·雷恩(Christopher Wren)和克里斯蒂安·惠更斯

①　李善兰. 译序//艾约瑟,李善兰,译. 重学. 上海:墨海书馆,1866:1.
②　李善兰. 译序//艾约瑟,李善兰,译. 重学. 上海:墨海书馆,1866:1.

(Christiaan Huygens)等建立的碰撞理论,刚体的平衡,刚体的转动和曲线运动,而且还运用微积分方法讨论速度、加速度、刚体转动惯量等问题。[1] 可见,《重学》是中国近代科学史上第一部包含静力学、动力学、流体力学等内容的力学译著,"制器、考天之理皆寓于其中矣"[2],是当时最重要、最有影响力的一部物理学著作。相比于明末邓玉函(Johann Schreck,1576—1630)和王徵(1571—1644)所译的《远西奇器图说录最》,李善兰这部译作包含了更多的力学新知,其中动力学、流体力学和蒸汽机原理等知识对于晚清国人来说非常新鲜,一定程度上促进了西方力学知识在中国的传播。

李善兰在翻译原本选择上向来眼光独到,所译西书多为救国救民之用。他亦希望这部《重学》能够为拯救国家于危亡之际尽其所能。诚如他在译序中所述:"今欧罗巴各国日益强盛,为中国边患,推原其故,制器精也。推原制器之精,算学明也。……异日人人习算,制器日精,以威海外各国,令震慑,奉朝贡,则是书之刻,其功岂浅鲜哉?"[3]毫无疑问,在吸纳科学理论方面,《重学》取得了一定成效,但由于该书原本的目标读者和译本的目标读者存在知识和认知水平上的差异,所以未能在清末广泛开启民智。尽管如此,《重学》作为鸦片战争后传入的首部力学著作,其内容的科学性、理论性、系统性和公理性均远超前人之译著,其知识难度和覆盖程度也是清末其他力学著述不可比肩的。

4. 西方近代植物细胞学的开山译著

据载,西方植物学知识早在明朝时期就零星传入我国,但未成体系,直到鸦片战争之后,才开始系统地进入中国。其间,李善兰所译的《植物学》一书发挥着不可替代的作用。《植物学》译自英国植物学家约翰·林德利(John Lindley,1799—1865)的 *The Outline of the First Principles*

---

① 聂馥玲. 晚清科学译著《重学》的翻译与传播. 呼和浩特:内蒙古师范大学,2010:54.
② 李善兰. 译序//艾约瑟,李善兰,译. 重学. 上海:墨海书馆,1866:2.
③ 李善兰. 译序//艾约瑟,李善兰,译. 重学. 上海:墨海书馆,1866:2.

of Botany(《植物学初步原理纲要》)第 4 版,并于咸丰八年(1858)由上海墨海书馆出版。该书"凡为目十四,为图约二百,于内体、外体之精微,内长、外长、上长、通长、寄生之部类,梗概略具。中国格致士,能依法考察,举一反三,异日克臻赅备不难焉"①。全书共分 8 卷,约 3.5 万字,插图 242 幅。卷一为总论,卷二论内体、聚胞体、木体、线体及孔路体,卷三论外体、根、干和枝,卷四论外体和叶,卷五论外体和花,卷六论外体、果、种子及无花之种子,卷七有察理之法、分部、外长类、内长类、上长类、通长类及寄生类,卷八为分科。全书主要介绍了当时在实验观察基础上所建立的近代植物学基本理论知识,包括植物的地理分布、分类方法、植物体内部组织构造、植物体各器官的形态构造和功能、各种形状的细胞形态以及一切植物都由细胞组成的理论,介绍了雌蕊(心)和雄蕊(须)在生殖过程中的作用②,还扼要介绍了地球上不同纬度的植物分布情况。鉴于"植物之为用大矣哉","动植诸物之全体,皆合诸细胞体而成"③,该书在卷一阐述了植物全体之中存在无数细胞体,胞中皆有流质。书中对植物生物和细胞所做的这些描述对于 19 世纪我国的植物学者而言闻所未闻。植物学是近代西方科学的一大重要分支,晚清士人对其尤为关注,并将其视为近代中国科学启蒙过程中必不可少的学科门类。诚如梁启超所评述的:"动、植物学推其本原,可以考种类蕃变之迹,究其效用,可以为农学畜牧之资,乃格致中最切有用者也。《植物学》《植物图说》皆甚精。"④李善兰之功可见一斑。

在《植物学》翻译中,李善兰创译了许多植物学术语,旨在能够让国人联系已有知识更好地了解和接纳西方近代植物学的新知识。作为中国最早的西方近代植物学译作,《植物学》在我国传统植物学基础上加以归化和发展,丰富了我国传统植物学的内涵和广度,并对周围国家,尤其是日

---

① 李善兰. 译序//韦廉臣,艾约瑟,李善兰,译. 植物学. 上海:墨海书馆,1858:1.
② 闫志佩. 李善兰和我国第一部《植物学》译著. 生物学通报,1998(9):44.
③ 韦廉臣,艾约瑟,李善兰,译. 植物学(卷一). 上海:墨海书馆,1858:1.
④ 梁启超. 读西学书法. 上海:大同译书局,1898:10-11.

本,产生了举足轻重的影响。《植物学》熔古今中外于一炉,使中国整个植物学面貌焕然一新,在中国植物学史上起到了承前启后的作用。可以说,李善兰译介的《植物学》是东西方植物学的交融点,标志着中国近代植物学的萌芽。①

三、科学贡献

1. 译介新学,传播西方科学知识

作为翻译家,李善兰译介新学,传播新知,先后与西方学者伟烈亚力、艾约瑟、韦廉臣等人合译出版了数学、天文学、力学、植物学等近代重要学科领域的著作,使在中国广泛传播先进的近代西方科学知识,竭力驱除晚清的封建蒙昧,积极开创近代中国科学发展新纪元成为可能。

《几何原本》《代微积拾级》《代数学》《曲锥曲线说》4部数学译著分别对欧氏几何、高等数学、符号代数和圆锥曲线进行了阐释,并予以详细例证。其中,《几何原本》为欧氏几何的集大成之作,融合平面几何、立体几何、圆角定理、比例、相似、测量及计算等西方数学知识,不仅对中国传统数学理论体系产生了冲击,促使晚清各界思考西方数学与中国数学之异同,而且还凭借其公理化研究方法对中国数学研究方式的转变产生了巨大影响,为中国的数学教育模式注入了理性精神。《代微积拾级》涵盖了代数几何(即今之解析几何)、微分学和积分学三大部分内容,为中国独立研究使用微积分打下了坚实基础②,激发了传统中算家对微积分学习和研究的兴趣,变量数学知识因此逐渐在中国传播开来。此后,中国学者开始近距离地接触西方高等数学,客观上缩小了中西数学的差距。这标志

---

① 刘学礼. 西方生物学的传入与中国近代生物学的萌芽. 自然辩证法通讯,1991(6):47.

② 闫春雨,李维伟.《代微积拾级》的翻译出版对中国传统数学的影响. 自然辩证法通讯,2015(6):20-24.

着晚清数学西化基本完成,并向国际数学领域迈进。① 《代数学》是我国第一部符号代数学译著,主要介绍了多项式理论、一元二次方程理论以及指数函数、对数函数的幂级数展开式问题,开辟了西方代数学在晚清中国传播的新天地。它给中国传统数学带来了一种符号表示法和一种严格的代数推理和逻辑运算②,是晚清中国得以仿效西方系统化符号表示理论的一部权威译著。《圆锥曲线说》是一部专门研究圆锥曲线性质及其应用的译著,是晚清国人圆锥曲线知识的重要来源。从中国数学发展史上说,李善兰的这些译著无疑是中国传统数学西化过程的催化剂。

《谈天》涉及命名、地理、天图、月离、摄动、经纬等内容,对万有引力定律、光行差、太阳黑子理论、行星摄动理论及彗星轨道理论等重要内容也有介绍③,极大地丰富了中国传统的天体概念,激发了晚清学者对西方近代天文学的强烈求知欲,也为晚清能人志士力图变法变革提供了全新而科学的宇宙观和世界观。

《重学》涉及静力学、动力学和流体力学,讨论了物体机械原理、摩擦、运动、浮力、流速等物理学概念和问题。该译著虽没有在晚清作为教科书投入教学使用,但后来的《力学须知》《格物入门》《格物测算》等晚清著名力学著述在力学术语、概念以及定理定律表达方式上均基本沿用了李氏的翻译方法,甚至连20世纪以后的物理学教科书里仍然留有李氏翻译的痕迹。这就足以表明该书里程碑式的翻译贡献,其影响已远超出译著本身的价值。

《植物学》是晚清第一部专门系统介绍植物、细胞以及植物地理分布、内体构造、器官形态和功能等方面知识的著作,在继承和发扬我国传统植物学的基础上向国人述介了西方全新的近代植物学研究方法和成果,使长期埋头于神农本草的中国植物学学者接触到新颖的观察和研究视角。

---

① 宋慧慧. 以《代微积分拾级》为例看晚清教学西化的基本完成. 沈阳:东北大学,2013:40.

② 张必胜. 李善兰翻译出版西方数学著作探析. 出版发行研究,2017(11):104.

③ 汪晓勤. 中西科学交流的功臣伟烈亚力. 北京:科学出版社,2000:108.

该书的译入标志着我国近代植物学作为一门真正学科的开始。①

2. 独运匠心,创立科学术语译名

在译介西方科学著作的过程中,李善兰特别关注科学名词术语的创立。对于创立名词术语,李善兰虽然没有明确提出他的翻译原则,但他在和西方学者的合译过程中显示出明显的翻译倾向和选择。关于这一点,可以从《代数学》第二卷的一段"不能减之式"(impossible subtraction)的汉译文中得到印证:"观昔人知不能减之式,可用代数法推之,但未解其理,故依前论定其法之名。但用其名,不易其意,于理不合。盖言乃显心中之意,意该者言亦当该,令言与意合,所以言必明白晓畅,以宣我意,故新意若仍用旧名,当定例分别,勿令新意掺入旧意。盖数学中之意,今已略知,而记号之用,已为数学所未有,诸记号之用已定,则当立名,以显明诸用法。"②

不难看出,增扩算术旧名和创立新代数译名对代数学译介具有重要意义,也是数学译作能够在异国重生的保障。为此,李善兰基于英国数学家奥古斯都·德·摩根(Augustus De Morgan,1806—1871)的代数名称处理方法,提出"立名有二例":"一、显其事。若事非数学中所有,则可立新名。若强去数学中之旧名而用新名,则不便。盖未至得数,不能知误与否,故不必尽去旧名而用新名也。二、用数学已立之名,而变意以广其用。亦即本旧意推广之,此在寻常事恒有之。如欲为新物立名,借旧物之略似者名之是也。"③这样,李善兰和伟烈亚力两位译者巧妙地将这两条算术和代数之间新旧名词的承继原则移植到中英文数学名词的对译中。该段文字可以说是李善兰在所有译著中对科学术语翻译最清晰、最完整的见解和表述。至此,对李善兰译著所体现的科学术语翻译方法可大致概括如下:

(1)承旧名,扬传统,即尽量使用中国传统科学中已有的相关名词术

---

① 闫志佩. 李善兰和我国第一部《植物学》译著. 生物学通报,1998(9):43.

② 伟烈亚力,李善兰,译. 代数学(卷二). 江夏程氏刊本,1898:8.

③ 伟烈亚力,李善兰,译. 代数学(卷二). 江夏程氏刊本,1898:8.

语,不求全盘西化革新。

(2)沿已名,统其法,即沿用前人译作中使用过的名词术语,保持本国科学术语译名统一。

(3)借旧物,广其用,即赋予或增添中国旧有术语新的科学含义和所指范围,增强术语译名的延续性。

(4)立新名,荐其事,即精选或连缀能表达原本术语的新译名表述方式,积极引介西方科学术语。

这样,李善兰将中国传统观念与西方先进理念兼收并蓄,建立了自己的西学译名体系。在李善兰和伟烈亚力创造的所有科学术语译名中,与代数、解析几何及微积分相关的占比最高。[①] 这些科学术语译名不仅在晚清中国引起时人的仿效,如在 19 世纪后期傅兰雅和华蘅芳(1833—1902)合译的《代数术》中几乎 50% 的代数术语沿袭了《代数学》中的译名[②],而且这些译名经受住了时间的考验,还远渡日本并对日本科学译名的厘定起到促进作用。此外,李善兰译著中相当一部分术语译名至今仍在沿用,继续影响着当代科学教育。如数学领域有"代数""对数""多项式""常数""未知数""解""立方根""方程式""几何""垂线""直角""圆心""对角线""棱锥体""体积""正弦""余割""原点""象限""切点""双曲线""椭圆""渐近线""抛物线""法线""函数""无穷""微分""积分""级数"等;天文学领域有"秋分""冬至""方位""自行""彗星""星座""黄道""时差""上弦""寒带""陨石""显微镜""光学""摄动""行星""星云""恒星日""太阳日""朔望月""银河""离心力"等;力学领域有"分力""合力""质点""真空""轴""斜面""曲杆""齿轮"等;植物学领域有"植物学""细胞""科""萼""瓣""须""子房""胚乳""心皮""蔷薇科""豆科""菊科"等。李善兰所创立的科学术语译名无论对翻译实践还是对新学传播都起到了开创性的指导、催化作用,为科学发展及译学事业做出了重大贡献。李善兰创立的科学术语体系将

---

① 方梦之,庄智象. 中国翻译家研究. 上海:上海外语教育出版社,2017:527.
② 张必胜.《代数学》和《代微积拾级》研究. 西安:西北大学,2013:2-24.

作为汉语文化和中国科学知识的组成部分,永垂青史。①

3. 亦译亦著,奠基学科知识体系

李善兰的科学翻译涉及多个学科领域,尤其是在数学方面,他不仅积极向晚清国人译介西方数学理论和体系,还著书立说。他孜孜不倦的译介态度、流传甚广的科学译作以及驰名中外的科学撰述均为上述四大中国近代学科领域的形成和发展奠定了坚实基础。李善兰译介的《几何原本》《代微积拾级》《代数学》三部数学著作是继明代徐光启、清初梅文鼎(1633—1721)之后的数学巨著,对后来华蘅芳和英国学者傅兰雅的数学译著产生了深刻影响。此后,中国不断接纳西方近代数学知识,逐步摒弃古代的天元术和幂级数等传统数学,中国数学开始走上世界化的道路。②其中《几何原本》的欧氏几何理论及其公理化的数学方法为中国近代几何数论、解析几何和立体几何知识体系的建立与发展指明了方向,使中国从实用为准的传统几何理念外延至系统的数学推理和演化;《代微积拾级》标志着中国近现代数学的起步③,所论述的微分、积分理论开始在中国生根发芽,并把中国古已有之的微积分思想以数学体系的形式固定成型,形成了中国近现代高等数学知识体系的雏形;《代数学》的译介是李善兰数学思想影响下的一次西方半符号化代数学传播活动,使我国传统代数学的发展更具科学性和系统性,为后来中国传统代数的西化做了重要铺垫④,中国代数知识理论和符号化代数演算模式从此一步步走出传统数学的框架,逐渐悦纳西方近代数学的符号体系。可以说,李善兰这三部数学译著分别引入西方近代数学的知识结构、推理模式和演化体系,使中国晚

① 于应机. 中国近代科学的奠基人——科学翻译家李善兰. 宁波工程学院学报,2007(1):59.
② 李国发,江献.《几何原本》的传入及对中国数学发展的影响. 曲靖师范学院学报,2005(3):54.
③ 张必胜.《代微积拾级》的主要内容研究. 西北大学学报(自然科学版),2016(6):931.
④ 张必胜.《代数学》引入西方符号代数的意义. 西北大学学报(自然科学版),2017(2):301.

清算学在知识体系上得以和西方乃至世界数学逐步接轨,为近代中国数学学科的进一步发展铺平了道路。同时,李善兰多年来还潜心研究传统数学,撰有《则古昔斋算学》《考根数法》等著作,特别是《则古昔斋算学》这部传统数学大集,收录了《方圆阐幽》1卷、《弧矢启秘》2卷、《对数探源》2卷、《垛积比类》4卷、《四元解》2卷、《麟德术解》3卷、《椭圆正术解》2卷、《椭圆新术》1卷、《椭圆拾遗》3卷、《火器真诀》1卷、《尖锥变法解》1卷、《级数回求》1卷、《天算或问》1卷等传统数学著作13种24卷。[①] 他大胆创新,在级数、对数、数论和微积分等多个数学领域均取得了重大突破:创立了"尖锥术"理论,建立了"对数论",提出了"李善兰恒等式",解决了如何利用抛物线来求出火炮最大射程的应用数学问题等,极大地促进了近代乃至现代数学在中国的发展。

此外,李善兰通过译著《谈天》首次把当时中国望尘莫及的西方近代天文学全貌展现在国人面前,使人们重新审视日心地动学说,对务实的科学观以及地动、椭圆学说在我国的真正确立起到了决定性作用[②],引导中国传统天文学超越天文历法和观测经验,朝着基于精确测算和系统理论指导的、更为广阔的领域发展,有力地推进了西方近代天文知识的普及,极大地促进了我国晚清以及近现代天文学科的成熟。

随着《重学》的翻译出版,人们对力学学科的认识不断深化,从仅重视其实用价值到开始重视其理论构建,晚清的"重学"也渐渐从附属走向独立,并成为其他自然学科的"极要之学",为后期物理学在中国的形成与发展打下了基础。[③]

李善兰所译的《植物学》以其丰富新颖的植物学知识、简明易懂的植物学术语以及科学严谨的体系架构对我国植物学这一传统学科的发展起到了继往开来的衔接作用。

---

① 杨芳. 近代数学家李善兰. 国学,2010(11):69.
② 樊静. 晚清天文学译著《谈天》的研究. 呼和浩特:内蒙古师范大学,2007:54.
③ 聂馥玲. 晚清科学译著《重学》的翻译与传播. 呼和浩特:内蒙古师范大学,2010:162.

可以说,李善兰通过译介西方科学名著,为构建并完善中国的数学、天文学、力学和植物学等四大学科领域的学科知识体系及其理论框架立下了不朽功勋。

4. 编译教材,培养后继科学人才

李善兰的学术人生大致可以划分为四个阶段:数学诗人时期(1811—1844)、天算名家时期(1845—1851)、合译西书时期(1852—1859)及京师同文馆教习时期(1869—1882)。① 1861 年,洋务派奕䜣等人奏请创办京师同文馆,翌年该馆成立,馆内设有外语课程,旨在培养办理洋务所需的外事外交和翻译人才,后又"因制造机器、火器必须讲求天文、算学,议于同文馆内添设一馆"②,于 1866 年设立了"算学馆"。广东巡抚郭嵩焘(1818—1891)上疏举荐李善兰为天文算学总教习。自此以后,李善兰完全投身于数学教育和研究工作,成为中国近代数学教育的鼻祖,是全面开启西方近代科学教育的第一位教育家。③

在算学馆长达 13 年的教习生涯中,李善兰一边身体力行,培养算学人才;一边继续西方科学理论的译介和撰述工作,兢兢业业为培养我国近代科学人才提供适合时宜的教材和参考图书。这些著作共有两类:一类是算学教材和参考图书,采用的是他自己的算学著作以及对他影响较大的经典中算书籍;另一类则是西方近代科学教材和参考图书,采用的主要是他自己翻译的西方科学著作。④ 为指导算学馆的数学教学实践,他倾心翻译《代微积拾级》,仔细审定《同文馆算学课艺》《同文馆珠算金踌针》等教材。这些教材成为多地官办学堂和书院的指定数学教材,并在晚清数学教育体系中被广泛采用,极大地推动了中国晚清和近代数学教育的发展,甚至对当代数学教育也不乏借鉴作用。1876 年,京师同文馆时任总教

---

① 张必胜.《代数学》和《代微积拾级》研究. 西安:西北大学,2013:9.
② 中国史学会. 中国近代史资料丛刊. 洋务运动(二). 上海:上海人民出版社,1961:23.
③ 张必胜. 李善兰的学术人生及教育思想研究. 高教探索,2019(4):117.
④ 杨自强. 学贯中西——李善兰传. 杭州:浙江人民出版社,2006:253.

习丁韪良(W. A. P. Martin，1827—1916)所设的八年制新课程表和五年制新课程表都将微积分作为一门学科开班授课，采用的教材即为李善兰所译的《代微积拾级》；梁启超任总教习的湖南时务学堂使用了两部数学教材，其中也有《代微积拾级》；京师大学堂教授林传甲自光绪二十四年(1898)起分别任教于西湖精舍、求是书院和长沙湘学使署，他在这三处教授微积分所用的教材之一，仍是《代微积拾级》；另有福州船政法文学堂、两湖书院及绍兴中西学堂等，同样将该译著视为当世微积分教材的不二之选。由此可见，李善兰的科学译著在中国近代教育体系中确实具有深远的影响。

无独有偶，随着洋务运动的蓬勃兴起，李善兰的天文学译著《谈天》也在新式学堂中广为流传，更是被广泛收罗至各类学校的图书馆中，成为学生的必读图书①。筹建于1873年的格致书院是中国近代教育的典型代表，在由该书院历届优秀学生试卷汇编而成的《格致书院课艺》中，《谈天》一书多次被学生提及，且赢得诸多赞赏。在清华大学发现的印有朱文"云南武备学堂藏书""陆军学堂官书"和满文印章的《谈天》②。这些都印证了该书作为晚清天文学必读图书的教育影响。由此可见，李善兰的天文学译著在晚清出版后，又以学堂、书院为渠道，成功实现了在中国新一代知识分子当中推广天体宇宙原理知识、贯彻科学系统化建构的教学和教育目标。

关于李善兰的教学生涯，崔敬昌在《李壬叔征君传》中称其在馆教习的学生"先后约百余人，口讲指画，十余年如一日。诸生以学有成效，或官外省，或使重洋"③。其中知名者有席淦、贵荣、熊方柏、陈寿田、胡玉麟、李逢春、高鲁、张云、朱文鑫等，他们在传播和发展中国近代科学知识和体系上发挥着重要作用，极大地促进了中国科学的近代化进程。身处中西交

---

① 樊静. 晚清天文学译著《谈天》的研究. 呼和浩特：内蒙古师范大学，2007：51.
② 樊静. 晚清天文学译著《谈天》的研究. 呼和浩特：内蒙古师范大学，2007：52.
③ 转引自：杜石然. 中国古代科学家传记(下集). 北京：科学出版社，1993：1213.

融、新旧交替的晚清时期，为师者学贯中西，谆谆教诲，为学者勤勤恳恳，为国效劳，师生一同为晚清中国科学的近代化做出了无私贡献。难怪京师同文馆总教习丁韪良如此高度肯定李善兰的教学工作："凡天文、地理、火器、测量均为切实之要端。阅者为诸生造诣，亦可略见一斑，是皆李壬叔先生教授之力也。呜呼！合中西之各术，绍古圣之心传，使算学复兴于世者，非壬叔吾谁与归？"①

四、编选说明

科技兴则民族兴，科技强则国家强。在大力倡导科技强国的今天，了解科学翻译不仅对于深入挖掘、梳理科学翻译史具有重要的理论意义，而且对于探析科学翻译活动在国家发展过程中的重要作用以及科技翻译工作者在民族振兴、国家强盛进程中的使命担当有着重要的现实意义。这是本书选编的初衷。

然而，我们在李善兰科学译著选编过程中却遇到了不小的困难：一是其译著均为经典古籍，版本繁杂且零星散见，现代点校本、电子资源更是难觅。二是译著涉及几何学、代数学、微积分、天文学、力学、植物学等多个学科，总计 7 部近百卷，想要从中做出筛选并考虑到现代读者的阅读习惯以及译文的可读性，其难度可想而知。三是译著版本皆以繁体文言文刻印，没有标点符号且公式、图示繁多，生僻字、独创字不少。如：在"甲乙丙丁戊己庚辛壬癸子丑寅卯辰巳午未申酉戌亥物天地人"26 个汉字的左侧加"口"字旁组成"呷、味、咳、叮、呻、吆"等新字分别表示 26 个英文大写字母；在 26 个汉字上方加"'"分别表示原文正文中的 26 个英文小写字母；用"喼"代替总和∑；用"⊥、丅、甲二、√甲、彳、禾"分别表示"加、减、乘方、开方、微分、积分"。这些因素给文字整理和编辑出版工作带来很大挑战。

即便如此，我们在选材时仍坚持多样性、代表性和可读性原则，力求

---

① 丁韪良. 序//同文馆算学课艺. 同文馆聚珍版，1880：4-5.

全方位、立体式地呈现这位晚清翻译家的科学翻译成就及其对中国科学近代化的贡献。为此,我们精心挑选了《几何原本》后9卷的续译原序、续译原跋以及第七卷、第八卷、第九卷、第十三卷、第十四卷和第十五卷,《代数学》的译序和卷首"纲领",《代微积拾级》的译序、凡例以及卷一和卷二,《圆锥曲线说》的卷一和卷三,《谈天》的译序一、译序二、凡例、卷首以及卷一、卷二、卷五和卷八,《重学》的钱熙辅跋、译序以及卷一、卷二、卷五、卷十五、卷十九和卷二十,《植物学》的译序以及卷一、卷二、卷三、卷七和卷八。共计序、跋、凡例等13篇,正文25卷,覆盖出版的全部(7部)李善兰译著,方便读者从中窥得李善兰的自然科学(特别是数学)天赋造诣,更好地领略李善兰的科学思想、科学翻译观和翻译成就及其对当下加快建设科技强国的时代价值意义。

在此书编辑排版过程中,我们投入了大量精力,付出了很多艰辛的劳动:(1)对所选内容进行认真点校、细致句读,并改繁体为简体,对诸如"粘"和"黏"之类的混用则尊重原文;(2)对于古籍中所涉的计算公式,特别是分式,对分子分母做了上下换位颠倒,对古籍中以文字表述的分数也做了相应的换位调整;(3)对于古籍中那些电脑无法打出的生僻字、独创字以及独特符号,经责编努力,已通过造字做了处理;(4)对于古籍中那些小字号注释或说明文字,我们采用了小字括注的排版方式;(5)"左述、右述、如左、如右"等,根据横排书的格式改成了"下述、上述、如下、如上"等。

最后,要特别感谢许钧教授的引领!感谢中华译学馆的支持!感谢浙江大学出版社张颖琪先生的专业指导和辛勤付出!也感谢我的硕士研究生王佳、林佳琛、欧阳慧青、彭玮、李晓婷、周羽、林奇枫、陈政和曾子豪为本书选编工作所付出的努力!

第一部分

数　学

几何原本（后9卷节录）①

1 续译原序

泰西欧几里得撰《几何原本》十三卷,后人续增二卷,共十五卷。明徐、利二公所译其前六卷也,未译者九卷。卷七至卷九论有比例、无比例之理,卷十论无比例十三线,卷十一至十三论体,十四、十五二卷亦论体,则后人所续也。无七、八、九三卷,则十卷不能读。无十卷,则后三卷中论五体之边不能尽解。是七卷以后,皆为论体而作,即皆论体也。自明万历迄今,中国天算家愿见全书久矣。

道光壬寅,国家许息兵,与泰西各国定约,此后西士愿习中国经史、中士愿习西国天文算法者听闻之,心窃喜。岁壬子来上海,与西士伟烈君亚力约续徐、利二公未完之业。伟烈君无书不览,尤精天算,且熟习华言,遂以六月朔为始,日译一题。中间因应试、避兵诸役,屡作屡辍。凡四历寒暑,始卒业。是书泰西各国皆有译本,顾第十卷阐理幽元,非深思力索不

---

① 选编自:利玛窦,徐光启,伟烈亚力,李善兰,译. 几何原本十五卷. 南京:金陵书局,1865. 本书节录其中的"续译原序""续译原跋""第七卷""第八卷""第九卷""第十三卷(论体三)""第十四卷(论体四)""第十五卷(论体五)"。——编者注

能骤解,西士通之者亦鲜,故各国俗本掣去七、八、九、十四卷,六卷后,即继以十一卷,又有前六卷单行本,俱与足本并行。各国言语文字不同,传录译述,既难免参错,又以读全书者少,翻刻讹夺,是正无人,故夏五三豕,层见叠出。当笔受时,辄以意匡补。伟烈君言,异日西土欲求是书善本,当反访诸中国矣。甫脱稿,韩君绿卿寓书,请捐资上板,以广流传,即以全稿寄之。顾君尚之、张君啸山任校核,阅二年,功竣,韩君复乞序之。忆善兰年十五时读旧译六卷,通其义,窃思后九卷必更深微,欲见不可得,辄恨徐、利二公之不尽译全书也。又妄冀好事者或航海译归,庶几异日得见之。不意昔所冀者,今自为之,其欣喜当何如耶?

虽然,非国家推恩,中外一视同仁,则惧干禁网,不敢译。非伟烈君深通算理,且能以华言详明剖析,则虽欲译,无从下手;非韩君力任剞劂,嘉惠来学,张、顾二君同心襄力,详加雠勘,则虽译有成书,后或失传。凡此诸端,不谋麇集,实千载一时难得之会。后之读者,勿以是书全本入中国为等闲事也。

——咸丰七年龙在丁巳正月五日海宁李善兰序

粤稽中国算量历律之学,古书咸在,独言几何者绝少。几何之学不知托始何国,或云埃及,或云巴比伦,博考之士称其造自天竺,迄无定论。今所传最古者,周定王时他勒著是学于希腊,景王时闭他卧刺修明其术,元王时依卜加造作诸题,始有成书,皆几何法也。显王、赧王时有欧几里得者,不知何许人,传是学于亚历山太(埃及城名,见《新约全书·使徒行传》六章九节)。述乐律算数等书,尤著名者曰《几何原本》,较昔术尤精,后人宗之,莫可訾议,故欧几里得之《几何原本》独为完书。当是时,埃及国王多禄某问曰:"几何之法更有捷径否?"对曰:"夫几何若大路然,王安所得独辟一途也?!"自此,方舆之内翻译是书者,亚于《新旧约全书》。余来中国见有《几何》六卷,明泰西利氏翻,算学家多重之,知其未为全书,故亦不甚满志。宣城梅氏云:"有所秘耶? 抑义理渊深,翻译不易故耶?"学问之道,天下公器,奚可秘而不宣。不揣梼昧,欲续为成之。顾我西国,此书外间所习,或六卷,或八卷,俱非足本。自来海上,留心搜访,实鲜完善,仍购之故乡,始得是本,乃依希腊本翻我国语者。我国近未重刊,此为旧版,较勘未精,语讹字误,毫厘千里,所失匪轻。余愧谫陋,虽生长泰西,而此术未深,不敢妄为勘定。会海宁李君秋纫,来游沪垒。君固精于算学,于几何之术,心领神悟,能言其故。于是相与翻译,余口之,君笔之。删芜正讹,反复详审,使其无有疵病,则李君之力居多,余得以借手告成而已。是书六卷后至十五卷始全,末二卷出自他手,非欧几里得所著。以全书纲领言之,前四卷论线与面,第五卷论比例,第六卷论面与比例相合。此利氏译。第七、八、九卷论数;第十卷论无比例之几何,分二十五类,明各类各线与他类诸线俱无等,此卷在几何术中最为精奥;第十一卷至末卷俱论体,而第十三卷论中末线之用;第十四、十五卷申言等面五体。此余所译。书既成,微特继利氏之志,抑亦解梅氏之惑,殊深欣慰所重有感者。我西人之来中国,有疑其借历算为名,阴以行其耶稣主教者。夫耶稣主教本也,历算诸学末也,历算非主教宗旨,而格致穷理亦人人所宜讲明切究者。明徐光启之序前书也谓,西学甚大,先于其小者,测之小也者,即吾所云末也大也者,即吾所云本也。本何在?则帝子降生,捐身救世是也。故余之来实以首明圣教为事,愿与天下学者谨谨焉,求其本而弗遗于其末,愈为余之所厚望也。

——丁巳咸丰七年正月十日伟烈亚力序

2 续译原跋

《几何原本》原书十五卷,前六卷利玛窦译,而徐光启所笔受者。乾隆间,已由两江总督采进收入《四库》。《四库总目》兼引徐、利序语,知徐、利序亦并经录入。利序云:"太史意方锐,欲竟之。"又云:"太史曰:'是书也,苟为用,竟之何必在我。'"而徐题语亦云:"续成大业,未知何日,未知何人。"今伟烈氏(亚力)既续译其后九卷,海宁李氏(善兰)为之笔受,而《几何原本》原书遂全。夫徐、利俱精天算家言,李、伟烈亦俱精天算家言;徐居吴淞,李亦寓吴淞;利生于欧罗巴而游于中土,伟烈亦生于欧罗巴而游于中土;利信奉耶稣,伟烈亦信奉耶稣;前书徐、利各撰一序,此书李、伟烈亦各撰一序。何前后一一相同,如是顾未知后日亦得收入《四库》与否也?而果在何时收入,由何人献进也? 书以俟焉。

——咸丰七年二月十一日娄韩应陛

3　第七卷

第一题　两不等数,辗转相减,余一而止,则为两无等数之数。

解曰:如甲乙、丙丁两不等数,辗转以小减大,未至于一,减余诸数,皆不能度,题言甲乙、丙丁为两无等数之数,可度者,惟一而已。

甲·辛···己··········乙
丙··庚···丁
戊---

论曰:如甲乙、丙丁非无等数之数,而有他数可度,若戊。试以丙丁累减甲乙,余甲己,小于丙丁。以甲己累减丙丁,余丙庚,小于甲己。以丙庚累减甲己,余甲辛,即一也。故若谓戊数度丙丁,而丙丁度己乙,戊亦度己乙。又戊亦度全数甲乙,所以亦度余数甲己。惟甲己度丁庚,所以戊亦度丁庚。惟戊度全数丁丙,所以亦度余数丙庚。惟丙庚度己辛,所以戊亦度己辛。惟戊度全数己甲,所以亦度余数甲辛,即一,于理不合也(本卷界说三)。是以甲乙、丙丁无数可度,而甲乙、丙丁为无等数之数也。

第二题　两数非无等数,求其最大等数。

```
                    甲····戊······乙
甲········乙        丙··己····丁
丙····丁            庚---
```

法曰：甲乙、丙丁两数非无等数，丙丁为小，求最大等数。设丙丁度甲乙，亦可自度，即为甲乙、丙丁之最大等数。因他数大于丙丁，不能度丙丁，故丙丁为最大等数，理自明也。设丙丁不能度甲乙，则辗转以小减大，必有减余数可度两数，而减余非为一。若余一，则甲乙、丙丁为无等数之数，而与所设之题相反矣，故最后减余数必为等数也。设丙丁度甲乙，余甲戊，小于丙丁；以甲戊度丙丁，余丙己，小于甲戊；以丙己度甲戊，恰尽。夫丙己既度甲戊，甲戊度丁己，则丙己亦度丁己。惟丙己亦自度，所以度全数丙丁。惟丙丁度乙戊，所以丙己亦度乙戊。惟丙己亦度戊甲，所以度乙甲。又丙己亦度丙丁（本论），所以丙己度甲乙、丙丁，则丙己为甲乙、丙丁之等数，亦为最大等数也。若云丙己非甲乙、丙丁之最大等数，而有大于丙己之数庚，可度甲乙、丙丁。夫庚既度丙丁，而丙丁度乙戊，则庚亦度乙戊。惟庚度全数乙甲，故亦度余数甲戊。惟甲戊度丁己，所以庚亦度丁己。惟庚度全数丁丙，则亦度余数丙己，乃以大度小，无是理也。是以可度甲乙、丙丁之数，无大于丙己者，所以丙己为甲乙、丙丁之最大等数。

系：凡数可度两数，亦可度两数之最大等数。

第三题　三数非无等数，求其最大等数。

法曰：甲、乙、丙三数非无等数，求最大等数。以丁为甲、乙之最大等数，而丁或度丙，或不度丙。若丁度丙，丁本度甲、乙，是丁度甲、乙、丙三数，故丁为甲、乙、丙之等数，且亦为最大等数。若云丁非甲、乙、丙之最大等数，而大于丁之戊谓可度甲、乙、丙，则戊度甲、乙、丙，亦必度甲、乙及甲、乙之最大等数（本卷二题系）。惟丁为甲、乙之最大等数，故戊度丁乃以大度小，理所不能。是以可度甲、乙、丙之数，无大于丁，则丁为甲、乙、丙之最大等数。

```
甲········
乙······
丙····
丁··
戊---
```

若丁不度丙，则丙、丁非无等数之数，盖甲、乙、丙既非无等数之数，则必有数可度。可度甲、乙、丙,即可度甲、乙及甲、乙 最大等数丁(本卷二题系)。惟亦度丙,故有数可度丁、 丙,而丁、丙必非无等数之数。设戊为丙、丁最大等 数,戊既度丁,而丁度甲、乙,则戊亦度甲、乙。惟戊 度丙,故兼度甲、乙、丙,而为甲、乙、丙之等数,且亦

```
甲  ·················
乙  ···········
丙  ····
丁  ·······
戊  ··
己  --
```

为最大等数。若云戊非甲、乙、丙之最大等数,而以大于戊之己谓可度甲、乙、丙。夫己既度甲、乙、丙,亦度甲、乙及甲、乙最大等数。惟甲、乙之最大等数为丁,所以己度丁,而己亦度丙,则亦度丙、丁及丙、丁之最大等数。惟戊为丙、丁之最大等数,故己当度戊乃以大度小,所不能也,故数若大于戊,即不能度甲、乙、丙,则戊为甲、乙、丙最大等数。

一系:凡数可度三数,必可度此三数之最大等数。

二系:依法任若干数,俱可求得最大等数。

第四题 凡小数,或为大数之一分,或为几分。

解曰:两数,一为甲,一为乙丙,小于甲,题言乙丙或为甲之一分,或为甲之几分。

```
甲  ·········
乙  ·····丙
```

论曰:甲与乙丙或无等数,或非无等数。设为无等数,则分乙丙为若干一,一各为甲之一分,故乙丙内之全分为甲之几分(本卷界说一、二)。设甲与乙丙非无等,则乙丙或

```
甲  ·········
乙  ··戊··己··丙
丁  ··
```

度甲,或不度甲。度甲,则乙丙为甲之一分。不度甲,则以丁为甲与乙丙之最大等数(本卷二)。分乙丙为乙戊、戊己、己丙,诸数俱等于丁,因丁度甲,则丁为甲之一分,惟丁等于乙戊、戊己、己丙各数,所以乙戊、戊己、己丙各数,俱为甲之一分,则乙丙为甲之几分。是以凡小数,或为大数之一分,或为几分。

第五题 小数为大数之一分,若他小数为他大数之一分,则两小数和为两大数和之一分,亦如之。

解曰:甲为乙丙之一分,若丁为戊己之一分,题言甲、丁之和为乙丙、

戊己和之一分,若甲为乙丙之一分。

论曰:丁为戊己之一分,既若甲为乙丙之一分,则乙丙中有若干甲,戊己中有若干丁。分乙丙为乙庚、庚丙,俱与甲数等,分戊己为戊辛、辛己,俱与丁数等,则乙庚、庚丙若干分,若戊辛、辛己若干分。因乙庚与甲等,戊辛与丁等,故乙庚、戊辛和与甲、丁和等。又庚丙与甲等,辛己与丁等,庚丙、辛己和必与甲、丁和等,理同。故乙丙中有若干等甲数,乙丙、戊己和中有若干等甲、丁和数,所以乙丙中之几甲,与乙丙、戊己和中之几甲、丁和相等。是以甲为乙丙之一分,若甲、丁和为乙丙、戊己和之一分。

甲···
乙···庚···丙
丁····
戊····辛····己

第六题 小数为大数之几分,若他小数为他大数之几分,则两小数和为两大数和之几分,亦如之。

解曰:甲乙为丙之几分,若丁戊为己之几分,题言甲乙、丁戊和为丙、己和之几分,若甲乙为丙之几分。

甲···庚···乙
丙········
丁····辛····戊
己········

论曰:甲乙为丙之几分,既若丁戊为己之几分,则甲乙中有丙若干分之几,若丁戊中有己若干分之几,甲乙中甲庚、庚乙为丙之几分,丁戊中丁辛、辛戊为己之几分,即甲庚、庚乙若干分,必与丁辛、辛戊若干分等。而甲庚为丙之一分,既若丁辛为己之一分,则甲庚为丙之一分,必若甲庚、丁辛和为丙、己和之一分。又庚乙为丙之一分,亦若庚乙、辛戊和为丙、己和之一分。是以甲乙为丙之几分,若甲乙、丁戊和为丙、己和之几分。

第七题 彼此两数,此全数为彼全数之一分,若此截取数为彼截取数之一分,则此余数为彼余数之一分,亦如之。

解曰:甲乙为丙丁之一分,若截数甲戊为截数丙己之一分,题言余数戊乙为余数己丁之一分,若甲乙为丙丁之一分。

甲····戊··乙
庚····丙········己····丁

论曰:甲戊为丙己之一分,若戊乙为丙庚之一分。戊乙为丙庚之一分,既若甲戊为丙己之一分,则甲乙为庚己之一分,若甲戊为丙己之一分(本卷五)。惟甲乙为丙丁之一分,若甲戊为丙己之一分(本题),故甲乙为丙丁之一分,若甲乙为庚己之一分,则甲乙为庚己之一分,亦即为丙丁之一分。是庚己与丙丁相等,截取公数丙己,余庚丙与余己丁等。又戊乙为庚丙之一分,既若甲戊为丙己之一分,而庚丙与己丁等,则戊乙为己丁之一分,若甲戊为丙己之一分。惟甲戊为丙己之一分,若甲乙为丙丁之一分(本题),故余数戊乙为余数己丁之一分,亦若全数甲乙为全数丙丁之一分也。

第八题 彼此两数,此全数为彼全数之几分,若此截取数为彼截取数之几分,则此余数为彼余数之几分,亦如之。

解曰:甲乙为丙丁之几分,若截数甲戊为截数丙己之几分,题言余数戊乙为余数己丁之几分,若全数甲乙为全数丙丁之几分。

```
甲······丑······戊····乙
丙············己····丁
庚·······寅·子···卯··辛
```

论曰:设庚辛与甲乙相等,则庚辛为丙丁之几分,若甲戊为丙己之几分。分庚辛为庚子、子辛,即丙丁之几分,亦分甲戊为甲丑、丑戊,即丙己之几分,则庚子、子辛若干分,与甲丑、丑戊若干分等。庚子为丙丁之一分,既若甲丑为丙己之一分,而丙丁大于丙己,则庚子亦大于甲丑。设庚寅与甲丑相等,庚寅为丙己之一分,若庚子为丙丁之一分,则余数寅子为余数己丁之一分,亦若全数庚子为全数丙丁之一分(本卷七)。又子辛为丙丁之一分,既若丑戊为丙己之一分,而丙丁大于丙己,故子辛必大于丑戊。设子卯与丑戊相等,则子辛为丙丁之一分,若子卯为丙己之一分,故余数卯辛为余数己丁之一分,亦若全数子辛为全数丙丁之一分。惟余数寅子为余数己丁之一分,若全数庚子为全数丙丁之一分(本论),故寅子、卯辛和为丁己之几分,若全数庚辛为全数丙丁之几分。惟寅子、卯辛和与戊乙等,而庚辛与甲乙等,故余数戊乙为余数己丁之几分,若全数甲乙为全数丙丁之几分。

第九题　第一数为第二数之一分,若第三数为第四数之一分,则第一数为第三数之一分或几分,若第二数为第四数之一分或几分。

解曰:甲为乙丙之一分,若丁为戊己之一分,甲小于丁,题言甲为丁之一分或几分,若乙丙为戊己之一分或几分。

```
甲····
乙····庚····丙
丁····
戊····辛····己
```

论曰:丁为戊己之一分,既若甲为乙丙之一分,则乙丙中有若干甲,若戊己中有若干丁。分乙丙为若干甲,如乙庚、庚丙,分戊己为若干丁,如戊辛、辛己,则乙庚、庚丙若干分,与戊辛、辛己若干分等。夫乙庚、庚丙诸数,既俱相等,戊辛、辛己诸数,亦俱相等。而此乙庚、庚丙诸分与戊辛、辛己诸分又相等,则庚丙为辛己之一分或几分,若乙庚为戊辛之一分或几分,故乙庚为戊辛之或一分或几分,若乙丙为戊己之或一分或几分(本卷五、六)。惟乙庚与甲相等,而戊辛与丁相等,故甲为丁之或一分或几分,若乙丙为戊己之或一分或几分也。

第十题　第一数为第二数之几分,若第三数为第四数之几分,则第二数为第四数之几分或一分,若第一数为第三数之几分或一分。

解曰:甲乙为丙之几分,若丁戊为己之几分,题言甲乙为丁戊之几分或一分,若丙为己之几分或一分。

```
甲··庚··乙
丙····
丁····辛····戊
己············
```

论曰:甲乙为丙之几分,既若丁戊为己之几分,则甲乙中有丙之若干分,若丁戊中有己之若干分。分甲乙为丙之若干分,如甲庚、庚乙,分丁戊为己之若干分,如丁辛、辛戊,则甲庚、庚乙若干分,与丁辛、辛戊若干分等。夫甲庚为丙之一分,既若丁辛为己之一分,而丙为己之几分或一分,若甲庚为丁辛之几分或一分(本卷九),则庚乙为辛戊之几分或一分,若丙为己之几分或一分。故甲乙为丁戊之几分或一分,若甲庚为丁辛之几分或一分(本卷五、六)。惟丙为己之几分或一分,若甲庚为丁辛之几分或一分,故乙乙为丁戊之几分或一分,亦若丙为己之几分或一分也。

第十一题　大、小两数,此全数与彼全数比,若此截数与彼截数比,则此余数与彼余数比,亦如之。

解曰:全数甲乙与全数丙丁比,若截数甲戊与截数丙己比,题言余数戊乙与余数己丁比,若全数甲乙与全数丙丁比。

甲‥‥戊‥乙
丙‥‥‥己‥丁

论曰:甲乙与丙丁比,既若甲戊与丙己比,则甲戊为丙己之几分或一分,若甲乙为丙丁之几分或一分(本卷界说二十),故余数戊乙为余数己丁之几分或一分,若甲乙为丙丁之几分或一分(本卷七、八)。所以戊乙与己丁比,若甲乙与丙丁比也(本卷界说二十)。

第十二题　若干同比例数,一前数与一后数比,若诸前数和与诸后数和比。

解曰:甲、乙、丙、丁诸同比例数,甲与乙比,若丙与丁比,题言甲与乙比,若甲、丙和与乙、丁和比。

甲‥丙‥‥‥
乙‥‥丁‥‥‥‥

论曰:甲与乙比,既若丙与丁比,则甲为乙之几分或一分,若丙为丁之几分或一分(本卷界说二十),故甲、丙和为乙、丁和之几分或一分,若甲为乙之几分或一分(本卷五、六);或甲与乙比,若甲、丙和与乙、丁和比也(本卷界说二十)。

第十三题　四数成正比例,则亦成属比例。

解曰:甲、乙、丙、丁四比例数,甲与乙比,若丙与丁比,题言属理,甲与丙比,若乙与丁比。

甲‥丙‥‥‥‥
乙‥‥丁‥‥‥‥‥

论曰:甲与乙比,既若丙与丁比,则甲为乙之几分或一分,若丙为丁之几分或一分(本卷界说二十),故属理,甲为丙之几分或一分,若乙为丁之几分或一分(本卷九与十)。是以甲与丙比,若乙与丁比也(本卷界说二十)。

第十四题　彼此诸数,两两比例同,则以平理推之,比例亦同。

解曰:此诸数甲、乙、丙,彼诸数丁、戊、己,彼此若干数等,甲与乙比,若丁与戊比,乙与丙比,若戊与己比,题言依平理,甲与丙比,若丁与己比。

甲‥‥‥‥‥丁‥‥‥‥
乙‥‥‥‥戊‥‥‥
丙‥‥己‥‥

论曰:甲与乙比,既若丁与戊比,则属理,甲与丁比,若乙与戊比(本卷十三)。又乙与丙比,若戊与己比,则属理,乙与戊比,若丙与己比。惟乙与戊比,若甲与丁比,故甲与丁比,若丙与己比。是以属理,甲与丙比,若丁与己比。

第十五题 一度第二数,若第三数度第四数,则依属理,一度第三数,若第二数度第四数。

解曰:甲为一,度第二数乙丙,若第三数丁度第四数戊己,题言属理,甲度丁,若乙丙度戊己。

甲‥ 丁‥‥
乙‥庚‥辛‥丙 戊‥子‥丑‥己

论曰:甲度乙丙,既若丁度戊己,则戊己中有若干丁,若乙丙中有若干一。分乙丙为乙庚、庚辛、辛丙,若干一,又分戊己为戊子、子丑、丑己,若干丁,乙庚、庚辛、辛丙若干分,与戊子、子丑、丑己若干分等,乙庚、庚辛、辛丙诸一既俱等,戊子、子丑、丑己诸数亦俱等。而乙庚、庚辛、辛丙诸分,与戊子、子丑、丑己诸分等,则乙庚一与戊子数比,若庚辛一与子丑数比,亦若辛丙一与丑己数比。惟一前率与一后率比,若诸前率与诸后率比(本卷十二),故乙庚一与戊子数比,若乙丙与戊己比。惟乙庚一等甲一,戊子数等丁数,故甲与丁比,若乙丙与戊己比。是以甲度丁数,若乙丙度戊己也(本卷界说二十)。

第十六题 二数互乘生二数,所生二数必等。

解曰:甲、乙二数,甲乘乙生丙数,乙乘甲生丁数,题言丙丁必等。

戊‥
甲‥乙‥‥
丙‥‥‥‥‥丁‥‥‥‥‥

论曰:甲乘乙既生丙,则乙度丙得若干,与甲中之若干一等(本卷界说十五)。以一为戊,而度甲得若干,与乙度丙得若干等,故属理,以戊度乙得若干,与甲度丙得若干等(本卷十五)。又乙乘甲既生丁,则甲度丁得若干,与乙中之若干一等,戊一度乙,亦与乙中之若干一等,故戊度乙,若甲度丁。惟戊度乙,亦若甲度丙(本论),故甲度丙与度丁等,是以丙与丁等。

第十七题 数乘二数,所生二数之比,若原二数之比。

解曰:甲乘乙、丙二数,生丁、戊二数,题言乙、丙之比,若丁、戊之比。

论曰:甲乘乙既生丁,则乙度丁得若干,与甲中之若干一等(本卷界说十五)。以己为一,而度甲得若干,与甲中之若干一等,是甲中有若干己,若丁中有若干乙,故己与甲比,若乙与丁比(本卷界说二十)。又己与甲比,若丙与戊比,理同。是以乙与丁比,若丙与戊比,而属理,乙与丙比,若丁与戊比(本卷十三)。

```
己·
甲··
乙···    丙····
丁······  戊······
```

第十八题 二数各乘一数,所生二数之比,若原二数之比。

解曰:甲、乙二数各乘丙,生丁、戊二数,题言甲与乙比,若丁与戊比。

论曰:甲乘丙生丁,丙乘甲亦生丁(本卷十六),乙乘丙生戊,丙乘乙亦生戊,是丙乘甲、乙二数,生丁、戊二数,所以甲与乙比,若丁与戊比(本卷十七)。

```
甲···乙····
丙··
丁······戊········
```

第十九题 四比例数,第一、第四乘得数,必等于第二、第三乘得数。又若有四数,第一、第四乘得数,等于第二、第三乘得数,则此四数为比例数。

解曰:甲、乙、丙、丁四比例数,甲与乙比,若丙与丁比,戊为甲、丁乘得数,己为乙、丙乘得数,题言戊与己等。

论曰:甲乘丙,设生庚,甲乘丙既生庚,而乘丁生戊,则甲乘丙、丁二数生庚、戊二数,故丙与丁比,若

```
甲······
乙····
丙···
丁··
戊··········
己··········
庚··············
```

庚与戊比,丙与丁比,若甲与乙比(本卷十七),故甲与乙比,亦若庚与戊比。
又甲乘丙既生庚,而乙乘丙生己,是甲、乙二数乘丙,生庚、己二数,故甲与
乙比,若庚与己比(本卷十八)。惟甲与乙比,若庚与戊比,故庚与戊比,若庚
与己比。夫庚与戊比,若庚与己比,则戊与己相等。

又解曰:戊与己相等,则甲与乙比,必若丙与丁比。

论曰:甲乘丙、丁,既生庚、戊,则丙与丁比,若庚与戊比。惟戊与己相
等,故庚与戊比,若庚与己比。惟庚与戊比,若丙与丁比,是以丙与丁比,
若庚与己比。而庚与己比,若甲与乙比(本卷十八),则甲与乙比,若丙与
丁比。

第二十题　三比例数,首与末乘得数,等于中数自乘。又三数,若首
与末乘得数,等于中数自乘,则此三数为比例数。

解曰:甲、乙、丙三比例数,甲与乙比,若乙与丙比,题言
甲、丙乘得数,等于乙自乘数。

甲·········
乙······
丁······
丙····

论曰:设置丁,与乙等,则甲与乙比,若丁与丙比,故甲、
丙乘得数,等于乙、丁乘得数(本卷十九)。惟乙、丁相等,故乙、
丁乘得数与乙自乘之数等,是以甲与丙乘得数,等于乙自乘之数。

又解曰:甲、丙乘得数,等于乙自乘数,则甲与乙比,必若乙与丙比。

论曰:甲、丙乘得数,既等于乙自乘数,则亦等于乙、丁乘得数,故甲与
乙比,若丁与丙比(本卷十九)。而乙与丁相等,是以甲与乙比,若乙与丙比。

第二十一题　同比最小数,可度诸同比数,前率度前率,后率度后率,
俱等。

解曰:丙丁、戊己两数,为甲、乙之最小同比数,题言甲
中有若干丙丁,若乙中有若干戊己。

甲··········
乙······
丙···庚··丁
戊··辛·己

论曰:如此,丙丁必非甲之几分。设以丙丁为甲之几
分,则戊己为乙之几分,若丙丁为甲之几分(本卷界说二十)。
是丙丁中有甲内分之几,若戊己中有乙内分之几,丙丁为甲内分之几,如

丙庚、庚丁,戊己为乙内分之几,如戊辛、辛己,则丙庚、庚丁若干分,与戊辛、辛己若干分等,丙庚、庚丁诸数既相等,戊辛、辛己诸数亦相等。而丙庚、庚丁若干分,与戊辛、辛己若干分等,则丙庚与戊辛比,若庚丁与辛己比。而一前数与一后数比,若诸前数与诸后数比(本卷十二),则丙庚、戊辛与丙丁、戊己同比,而丙庚、戊辛小于丙丁、戊己,理所不能,因丙丁、戊己为同比最小数故也。是故丙丁非甲之几分,必为甲之一分,而戊己为乙之一分,若丙丁为甲之一分,故丙丁度甲,等于戊己度乙也。

第二十二题 此若干数与彼若干数,交错两两同比例,以平理推之,比例亦同。

解曰:甲、乙、丙三数,丁、戊、己三数,交错比例同,甲与乙比,若戊与己比,乙与丙比,若丁与戊比,题言依平理,甲与丙比,若丁与己比。

甲⋯⋯丁⋯⋯⋯⋯⋯⋯
乙⋯戊⋯⋯⋯⋯⋯⋯
丙⋯己⋯⋯⋯

论曰:甲与乙比,既若戊与己比,则甲、己乘得数,与乙、戊乘得数等(本卷十九)。乙与丙比,既若丁与戊比,则丙、丁乘得数,与乙、戊乘得数等。而甲、己乘得数,与乙、戊乘得数等(本论),是甲、己乘得数,与丙、丁乘得数等,故甲与丙比,若丁与己比(本卷十九)。

第二十三题 无等数之数,为同比最小数。

解曰:甲、乙两无等数,题言甲、乙为同比最小数。

甲⋯⋯乙⋯⋯
丙⋯⋯丁⋯⋯
戊---

论曰:若甲、乙非同比最小数,则甲、乙之同比最小数,必小于甲、乙,设为丙、丁。夫同比之最小数,可度各同比数,前率度前率,后率度后率,俱等(本卷二十一),则丙度甲得若干,若丁度乙得若干,而甲中有若干丙,若戊中有若干一,故丁度乙,等戊中若干一。又丙度甲,亦等戊中若干一,则戊度甲,等丙中若干一,戊度乙,等丁中若干一,是戊度甲、乙两无等数之数,理所不能,故甲、乙同比之数,无小于甲、乙者,是以甲、乙为同比最小数。

第二十四题 同比最小数,为无等数之数。

解曰:甲、乙为同比最小数,题言甲、乙无等数。

论曰:如甲、乙非无等数,则有数可度,设为丙。丙度
甲得若干,若丁中若干一;丙度乙得若干,若戊中若干一。
夫丙既以丁中若干一度甲,以戊中若干一度乙,则丙乘丁得甲,乘戊得乙。
丙乘丁、戊两数,既得甲、乙两数,则丁与戊比,若甲与乙比(本卷十七),故
丁、戊与甲、乙同比,而丁、戊小于甲、乙,必无是理。是以可度甲、乙之数,
无大于一者,而甲、乙无等数。

甲······乙······
丙-----
丁---- 戊----

第二十五题 大、小两数,无等数,有他数可度一数,则他数与余一数
无等数。

解曰:甲、乙两数无等数,丙可度甲,题言乙、丙无等数。

论曰:如乙、丙非无等数,则有数可度,设为丁。丁既度丙,
而丙度甲,则丁亦度甲。惟丁亦度乙,是丁度甲、乙两无等数之
数,理所不能(本卷界说十二)。是以无数可度乙、丙,而乙、丙无等数。

甲······
乙······
丙···
丁---

第二十六题 大、小两数,与他数俱无等数,则两数相乘数,与他数仍
无等数。

解曰:甲、乙两数,与丙俱无等数,甲乘乙生丁,题言丙、丁
无等数。

论曰:如丙、丁非无等数,则有数可度,设为戊。丙、甲既
无等数,而戊可度丙,则戊、甲无等数(本卷二十五)。惟戊度丁
得若干,若己中有若干一,则己度丁得若干,若戊中有若干一,故戊乘己生
丁,甲乘乙亦生丁。是戊、己乘得数,与甲、乙乘得数等。夫一、四两率相
乘与二、三两率相乘等(本卷十九)。是戊与甲比,若乙与己比。惟甲、戊无
等数,即为同比最小数(本卷二十三)。同比最小数,可度诸同比数,前率度前
率,后率度后率,等(本卷二十一)。是戊度乙,戊亦度丙,是戊度乙、丙两无等
数之数,理所不能。是以无数可度丙、丁,而丙、丁无等数。

甲··乙···
丙······
丁······
戊----
己---

第二十七题 大、小两数，无等数，则一数自乘所得，与余一数仍无等数。

解曰：甲、乙两数，无等数，甲自乘得丙，题言乙、丙无等数。

甲‥乙…
丙‥‥
丁‥

论曰：设丁与甲相等，甲、乙既无等数，而甲与丁等，则丁与乙无等数。夫甲、丁两数，与乙俱无等数，则甲、丁乘得数，与乙仍无等数(本卷二十六)。惟丙为甲、丁乘得数，故丙、乙无等数。

第二十八题 此两数，彼两数，两两俱无等数，则此两数相乘，彼两数相乘，两得数亦无等数。

解曰：甲、乙两数，与丙、丁两数，皆无等数。甲、乙相乘生戊，丙、丁相乘生己，题言戊、己亦无等数。

甲…乙……
戊……………
丙‥丁……
己………

论曰：甲、乙与丙俱无等数，则甲、乙乘得数，与丙仍无等数(本卷二十六)。惟甲乘乙得戊，故戊与丙无等数。又戊与丁亦无等数，理同。故丙、丁与戊俱无等数，是以丙、丁乘得数，与戊无等数(本卷二十六)。惟己为丙、丁乘得数，故戊、己无等数。

第二十九题 两数无等数，各自乘，所得两数，仍无等数，各再乘，所得两数，亦无等数，三乘以上俱同。

甲‥乙…
丙‥‥丁………
戊………己……………………

解曰：甲、乙两数无等数，甲自乘得丙，甲乘丙得戊，乙自乘得丁，乙乘丁得己，题言丙、丁、戊、己俱无等数。

论曰：甲、乙既无等数，而甲自乘得丙，则丙、乙无等数(本卷二十七)。夫丙、乙既无等数，而乙自乘得丁，则丙、丁无等数。又甲与乙既无等数，而乙自乘得丁，则甲、丁无等数。甲、丙与乙、丁既各无等数，则甲乘丙、乙乘丁，所得两数无等数(本卷二十八)。惟甲乘丙得戊,乙乘丁得己,是以戊、己无等数。

第三十题　两数无等数,其和与两本数各无等数。又两数和与两本数各无等数,则两本数无等数。

解曰:甲乙、乙丙二数,无等数,相加得甲丙,题言甲丙与甲乙、乙丙,俱无等数。
甲⋯⋯乙⋯⋯丙
丁----

论曰:如甲丙、甲乙,非无等数,则有数可度,设为丁。丁既度甲丙、甲乙,则可度余数乙丙。惟亦度甲乙,是丁度甲乙、乙丙两无等数之数,无是理也,故无数可度乙丙、甲丙,是以甲乙、甲丙无等数,则甲丙与甲乙、乙丙俱无等数。

又解曰:甲丙、甲乙无等数,题言甲乙、乙丙亦无等数。

论曰:如甲乙、乙丙非无等数,则有数可度,设为丁。丁既度甲乙、乙丙,则亦度和数甲丙。惟亦度甲乙,是丁度甲丙、甲乙两无等数之数,无是理也。是以无数可度甲乙、乙丙,而甲乙、乙丙无等数。

第三十一题　数根与不度之数无等数。

解曰:甲为数根,乙为不度之数,题言甲、乙无等数。
甲⋯乙⋯⋯
丙---

论曰:如甲、乙非无等数,则有数可度,设为丙,而丙非一(本卷界说十一)。丙既度乙,而甲不度乙,则丙与甲不等。若丙度乙、甲,是度数根甲,而与甲不等,理所不能。是以无数可度甲、乙,而甲、乙无等数。

第三十二题　两数相乘所得数,有数根可度,则此数根亦可度两本数之一。

解曰:甲、乙两数相乘得丙,而数根丁度丙,题言丁或度甲或度乙。
甲⋯乙⋯⋯
丙⋯⋯⋯⋯⋯
丁⋯
戊⋯

论曰:如丁为数根,而不度甲,则甲、丁无等数(本卷三十一)。丁度丙得若干,与戊中之若干一等。丁度丙既得戊中之若干一,则丁乘戊生丙,而甲乘乙亦生丙,故丁、戊乘得数与甲、乙乘得数等,是以丁与甲比,若乙与戊比(本卷十九)。甲、丁为无等数之数,即同比最小数(本卷二十三)。同比最小数,可度诸同比数,前率度前率,后率度后率,等(本卷二十一),是以丁度乙。如丁不度乙,则度甲,其理同也。故丁或度甲,或度乙。

第三十三题　可约数,必有数根可度。

解曰:甲为可约数,题言必有数根度甲。

甲‥‥‥‥
乙‥‥
丙‥

论曰:甲既为可约数,则必有数可度(本卷界说十三),设为乙。若乙为数根,则题理自明。如乙为可约数,亦有数可度,设为丙。丙既度乙,而乙度甲,丙亦度甲,若丙为数根,则题理亦明。若丙为可约数,又有数可度。如此递推,至末必有数为数根,可度前数,亦可度甲。如无数根可度甲,则有无穷之数可度甲,但后数递小于前数,理所不能(本卷界说二)。故至末必有数为数根,可度前数,亦可度甲,是以可约之数,必有数根可度。

又论曰:甲既为可约数,必有数可度(本卷界说十三)。设乙为度甲最小之数,则乙为数根。若云非数根,而为可约之数,则有数可度,设为丙,小于乙。丙既度乙,而乙度甲,则丙亦度甲。惟乙为度甲最小之数,而丙小于乙,理所不能。是以乙非可约数,而为数根也。

第三十四题　凡数或为数根,或为数根可度之数。

解曰:甲为数,题言甲或为数根,或为数根可度之数。

论曰:如甲为数根,题理自明。如为可约之数,则有数根可度(本卷三十三)。是以凡数或为数根,或为数根可度之数。

第三十五题　有若干数,求同比最小数。

甲‥‥‥‥乙‥‥‥‥‥丙‥‥‥‥‥‥
戊‥‥己‥‥庚‥‥‥
辛---子---丑----
丁‥　寅--

　　法曰：甲、乙、丙若干数，求同比之最小数。甲、乙、丙或无等数，或有等数。若无等数，即为同比最小数（本卷二十三）。若有等数，则以丁为甲、乙、丙最大等数，丁度甲、乙、丙各数得若干，若戊、己、庚三数各有若干一（本卷三），故戊、己、庚各数，度甲、乙、丙各数，所得若干，各与丁中之若干一等，故戊、己、庚各乘丁，生甲、乙、丙，则戊、己、庚为甲、乙、丙同比数（本卷十八），亦为最小数。若云戊、己、庚非甲、乙、丙同比最小数，别有甲、乙、丙同比数，小于戊、己、庚，设为辛、子、丑，辛度甲，与子、丑度乙、丙，各相等（本卷二十一）。辛度甲得若干，若寅中有若干一，子、丑度乙、丙得若干，各与寅中之若干一等。辛度甲既得寅中若干一，则寅度甲得辛中若干一，推之，寅度乙、丙得子、丑中各若干一，故寅兼度甲、乙、丙。又辛度甲，既得寅中若干一，则辛乘寅得甲，而戊乘丁得甲（本论）。是戊乘丁，辛乘寅，两数相等，故戊与辛比，若寅与丁比（三卷十九）。惟戊大于辛，故寅亦大于丁，而度甲、乙、丙，理所不能，因丁为甲、乙、丙之最大等数故也，故甲、乙、丙同比数，无有小于戊、己、庚者，是以戊、己、庚为甲、乙、丙之同比最小数。

第三十六题　有两数，求其所度最小数。

　　法曰：甲、乙两数，求其所度最小数。甲、乙或无等数，或有等数。设无等数，则以丙为甲、乙乘得数。乙乘甲得丙，则甲、乙度丙，而丙为甲、乙所度最小数（本卷十六）。若云非最小，别有数小于丙，而甲、乙可度，设为丁。

甲…乙……
丙…………
丁-----
戊---己---

甲度丁得若干，与戊中之若干一等，乙度丁得若干，与己中之若干一等，故甲乘戊生丁，乙乘己亦生丁，而甲、戊相乘，乙、己相乘，两得数等，则甲与乙比若己与戊比（本卷十九）。甲、乙无等数，亦为同比最小数（本卷二十二）。惟同比最小数，度他同比数，前率度前率，后率度后率，等（本卷二十一），故后率乙度后率戊，甲乘乙、戊，既生丙、丁，则乙与戊比，若丙与丁比（本卷十八）。惟乙度戊，故丙度丁。而以大度小，理所不能，故无数小于丙可为甲、乙两无等数所度，而丙为甲、乙所度最小数。

　　设甲、乙有等数，则以己、戊为甲、乙同比最小数（本卷三十五）。令

甲、戊相乘与乙、己相乘,二得数等。甲、戊乘得数为丙,
则乙、己乘得数亦为丙,所以甲、乙度丙,而丙为甲、乙所
度最小数。若云非最小,别有数小于丙,为甲、乙所度,设
为丁。则甲度丁得若干,与庚中之若干一等,乙度丁得若
干,与辛中之若干一等,故甲乘庚生丁,乙乘辛亦生丁,是

甲····乙······
己··戊···
丙···········
丁------
庚---辛--

甲乘庚、乙乘辛,两得数等,则甲与乙比,若辛与庚比（本卷十九）。惟甲与乙
比,若己与戊比,故己与戊比,若辛与庚比。而己、戊为甲、乙同比最小数,
最小数度他同比数,前率度前率,后率度后率,相等（本卷二十一）,故戊度庚,
又甲度丙、丁。既得戊、庚,则戊与庚比,若丙与丁比（本卷十七）。惟戊度
庚,故丙度丁（本卷界说二十）,然以大度小,理所不能。是以小于丙之数,甲、
乙不能度,而丙为甲、乙所度最小数。

第三十七题　两数度他数,则两数所度最小数,亦度他数。

解曰:甲、乙两数,度他数丙丁,甲、乙所度最小数
为戊,题言戊亦度丙丁。

甲··乙···
丙······己······丁
戊······

论曰:若云戊不度丙丁,以戊累减丙丁,尽丁己,
余丙己,小于戊。夫甲、乙既度戊,而戊度丁己,则甲、乙亦度丁己。而甲、
乙又度全数丙丁,是以亦度余数丙己。而谓丙己小于戊,必无是理,故戊
度丙丁。

第三十八题　有三数,求其所度最小数。

法曰:甲、乙、丙三数,求其所度最小数。以丁
为甲、乙所度最小数（本卷三十六）,而丙或度丁,或不
度丁。设度丁,因甲、乙亦度丁,故丁为甲、乙、丙所

甲···乙····丙······
丁···········
戊------------

度之数,亦为最小数。若云非最小,别有小于丁之数,为甲、乙、丙所度,设
为戊,甲、乙、丙度戊,即甲、乙度戊,甲、乙所度最小数亦度戊（本卷三十七）。
而甲、乙所度最小数为丁,丁度戊,是以大度小,理所不能。故甲、乙、丙所
度之数,无小于丁者,而丁为甲、乙、丙所度最小数。

设丙不度丁，则以戊为丙、丁所度最小数(本卷三十六)。甲乙既度丁，而丁度戊，则甲、乙亦度戊，而丙本度戊，故戊为甲、乙、丙所度，亦为最小数。若云非最小，别有己小于戊，为甲、乙、丙所度。甲、乙、丙既度己，即甲、乙度己，甲、乙所度最小数亦度己(本卷三十七)。而丁为甲、乙所度最小数，则丁度己。惟丙亦度己，即丁、丙度己，丁、丙所度最小数亦度己。而戊为丁、丙所度最小数，则戊度己，乃以大度小，无是理也。是以甲、乙、丙所度之数，无小于戊者，而戊为甲、乙、丙所度最小数。

甲··乙···丙····

丁·······

戊·········

己————————

第三十九题　　本数度他数，则他数之一分，以本数为母。

解曰：乙度甲，题言甲之一分，以乙为母。

论曰：设一为丁，丙中有若干丁，若甲中有若干乙，乃乙度甲，得丙中之若干一，丁度丙，亦得丙中之若干一，则丁度丙，与乙度甲相等。属理，丁度乙，与丙度甲相等(本卷十五)。故丙为甲之一分，若丁为乙之一分。惟丁为乙之一分，命乙为母，故丙为甲之一分，命乙为母，是以甲中有若干丙分，其母为乙。

甲···········

乙···

丙····

丁·

第四十题　　数有若干分，其分之母数，可度本数。

解曰：甲有若干乙，其母为丙，题言丙可度甲。

论曰：乙既为甲之一分，其母为丙，丁一为丙之一分，其母亦为丙。则乙为甲之一分，若丁为丙之一分，是以丁度丙，若乙度甲。属理，丁度乙，若丙度甲(本卷十五)，故丙度甲。

甲···········

乙··

丙······

丁·

第四十一题　　任设诸分，求有此诸分之最小数。

法曰：任设甲、乙、丙诸分，求有甲、乙、丙诸分之最小数。以丁、戊、己诸数，为甲、乙、丙之诸母，以庚为丁、戊、己所度最小数(本卷三十八)。丁、戊、己既度庚，则庚之诸分，以丁、戊、己为诸母(本卷三十九)。惟甲、乙、丙诸分，以

甲三丁·乙三戊···丙四己····

庚·········

辛——

丁、戊、己诸数为母,故庚有甲、乙、丙之诸分,亦为最小数。若云非最小,更有小于庚之辛,有此甲、乙、丙诸分,夫辛既有甲、乙、丙诸分,则甲、乙、丙之诸母可度辛(本卷四十)。惟此诸分之母为丁、戊、己,是丁、戊、己可度辛,而辛小于庚,理所不能,则必无小于庚之数,而有甲、乙、丙诸分者。

4 第八卷

第一题 若干连比例率,首尾二率无等数,则诸率为同比最小数。

甲八　乙一二　丙一八　丁二七
戊--　己--　庚---　辛---

解曰:甲、乙、丙、丁连比例率,首尾甲、丁无等数,题言甲、乙、丙、丁为同比最小数。

论曰:若云诸率非同比最小数,则设戊、己、庚、辛,小于甲、乙、丙、丁,而与甲、乙、丙、丁同比,甲、乙、丙、丁既与戊、己、庚、辛同比,而甲、乙、丙、丁若干率,与戊、己、庚、辛若干率等,则平理,甲与丁比,若戊与辛比(七卷十四)。而甲、丁无等数,凡无等数之数,必为同比最小数,即可度他同比数,前率度前率,后率度后率,等(七卷二十一),则甲度戊,乃以大度小,理所不能。故戊、己、庚、辛小于甲、乙、丙、丁,必不与甲、乙、丙、丁同比,而甲、乙、丙、丁为同比最小数。

第二题 有同比最小率,求连比例最小数。

法曰:甲、乙为同比最小率,求若干连比例最小数。如求四数,则以甲自乘得丙,以甲乘乙得丁,以乙自乘得戊,又以甲乘丙、丁、戊

甲二　乙三
丙四　丁六　戊九
己八　庚一二　辛一八　壬二七

得己、庚、辛，以乙乘戊得壬，即得己、庚、辛、壬四数。盖甲既自乘得丙，乘乙得丁，是甲乘甲、乙两数，生丙、丁两数，故甲与乙比，若丙与丁比（七卷十七）。又甲乘乙得丁，而乙自乘得戊，是甲、乙各乘乙得丁、戊，故甲与乙比，若丁与戊比（七卷十八）。惟甲与乙比，若丙与丁比，故丙与丁比，亦若丁与戊比。甲乘丙、丁得己、庚，则丙与丁比，若己与庚比。惟丙与丁比，若甲与乙比，故甲与乙比，若己与庚比。又甲乘丁、戊生庚、辛，则丁与戊比，若庚与辛比。惟丁与戊比，若甲与乙比，故甲与乙比，若庚与辛比。而甲、乙乘戊生辛、壬，则甲与乙比，若辛与壬比。惟甲与乙、己与庚、庚与辛，俱同比（本论），故己与庚、庚与辛、辛与壬，亦同比。则丙、丁、戊及己、庚、辛、壬诸数，俱为甲、乙同比数，亦为同比最小数。盖甲、乙既为同比最小数，同比最小数为无等数之数（七卷二十三），则甲、乙无等数。惟甲、乙各自乘得丙、戊，各再乘得己、壬，则丙、戊与己、壬俱无等数（七卷二十九）。凡若干连比例率，首尾无等数，必为同比最小数（本卷一），则丙、丁、戊及己、庚、辛、壬，为甲、乙同比最小数。

系：知此理，可明若连比例三率为同比最小数，其首尾为平方，如四率，则为立方。

第三题 若干连比例率，为同比最小数，则首尾无等数。

解曰：甲、乙、丙、丁连比例率，为同比最小数，题言首甲尾丁无等数。

甲八 乙一二 丙一八 丁二七
戊二 己三
庚四 辛六 壬九
子八 丑一二 寅一八 卯二七

论曰：戊、己为甲、乙、丙、丁同比最小二数（本卷二），庚、辛、壬为同比最小三数，推至最小诸数与甲、乙、丙、丁若干率等。命此诸数为子、丑、寅、卯，则首子、尾卯无等数。盖戊、己既无等数，各自乘得庚、壬，各再乘得子、卯，则庚、壬、子、卯俱无等数（七卷二十九）。甲、乙、丙、丁既为同比最小数，而子、丑、寅、卯为甲、乙、丙、丁同比最小数，甲、乙、丙、丁若干率，与子、丑、寅、卯若干率等，则甲、乙、丙、丁各数，与子、丑、寅、卯各数等，是以甲与子等、丁与卯等，子与卯既无等数，则甲、丁亦无等数。

第四题 若干同比最小率，求相连同比之最小数。

法曰：甲与乙、丙与丁、戊与己，为各同比最小率，求相连同比最小数。以辛为乙、丙所度最小数（七卷三十六），取庚、壬二数，令乙度辛得若干，与甲度庚相等；丙度辛得若干，与丁度壬相等；而戊或度壬或不度壬，若度壬，则取子，令戊度壬得若干，与己度子相等，甲度庚得若干，既与乙度辛得若干等，则甲与乙比，若庚与辛比（七卷十三）。又丙与丁比，若辛与壬比，戊与己比，若壬与子比，理同。故庚、辛、壬、子，为甲与乙、丙与丁、戊与己诸率相连同比之数，亦为同比最小数。若云非最小，别有数小于庚、辛、壬、子，为丑、寅、卯、辰，则甲与乙比，若丑与寅比，而甲、乙为最小数。最小数可度诸同比数，前率度前率，后率度后率，俱等（七卷二十一），则乙度寅，又丙亦度寅，是乙、丙度寅，而乙、丙所度之最小数亦度寅（七卷三十七）。乙、丙所度之最小数为辛，故辛度寅，然以大度小，理所不能。故无小于庚、辛、壬、子，与甲、乙、丙、丁、戊、己同比者。

设戊不度壬，则取寅为戊、壬所度最小数（七卷三十六）。又取子、丑、卯，令壬度寅得若干，与庚、辛度子、丑得若干等，戊度寅得若干，与己度卯得若干等。庚度子得若干，既与辛度丑得若干等，则庚与辛比，若子与丑比（七卷十三）。惟庚与辛比，若甲与乙比，故甲与乙比，若子与丑比。又丙与丁比，若□□寅比，理同。戊度寅得若干，既与己度卯得若干等，则戊与己比，若寅□□比，故子、丑、寅、卯为甲与乙、丙与丁、戊与己诸率相连同比之数，亦□□小数。若云非最小，而别有辰、巳、午、未四数，小于子、丑、寅、卯，则辰□巳比，若甲与乙比。而甲、乙为最小数，最小数度诸同比数，前率度前率，后率度后率，俱等（七卷二十一），则乙度巳，而丙亦度巳，故乙、丙度巳，而乙、丙所度最小数亦度巳（七卷三十七）。辛为乙、丙所度最小数，故辛度巳。又辛与巳比，若壬与午比（七卷十三），故壬度午（七卷界说二十）。而戊亦度午，则

甲二	乙五	丙三	丁四	戊五	己六
庚二	辛一五	壬二〇	子二四		
丑--	寅--	卯--	辰---		

甲四	乙五	丙二	丁三	戊四	己三
庚八	辛一〇	壬一五			
子三二	丑四〇	寅六〇	卯四五		
辰--	巳---	午----	未----		

戊、壬度午,戊、壬所度最小数亦度午。戊、壬所度之最小数为寅,故寅度午。然以大度小,理所不能,则无小于子、丑、寅、卯之数,与甲、乙、丙、丁、戊、己同比者,是以子、丑、寅、卯为甲与乙、丙与丁、戊与己相连同比最小数。

第五题 面数之比例,为边之相结比例。

解曰:甲、乙为二面数,丙、丁为甲之二边,戊、己为乙之二边,题言甲、乙之比例,为丙、丁、戊、己相结之比例。

甲一二　乙三〇　丙三　丁四　戊五　己六　庚六　辛一〇　壬一五　子二〇

论曰:丙与戊、丁与己各为比例率,取庚、辛、壬为相连同比最小数(本卷四)。令丙与戊比,若庚与辛比,丁与己比,若辛与壬比,以子为丁、戊乘得数,丁乘丙既生甲,而乘戊生子(七卷界说十六),则丙与戊比,若甲与子比(七卷十七)。惟丙与戊比,若庚与辛比(本论),故庚与辛比,亦若甲与子比。又戊乘丁既生子,而乘己生乙,则丁与己比,若子与乙比。惟丁与己比,若辛与壬比(本论),故辛与壬比,亦若子与乙比。又庚与辛比,若甲与子比(本论),故庚与壬比,若甲与乙比(七卷十四)。夫庚与壬比,为其边之相结比例(六卷界说五),是以甲与乙比,亦为边之相结比例。

第六题 凡连比例率,第一数不度第二数,则后诸数皆不相度。

解曰:甲、乙、丙、丁、戊为连比例率,如甲不度乙,题言甲、乙、丙、丁、戊皆不相度。

甲一六　乙二四　丙三六　丁五四　戊八一　己四　庚六　辛九

论曰:甲不度乙,而甲亦不度余诸数,如甲不度丙是也,其理易明。设有己、庚、辛若干率,等于甲、乙、丙若干率,而为甲、乙、丙同比最小数(七卷三十五)。己、庚、辛既与甲、乙、丙为同比数,而甲、乙、丙与己、庚、辛之诸率相等,则甲与丙比,若己与辛比(七卷十四),甲与乙比,若己与庚比。而甲不度乙,则己不度庚(七卷界说二十),故己非一。因一无数不可度,故也(七卷界说一)。而己、辛无等数(本卷三),故己不度辛(七卷界说十二)。惟己与辛比,若甲与丙比,是以甲不度丙。准此,可显无数可度他数。

第七题 若干连比例率,首率度尾率,则亦度第二率。

解曰:甲、乙、丙、丁若干连比例率,甲度丁, 甲二 乙四 丙八 丁一六
题言甲亦度乙。

论曰:如甲不度乙,则无数度他数(本卷六),与题不合,因甲度丁故也,故甲度丁,则亦度乙。

第八题 彼此各两数同比,此两数间有若干连比例率,则彼两数间亦有若干连比例率。

解曰:甲、乙两数间,有丙、丁若干连比例 甲二 丙四 丁八 乙一六
率,戊、己与甲、乙同比,题言甲、乙间有若干连 庚一 辛二 壬四 子八
比例率,戊、己间亦有若干连比例率。 戊三 丑六 寅一二 己二四

论曰:庚、辛、壬、子若干率,与甲、丙、丁、乙若干率等,亦为甲、丙、丁、乙同比最小数(七卷三十五),则首庚、尾子无等数(本卷三)。甲、丙、丁、乙既与庚、辛、壬、子同比,而甲、丙、丁、乙若干率,与庚、辛、壬、子若干率等,则甲与乙比,若庚与子比(七卷十四)。惟甲与乙比,若戊与己比,故庚与子比,亦若戊与己比,乃庚、子为同比最小数(七卷二十三)。同比最小数,可度诸同比数,前率度前率,后率度后率,俱等(七卷二十一),故庚度戊,若子度己。又庚度戊得若干,若辛、壬各数度丑、寅各数得若干,故庚、辛、壬、子度戊、丑、寅、己,俱等。而庚、辛、壬、子与戊、丑、寅、己同比(七卷界说二十)。惟庚、辛、壬、子与甲、丙、丁、乙同比,故甲、丙、丁、乙亦与戊、丑、寅、己同比,而甲、丙、丁、乙为连比例率,故戊、丑、寅、己亦为连比例率,是以甲、乙间有若干连比例率,则戊、己间亦有若干连比例率也。

第九题 首尾两无等数之数,中间有若干连比例率,则其首其尾与一之中间,亦各有若干连比例率。

解曰:甲、乙两无等数之数,中间有丙、丁若干连比例率,以戊为一,题言甲、乙间有若干连比例率,则甲、戊及乙、戊间,亦各有若干连比例率。

论曰:己、庚为甲、丙、丁、乙二同比率(本卷二),辛、壬、子为三同比率,推至丑、寅、卯、辰若干同比率,与甲、丙、丁、乙若干率等,即显己自乘生辛(本卷二),己乘辛生丑,庚自乘生子,庚乘子生辰,丑、寅、卯、辰为己、庚同比最小数,甲、丙、丁、乙亦为己、庚同比最小数。丑、寅、卯、辰诸率,与甲、丙、丁、乙诸率等,则丑、寅、卯、辰各数,与甲、丙、丁、乙各数等,故丑与甲等,辰与乙等。又己自乘生辛,己度辛得己中之若干一,而戊度己亦得己中之若干一,故戊度己,与己度辛等,是以戊、己之比,若己、辛之比(七卷界说二十)。又己乘辛生丑,则辛度丑得己中之若干一,而戊度己亦得己中之若干一,故戊度己与辛度丑等,是以戊、己之比,若辛、丑之比。惟戊、己之比,若己、辛之比(本论),故戊与己、己与辛、辛与丑俱同比。惟丑与甲相等,故戊与己、己与辛、辛与甲为同比。又戊与庚、庚与子、子与乙为同比,理同。是以甲、乙间有若干连比例率,则甲、戊及乙、戊间,亦各有若干连比例率。

甲八　丙一二　丁一八　乙二七
戊一
己二　庚三
辛四　壬六　子九
丑八　寅一二　卯一八　辰二七

第十题 一与大、小二数中间,各有若干连比例率,则此二数间,亦有若干连比例率。

解曰:丁、戊及己、庚各连比例率,在甲、丙、乙、丙间,题言甲、丙,乙、丙中间,各有若干率,则甲、乙间亦有若干率。

甲八　壬一二　子一八　乙二七
戊四　辛六　庚九
丁二　己三
丙一

论曰:丁乘己得辛,辛乘丁得壬,辛乘己得子,丙与丁比,既若丁与戊比,则丙度丁,若丁度戊。惟丙度丁,得丁中之若干一,故丁度戊,亦得丁中之若干一,则丁自乘得戊。又丙与丁比,既若戊与甲比,则丙度丁,若戊度甲。惟丙度丁,得丁中之若干一,故戊度甲,亦得丁中之若干一,则丁乘戊生甲。又己自乘生庚,己乘庚生乙,而丁自乘生戊,乘己生辛,则丁与己比,若戊与辛比(七卷十七)。又丁与己比,若辛与庚比,故戊与辛比,若辛与庚比。又丁乘戊、辛生甲、壬,故戊与辛比,若甲与壬比(七卷十七)。而戊与辛比,若丁与己比,故丁与己比,若甲与壬比。又丁、己乘辛生壬、子,故丁与己比,若壬与子比(七卷十八)。惟丁与己比,若甲与壬比,故甲与壬比,亦若壬与子比。又己乘辛、庚生子、乙,故辛与庚比,若子与乙比,而辛与庚比,若丁与己比,故丁与己比,亦若子与乙比,则丁与己、甲与壬、壬与子、子与乙俱同比(本论),即知甲、壬、子、乙为连比例率。是以甲、丙及乙、丙间,各有若干连比例率,则甲、乙间亦有若干连比例率。

第十一题 两平方间有一连比例率,两平方之比例,为其边二次比例。

解曰:甲、乙为两平方数,甲边为丙,乙边为丁,题言甲、乙间有一连比例率,甲与乙之比例,为丙与丁二次比例。

甲四　戊六　乙九
丙二　　　　丁三

论曰:丁乘丙生戊,甲之边既为丙,则丙自乘生甲(七卷界说十八)。又丁自乘生乙,理同。丙乘丙、丁,既生甲、戊,则丙与丁比,若甲与戊比(七卷十七)。又丙乘丁生戊,而丁自乘生乙,则丙、丁两数乘丁,生戊、乙两数,故丙与丁比,若戊与乙比(七卷十八)。惟丙与丁比,若甲与戊比,故甲与戊比,亦若戊与乙比,是以甲、乙间有一连比例率戊。又甲与乙之比例,为丙与丁二次比例,盖甲、戊、乙既为连比例率,则甲与乙之比例,为甲与戊二次比例。惟甲与戊比,若丙与丁比,是以甲与乙之比例,为丙与丁二次比例。

第十二题 两立方间有两连比例率,两立方之比例,为其边三次比例。

解曰:甲、乙为两立方数,丙为甲边,丁为乙边,题言甲、乙间有两连比例率,甲、乙之比例,为丙、丁三次比例。

甲八　辛一二　壬一八　乙二七
戊四　　己六　　　　　庚九
丙二　　　　　　　　　丁三

论曰:戊为丙之自乘数,己为丙乘丁数,庚为丁自乘数,辛、壬为己乘丙、丁数。夫甲为立方数,而丙为其边,则丙自乘得戊,丙乘戊得甲(七卷界说十九)。又丁自乘得庚,丁乘庚得乙,丙乘丙、丁两数,得戊、己,则丙与丁比,若戊与己比(七卷十七)。又丙与丁比,若己与庚比,理同。又丙乘戊、己两数,既得甲、辛,则戊与己比,若甲与辛比,而戊与己比,若丙与丁比,故丙与丁比,若甲与辛比。又丙、丁两数乘己,既得辛、壬,则丙与丁比,若辛与壬比(七卷十八)。又丁乘己、庚两数得壬、乙,则己与庚比,若壬与乙比。惟己与庚比,若丙与丁比,故丙与丁比,亦若壬与乙比,则丙与丁、甲与辛、辛与壬、壬与乙皆同比(本论)。是以甲、乙间有辛、壬两连比例率。又甲与乙之比例,为丙与丁三次比例,盖甲、辛、壬、乙既为连比例率,则甲与乙之比例,为甲与辛三次比例。惟甲与辛比,若丙与丁比,是以甲与乙之比例,为丙与丁三次比例。

第十三题 若干连比例率,其各率自乘,所生各率,仍为连比例率,各率再乘,所生各率,仍为连比例率,三乘以上皆同。

甲二		乙四		丙八
丁四	子八	戊一六	丑三二	己六四
庚八	寅一六	卯三二	辛六四	辰一二八	巳二五六	壬五一二

解曰:甲、乙、丙三率,甲与乙比,若乙与丙比。以甲、乙、丙各自乘,得丁、戊、己;以甲、乙、丙各乘丁、戊、己,得庚、辛、壬。题言丁、戊、己及庚、辛、壬,俱为连比例率。

论曰:甲乘乙得子,子乘甲、两率得寅、卯,乙乘丙得丑,丑乘乙、丙两率得辰、巳,丁、子、戊及庚、寅、卯、辛为连比例率,与甲乙同比(本卷九又十)。而戊、丑、己及辛、辰、巳、壬为连比例率,与乙、丙同比,理同。惟甲与乙比,若乙与丙比,故丁、子、戊与戊、丑、己同比,庚、寅、卯、辛与辛、辰、巳、壬同比。惟丁、子、戊若干率,与戊、丑、己若干率等,庚、寅、卯、辛若干率,与辛、辰、巳、壬若干率等,是以丁与戊比,若戊与己比(七卷十四),而庚与辛比,若辛与壬比。

第十四题 此平方数度彼平方数,则此平方边度彼平方边。又此平方边度彼平方边,则此平方数度彼平方数。

解曰:甲、乙两平方数,其边为丙、丁,甲度乙,题言丙亦度丁。

论曰：戊为丙、丁乘得数，则甲、戊、乙为连比例率，与丙、丁同比。甲、戊、乙既为连比例率，而甲度乙，则甲亦度戊（本卷七）。惟甲与戊比，若丙与丁比，故丙亦度丁（七卷界说二十）。

甲四	戊八	乙一六
丙二		丁四

又解曰：设丙度丁，题言甲亦度乙。

论曰：准前论，甲、戊、乙为连比例率，与丙、丁同比。丙与丁比，既若甲与戊比，而丙度丁，则甲亦度戊。又甲、戊、乙为连比例率，是以甲亦度乙（本卷七）。

第十五题 此立方数度彼立方数，则此立方边度彼立方边。又此立方边度彼立方边，则此立方数度彼立方数。

解曰：立方数甲度立方数乙，丙为甲边，丁为乙边，题言丙度丁。

甲八	辛一六	壬三二	乙六四
戊四	己八		庚一六
丙二			丁四

论曰：丙自乘得戊，丙乘丁得己，丁自乘得庚，己乘丙、丁得辛、壬，则戊、己、庚及甲、辛、壬、乙为连比例率，与丙、丁同比（本卷九又十）。甲、辛、壬、乙既为连比例率，而甲度乙，则甲亦度辛（本卷七）。惟甲与辛比，若丙与丁比，故丙度丁（七卷界说二十）。

又解曰：丙度丁，题言甲度乙。

论曰：甲、辛、壬、乙为连比例率，与丙、丁同比，而丙度丁，丙与丁比，若甲与辛比，故甲度辛，则甲亦度乙（本卷九）。

第十六题 此平方数不度彼平方数，则此平方边不度彼平方边。又此平方边不度彼平方边，则此平方数不度彼平方数。

解曰：甲、乙两平方数，其边为丙、丁，甲不度乙，题言丙不度丁。

甲九	乙一六
丙三	丁四

论曰：如丙度丁，则甲亦度乙（本卷十四）。惟甲不度乙，故丙不度丁。

又解曰：丙不度丁，题言甲不度乙。

论曰：如甲度乙，则丙亦度丁（本卷十四）。惟丙不度丁，故甲不度乙。

第十七题 此立方数不度彼立方数,则此立方边不度彼立方边。又此立方边不度彼立方边,则此立方数不度彼立方数。

解曰:立方数甲,不度立方数乙,丙为甲边,丁为乙边,题言丙不度丁。

甲八	乙二七
丙二	丁三

论曰:如丙度丁,则甲亦度乙(本卷十五)。惟甲不度乙,故丙不度丁。

又解曰:丙不度丁,题言甲不度乙。

论曰:如甲度乙,则丙亦度丁(本卷十五)。惟丙不度丁,故甲不度乙。

第十八题 二相似面数间,有一连比例率,两面数之比例,为相当两边二次比例。

解曰:甲、乙二相似面数,丙、丁为甲之两边,戊、己为乙之两边,相似面数之相当边同比(七卷界说二十一),即丙与丁比,若戊与己比,题言甲、乙间有一连比例率,甲、乙之比例,为丙与戊二次比例,亦为丁与己二次比例。

甲六	庚一二	乙二四
丙二	丁三	戊四 己六

论曰:丙与丁比,既若戊与己比,则转理,丙与戊比,若丁与己比(七卷十三)。甲既为面数,其边丙、丁,则丁乘丙得甲。又戊乘己得乙,理同,丁乘戊得庚。丁既乘丙得甲,乘戊得庚,则丙与戊比,若甲与庚比(七卷十七)。惟丙与戊比,若丁与己比,故丁与己比,若甲与庚比。又因戊乘丁得庚,乘己得乙,故丁与己比,若庚与乙比。惟丁与己比,若甲与庚比,故甲与庚比,若庚与乙比,甲、庚、乙为连比例率,是以甲、乙间有一连比例率庚。又甲与乙之比例,为丙、戊二次比例,亦为丁、己二次比例。盖甲、庚、乙既为连比例率,则甲、乙之比例为甲、庚二次比例,因甲与庚、丙与戊、丁与己皆同比,是以甲、乙之比例,为丙、戊二次比例,亦为丁、己二次比例。

第十九题 二相似体数,有两连比例率,二体数之比例,为相当两边三次比例。

解曰:甲、乙为二相似体数,丙、丁、戊为甲之三边,己、庚、辛为乙之三边,相似体数之相当边既同比(七卷界说二十一),则丙与丁比,若己与庚比,丁与戊比,若庚与辛比,题言甲、乙间有两连比例率,甲、乙之比例,为丙与己、丁与庚、戊与辛三次比例。

甲三〇　寅六〇　卯一二〇　乙二四〇
壬六　丑一二　子二四
丙二　丁三　戊五　己四　庚六　辛一〇

论曰:丙、丁之比,既若己、庚之比,而丙乘丁得壬,己乘庚得子,则壬、子为同比之面数。此两面数间有一连比例率丑(本卷十八),则丁乘己得丑(本卷十八)。壬与丑、丑与子为同比。丁乘丙既得壬,而乘己得丑,则丙与己比,若壬与丑比(七卷十七)。惟壬与丑比,若丑与子比,故壬、丑、子为连比例率,与丙、己同比。丙与丁比,既若己与庚比,则属理,丙与己比,若丁与庚比(七卷十三)。又丁与戊比,既若庚与辛比,则属理,丁与庚比,若戊与辛比,故壬、丑、子为连比例率,偕丙与己、丁与庚、戊与辛,俱同比。戊、辛各乘丑,得寅卯。甲既为体数,而其边为丙、丁、戊,则丙、丁、戊三数连乘得甲。而壬为丙、丁乘得数,故戊乘壬得甲。又子为己、庚乘得数,辛乘子得乙,理同。戊乘壬既得甲,而乘丑得寅,则壬与丑比,若甲与寅比(七卷十七)。惟壬与丑、丙与己、丁与庚、戊与辛皆同比,故丙与己、丁与庚、戊与辛、甲与寅皆同比。又戊、辛各乘丑,既得寅、卯,则戊与辛比,若寅与卯比。惟戊与辛、丙与己、丁与庚俱同比,故丙与己、丁与庚比,若甲与寅、寅与卯比。又辛乘丑既得卯,而乘子得乙,则丑与子比,若卯与乙比。惟丑与子比,若丙与己、丁与庚、戊与辛比,故丙与己、丁与庚、戊与辛比,若甲与寅、寅与卯、卯与乙比,是以甲、寅、卯、乙为连比例率,与体数之边同比。又甲、乙之比例,为同比两边三次比例,或丙与己,或丁与庚,或戊与辛,俱同。盖甲、寅、卯、乙既为连比例率,则甲、乙之比例,为甲与寅三次比例。甲与寅、丙与己、丁与庚、戊与辛俱同比(本论),故甲与乙之比例,为诸相当边三次比例。

第二十题　*两数间有一连比例率,则两数为相似面数。*

解曰:甲、乙两数间有一连比例率丙,题言甲、乙为相似面数。

甲八　丙一二　乙一八
丁二　戊三　己四　庚六

论曰:以丁、戊为甲、丙同比最小数(七卷三十五),则丁与戊比,若甲与丙比,故丁度甲,若戊度丙。设己中有若干一,若甲中有若干丁,则己乘丁得甲,而乘戊得丙,故甲为面数,其边为丁、己。又丁、戊亦为丙、乙同比最小数,则丁度丙,若戊度乙。而戊度乙得若干,与庚中之若干一等,则庚乘戊得乙,而乙为面数,其边为戊、庚,故甲、乙为两面数,亦为相似面数。盖己、庚乘戊得丙、乙,则己与庚比,若丙与乙比(七卷十八)。惟丙与乙比,若丁与戊比,故丁与戊比,若己与庚比,是以甲、乙为相似面数(七卷界说二十一),其相当边各同比。

第二十一题　两数间有两连比例率,则两数为相似体数。

解曰:甲乙两数间有丙、丁两连比例率,题言甲、乙为相似体数。

甲二四	丙七二	丁二一六	乙六四八
戊一		己三	庚九
辛一　壬一	子二四　丑三	寅三　卯七二	

论曰:戊、己、庚为甲、丙、丁同比最小数(七卷三十五),则首戊尾庚无等数(本卷三),戊、庚间既有一连比例率己,则戊、庚为相似面数(本卷二十)。而戊之两边为辛、壬,庚之两边为丑、寅,则戊、己、庚连比例率,偕辛与丑、壬与寅同比。戊、己、庚既为甲、丙、丁同比最小数,则平理,戊与庚比,若甲与丁比(七卷十四)。戊、庚为无等数之数,即为同比最小数(七卷二十三)。最小数可度诸同比数,前率度前率,后率度后率,俱等(七卷二十一),故戊度甲,若庚度丁。而戊度甲得若干,与子中之若干一等,则子乘戊得甲。惟戊为辛、壬乘得数,是子乘辛、壬乘得数得甲,故甲为体数,其边为辛、壬、子。又戊、己、庚亦为丙、丁、乙同比最小数,则戊度丙,若庚度乙。而庚度乙得若干,与卯中之若干一等,则卯乘庚得乙。惟庚为丑、寅乘得数,是卯乘丑、寅乘得数得乙,故乙为体数,其边为丑、寅、卯,所以甲、乙俱为体数,亦为相似体数。盖子、卯乘戊得甲、丙,故子与卯、甲与丙、戊与己皆同比(七卷十七)。惟戊与己、辛与丑、壬与寅俱同比,故辛与丑、壬与寅、子与卯俱同比,惟辛、壬、子为甲之三边,丑、寅、卯为乙之三边,所以甲、乙为相似体数。

第二十二题　三连比例率,首率为平方数,则末率亦为平方数。

解曰:甲、乙、丙三连比例率,甲为平方数,题言丙亦　　　甲四　乙六　丙九
为平方数。

论曰:甲、丙间既有一连比例率乙,则甲、丙为相似面数(本卷二十)。惟甲为平方,是以丙亦为平方。

第二十三题　四连比例率,首率为立方数,则末率亦为立方数。

解曰:甲、乙、丙、丁四连比例率,甲为立　　甲八　乙一二　丙一八　丁二七
方数,题言丁亦为立方数。

论曰:甲、丁间既有乙、丙两连比例率,则甲、丁为相似体数(本卷二十一)。惟甲为立方,是以丁亦为立方。

第二十四题　彼此两数,与两平方同比,如彼数为平方,则此数亦为平方。

解曰:甲、乙两数,与丙、丁两平方同比,甲为平方,　　甲四　戊六　乙九
题言乙亦为平方。　　　　　　　　　　　　　　　　　　丙一六　　丁三六

论曰:丙、丁既为两平方,甲、乙为同比两数,则丙、丁间有一连比例率(本卷十八)。而丙与丁比,若甲与乙比,故甲、乙间亦有一连比例率戊(本卷八)。惟甲为平方,是以乙亦为平方(本卷二十二)。

第二十五题　彼此两数,与两立方同比,彼数为立方,则此数亦为立方。

解曰:甲、乙两数,与丙、丁两立方同比,　　甲八　戊一二　己一八　乙二七
甲为立方,题言乙亦为立方。　　　　　　　　丙六四　　　　　　　丁二一六

论曰:丙、丁既为两立方,则丙、丁为相似体数,中间有两连比例率(本卷十九)。丙、丁间有若干比例率,则诸同比率间亦有若干比例率,故甲、乙间有戊、己两连比例率。甲、戊、己、乙既为四连比例率,而甲为立方,则乙亦为立方(本卷二十三)。

第二十六题 二相似面数,与二平方数同比。

解曰:甲、乙两相似面数,题言甲与乙比,若二平方数比。

甲六　丙一二　乙二四
丁一　戊二　己四

论曰:甲、乙既为相似面数,则中间有一连比例率丙(本卷十八)。丁、戊、己为甲、丙、乙同比最小数(七卷三十五),则首丁、尾己为平方数(本卷二题系)。丁与己比,若甲与乙比,而丁、己为平方数,是以甲与乙比,若二平方数比。

第二十七题 二相似体数,与二立方数同比。

解曰:甲、乙为二相似体数,题言甲与乙比,若二立方数比。

甲一六　丙二四　丁三六　乙五四
戊八　己一二　庚一八　辛二七

论曰:甲、乙既为相似体数,则中间有两连比例率丙、丁(本卷十九)。乃取戊、己、庚、辛若干率,与甲、丙、丁、乙若干率等,而戊、己、庚、辛为甲、丙、丁、乙同比最小数(本卷二),则首戊、尾辛为立方数(本卷二题系)。惟戊与辛比,若甲与乙比,是以甲与乙比,若二立方数比。

5　第九卷

第一题 两相似面数相乘,所得为平方数。

解曰:甲、乙两相似面数,相乘得丙,题言丙为平方数。

甲　　乙
六　　五四
丁　　丙
三六　三二四

论曰:甲自乘得丁,则丁为平方数。甲既自乘得丁,而乘乙得丙,则甲与乙比,若丁与丙比(七卷十七)。甲、乙既为相似面数,则中间有一连比例率(八卷十八)。凡两数间有若干连比例率,则同比两数间亦有若干连比例率(八卷八),所以丁、丙间亦有一连比例率,惟丁为平方数,是以丙亦为平方数(八卷二十二)。

第二题 两数相乘得平方数,则两数为相似面数。

解曰:甲、乙两数相乘得平方数丙,题言甲、乙为相似面数。

甲	乙
三	一二
丁	丙
九	三六

论曰:甲自乘得丁,则丁为平方数。甲既自乘得丁,而乘乙得丙,则甲与乙比,若丁与丙比(七卷十七)。丁及丙既皆为平方数,则丁、丙为相似面数,故丁、丙间有一连比例率(八卷十八)。惟甲与乙比,若丁与丙比,故甲、乙间亦有一连比例率(八卷八)。凡两数间有一连比例率,则必为相似面数(八卷二十),故甲、乙为相似面数。

第三题 立方数自乘,得仍为立方数。

解曰:立方数甲,自乘得乙,题言乙为立方数。

甲
八
丁
四
乙	丙
六四	二

论曰:置丙为甲之一边,丙自乘得丁,丙乘丁得甲(七卷界说十九)。丙自乘既得丁,则丙内有若干一,若丁内有若干丙,故一与丙比,若丙与丁比(七卷界说二十)。又丙乘丁得甲,则甲内有若干丁,若丙内有若干一,故一与丙比,若丁与甲比。惟一与丙比,若丙与丁比,故一与丙、丙与丁、丁与甲俱同比,所以一与甲中间,有丙、丁两连比例率。今甲自乘得乙,则甲内有若干一,若乙内有若干甲,故一与甲比,若甲与乙比(七卷界说二十)。惟一与甲中间有两连比例率,故甲与乙中间亦有两连比例率(八卷八)。凡两数间有两连比例率,第一率为立方,则第四率亦为立方(八卷二十三),是以乙为立方数。

第四题 两立方数相乘,所得亦为立方数。

解曰:甲、乙两立方数,相乘得丙,题言丙为立方数。

论曰:甲自乘得丁,则丁为立方数(本卷三)。甲既自乘得丁,而乘乙得丙,则甲与乙比,若丁与丙比(七卷十七)。甲、乙既为立方数,亦为相似体数,则甲、乙间有两连比例率(八卷十九),故丁、丙间亦有两连比例率(八卷八)。惟丁为立方数,是以丙亦为立方数(八卷二十三)。

甲	乙
八	二七
丁	丙
六四	二一六

第五题 立方数乘他数,而得立方数,则他数亦为立方数。

解曰:立方数甲,乘他数乙,得立方数丙,题言乙亦为立方数。

论曰:甲自乘得丁,则丁为立方数(本卷三)。甲既自乘得丁,而乘乙得丙,则甲与乙比,若丁与丙比(七卷十七)。丁、丙既俱为立方数,则亦为相似体数,故中间有两连比例率(八卷十九)。惟丁与丙比,若甲与乙比,故甲、乙间亦有两连比例率(八卷八)。惟甲为立方数,是以乙亦为立方数(八卷二十三)。

甲	乙
八	二七
丁	丙
六四	二一六

第六题 数自乘得立方数,则原数为立方数。

解曰:甲自乘得立方数乙,题言甲为立方数。

论曰:设甲乘乙得丙,甲自乘得乙,乘乙得丙,则丙为立方数(七卷界说十九)。又甲自乘得乙,乘乙得丙,则甲与乙比,若乙与丙比(七卷十七)。乙、丙既俱为立方数,则亦为相似体数,所以乙、丙中间有两连比例率(八卷十九)。而乙与丙比,若甲与乙比,则甲、乙间亦有两连比例率(八卷八)。惟乙为立方数,故甲亦为立方数(八卷二十三)。

甲	乙	丙
八	六四	五一二

第七题 可约数乘他数,所得为体数。

解曰:甲为可约数,乘他数乙,得丙,题言丙为体数。

论曰:甲既为可约数,则有数可度(七卷界说十三),设为丁。甲内有若干丁,若戊内有若干一,故戊乘丁得甲。甲既乘乙得丙,而丁乘戊得甲,是丁、戊乘得数乘乙得丙也,故乙乘丁、戊乘得数亦得丙(七卷十六),是以丙为体数(七卷界说十七),其边丁、戊、乙。

甲	乙	丙
六	七	四二
丁		戊
三		二

第八题 从一起,有若干连比例率,则每间一率为平方数,每间二率为立方数,每间五率为平方数,亦为立方数。

解曰:从一起,有甲、乙、丙、丁、戊、己若干连比例率,题言乙、丁、己为平方数,丙、己为立方数,己为平方数,亦为立方数。

甲	乙	丙	丁	戊	己
三	九	二七	八一	二四三	七二九

论曰:因一与甲比,若甲与乙比,故一度甲,若甲度乙(七卷界说二十)。惟甲中有若干一,若乙中有若干甲,则甲自乘得乙,故乙为平方数。因乙、丙、丁为连比例率,而乙为平方数,故丁亦为平方数(八卷二十二)。己亦为平方数,以上每间一率俱为平方数,理同。又第四率丙为立方数,以上每间二率俱为立方数,理亦同。盖一与甲比,若乙与丙比,一度甲,若乙度丙(七卷界说二十)。而甲内有若干一,若丙内有若干乙,则甲自乘得乙,乘乙得丙,故丙为立方数(七卷界说十九)。丙、丁、戊、己既为连比例率,而丙为立方数,则己亦为立方数(八卷二十三)。而己亦为平方数(本论),是以第七率己,为平方亦为立方也。以上每间五率,俱兼为平立方,理同。

第九题 从一起,有若干连比例率,若第二率为平方数,则以上诸率,俱为平方数;若第二率为立方数,则以上诸率,俱为立方数。

甲	乙	丙	丁	戊	己
四	一六	六四	二五六	一〇二四	四〇九六

解曰:从一起,有甲、乙、丙、丁、戊、己诸连比例率,若甲为平方数,题言乙以上俱为平方数。

论曰:前题乙以上,每间一率,俱为平方数,而此题甲以上俱为平方数。盖甲、乙、丙既为连比例率,而甲为平方数,则丙亦为平方数(八卷二十二)。又乙、丙、丁既为连比例率,而乙为平方数,则丁亦为平方数。以上诸率俱为平方数,理同。

甲	乙	丙	丁	戊	己
八	六四	五一二	四〇九六	三二七六八	二六二一四四

又解曰:若甲为立方数,题言乙以上俱为立方数。

论曰:前题四率以上,每间二率为立方数,此题诸率俱为立方数。盖一与甲比,若甲与乙比(七卷界说二十)。一度甲,若甲度乙。惟甲中有若干一,若乙中有若干甲,故甲自乘得乙。今甲为立方数,凡立方数自乘得数亦为立方数(本卷三),故乙为立方数。甲、乙、丙、丁既为连比例四率,而甲为立方数,则丁亦为立方数(八卷二十三)。甲、乙俱为立方数,则丙亦为立方数(本卷四),戊亦为立方数。以上至无穷率,俱为立方数,理同。

第十题 从一起,有若干连比例率,若第二率非平方,则每间一率之外,俱非平方;若第二率非立方,则每间二率之外,俱非立方。

解曰:从一起,有甲、乙、丙、丁、戊、己诸连比例率,若甲非平方,题言丙、戊以上俱非平方。

甲	乙	丙	丁	戊	己
二	四	八	一六	三二	六四

论曰:乙本为平方数(本卷八)。设丙为平方数,是乙与丙比,若两平方数比。而乙与丙比,若甲与乙比,是甲与乙比,亦若两平方数比。如此,则甲、乙为相似面数(七卷界说二十一)。而乙为平方数,故甲亦为平方数,与题不合,所以丙非平方数。丙以上每间一率俱非平方数,理同。

又解曰:若甲非立方数,题言甲、乙、丁、戊俱非立方数。

论曰:设丁为立方数,第四率丙本为立方数(本卷八)。而丙与丁比,若乙与丙比,是乙与丙比,若两立方比。如此,则乙、丙为相似体数(七卷界说二十一)。而丙为立方数,故乙亦为立方数。又一与甲比,若甲与乙比,故甲内有若干一,若乙内有若干甲(七卷界说二十),是甲自乘而得立方数乙。凡数自乘而得立方数,则原数亦必为立方数(本卷六),是甲亦为立方数,与题不合。是以丁非立方数,除每间二率丙、己等外,俱非立方数,理同。

第十一题 从一起,有若干连比例率,任以前率度后率,可得诸率中之一率。

解曰:从甲一起,有乙、丙、丁、戊连比例诸率,题言前率或乙或丙或丁,度后率戊,可得或丁或丙或乙。

甲	乙	丙	丁	戊
一	三	九	二七	八一

论曰:甲与乙比,既若丁与戊比,则甲度乙,若丁度戊(七卷界说二十),故属理,甲度丁,若乙度戊(七卷十五)。惟甲度丁,即一度丁,故丁内有若干一,若戊内有若干乙,是以前率乙度后率戊,而得诸率中之一率丁。余可类推。

第十二题 从一起,有若干连比例率,任何数根度末率,则亦度第二率。

解曰:从一起,有甲、乙、丙、丁若干连比例率,题言任何数根度丁,则亦度甲。

甲	乙	丙	丁
四	一六	六四	二五六

戊	辛	庚	己
二	八	三二	一二八

论曰:设数根戊度丁,则戊亦度甲。若云戊不度甲,凡数根与不度之数无等数(七卷三十一),是戊、甲为无等数之数。而戊既度丁,设戊度丁得己,则戊乘己得丁。又甲度丁得丙(本卷十二),则甲乘丙得丁。惟戊乘己亦得丁,所以甲乘丙、戊乘己二得数等。而甲与戊比,若己与丙比(七卷十九)。今甲、戊无等数,凡无等数之数,为同比最小数(七卷二十三)。凡同比最小数度诸同比数,前后率俱相等(七卷二十一)。设戊度丙得庚,则戊乘庚得丙。惟甲乘乙亦得丙,则甲、乙乘得数,与戊、庚乘得数等,故甲与戊比,若庚与乙比。而甲、戊无等数,凡无等数之数,为同比最小数(七卷二十一)。设戊度乙得辛,则戊乘辛得乙。惟甲自乘亦得乙,则辛乘戊与甲自乘二得数等,故戊与甲比,若甲与辛比(七卷二十),是戊度甲。若云不度甲,与理不合。所以甲、戊非无等数,而为可约数。凡两数非无等数,则有数根可度(七卷界说十四),故甲、戊有数根可度。而戊本为数根,凡数根,一之外,无数可度(七卷界说十一),故戊度甲,戊即数根。戊度甲亦度丁,故戊兼度甲、丁,是以任何数根度丁,则亦度甲也。

第十三题 从一起,有若干连比例率,若第二率为数根,则惟本比例诸率可相度,他数不可度。

解曰:甲、乙、丙、丁若干连比例率,第二数甲为数根,题言甲、乙、丙之外,无数度丁。

甲	乙	丙	丁
一	五	二五	一二五 六二五

戊····辛····庚····己

论曰:设戊度丁,而戊与甲、乙、丙诸数不相等,则戊非数根。设戊为数根而度丁,则亦度数根甲(本卷十二),而与甲不相等,于理不合,故戊非数根,而为可约数。凡可约数,有数根可度(七卷三十三)。今断为甲外无他数根度戊,盖若有他数根度戊,而戊度丁,则他数根亦度丁,即亦度甲(本卷十二),而与甲不相等,于理不合,所以惟甲度戊。设戊度丁得己,则己与甲、乙、丙俱不相等。设有相等者,是甲、乙、丙诸数中,有数可度丁而得戊。惟甲、乙、丙每数度丁,而得甲、乙、丙中之一数(本卷十一)。是戊与甲、乙、丙中之一数相等,于理不合,所以己与甲、乙、丙俱不相等。己非数根,而甲度己,理同前。盖若为数根而度丁,则亦度数根甲(本卷十二),而与甲不相等,于理不合,故己非数根,而为可约数,有数根可度(七卷三十三)。今断为甲外无他数根度己,盖若有他数根度己,而己度丁,他数根亦度丁,则亦度数根甲(本卷十二),而与甲不相等,于理不合,所以惟甲度己。因戊度丁得己,故乘己得丁,甲乘丙亦得丁,所以甲、丙相乘与戊、己相乘两得数等。而甲与戊比,若己与丙比(七卷十九),惟甲度戊,故己度丙(七卷界说二十)。设得庚,准前,庚与甲、乙俱不相等,而甲度庚,因己度丙得庚,故乘庚得丙,甲乘乙亦得丙,故甲、乙相乘与己、庚相乘两得数等。而甲与己比,若庚与乙比,惟甲度己,故庚亦度乙。设得辛,准前,辛与甲不相等。因庚度乙得辛,故乘辛得乙,甲自乘亦得乙,则辛、庚相乘与甲自乘两得数等,而辛与甲比,若甲与庚比,惟甲度庚,故辛亦度数根甲,而与甲不相等,于理不大合,是以甲、乙、丙而外,无他数度丁。

第十四题 有若干数根可度之最小数,此诸数根之外,无他数根可度。

解曰:甲为乙、丙、丁三数根所度之最小数,题言乙、丙、丁而外,无他数根度甲。

论曰:若云有数根戊度甲,而戊与乙、丙、丁俱不相等。戊度甲设得己,则戊乘己得甲,而乙、丙、丁三数根俱度甲。凡两数乘得数,为数根所度,则数根亦度两原数之一(七卷三十二),故乙、丙、丁或度戊,或度己。戊既为数根,而与乙、丙、丁不相等,则不能度,故度己,而己小于甲,于理不合。盖甲为乙、丙、丁所度之最小数故也,是以乙、丙、丁而外,无他数根度甲。

	甲三〇	
乙二	丙三	丁五
戊……		己……

第十五题 连比例三率,为同比最小数,任取二率之和,与余率无等数。

解曰:甲、乙、丙连比例三率,为同比最小数,题言或甲、乙和与丙,或甲、丙和与乙,或乙、丙和与甲,皆无等数。

甲九	乙一二	丙一六
丁…	戊…	己…

论曰:设丁戊、戊己为同比最小之二率,则丁戊自乘得甲,乘戊己得乙,戊己自乘得丙(八卷二)。丁戊、戊己既为同比最小数,则为无等数之数(七卷二十四)。凡两数无等数,则两数和,与原两数各无等数(七卷三十),故戊己、丁戊两数和,与戊己无等数。凡二数,与他数俱无等数,则二数乘得数,与他数仍无等数(七卷二十六),所以己丁、丁戊乘得数,与戊己无等数。凡两数无等数,此数自乘所得,与彼数亦无等数(七卷二十七),故己丁乘丁戊所得,与戊己自乘所得无等数。惟己丁、丁戊乘得数,与丁戊自乘,丁戊、戊己相乘两得数之和等,故丁戊自乘,丁戊、戊己相乘两得数之和,与戊己自乘亦无等数。惟甲为丁戊自乘数,乙为丁戊、戊己乘得数,丙为戊己自乘数,故甲、乙之和与丙无等数。又乙、丙和与甲无等数,甲、丙和与乙无等数,理俱同。盖丁己与丁戊、戊己俱无等数(七卷三十),而丁己自乘数,与丁戊、戊己乘得数无等数(七卷二十六、二十七)。惟丁己自乘数,与丁戊、戊己两数各自乘,倍丁戊、戊己相乘三得数之和等(二卷四),所以丁戊、戊己各自乘,倍丁戊、戊己相乘三得数之和,与丁戊、戊己乘得数无等数,分之,丁戊、戊己各自乘,丁戊、戊己相乘三得数之和,与丁戊、戊己乘得数无等数。

又分之,丁戊、戊己各自乘,与丁戊、戊己乘得数,亦无等数。惟甲为丁戊自乘数,乙为丁戊、戊己乘得数,丙为戊己自乘数,是以甲、丙之和与乙无等数。

第十六题 两数无等数,则此与彼比,非若彼与他数比。

解曰:甲、乙无等数,题言甲与乙比,非若乙与他数比。

甲	乙	丙
五	八	…

论曰:设甲与乙比,若乙与丙比,夫甲、乙无等数,则为同比最小数(七卷二十三)。最小数可度诸同比数,前率度前率,后率度后率,俱等(七卷二十一),则甲度乙,为前率度前率。而甲亦自度,是甲度甲、乙两无等数之数,于理不合,所以甲与乙比,非若乙与丙比。

第十七题 若干连比例率,首、末二率无等数,则第一率与第二率比,非若末率与他数比。

解曰:甲、乙、丙、丁诸连比例率,甲、丁无等数,题言甲与乙比,非若丁与他数比。

甲	乙	丙	丁
八	一二	一八	二七
		戊	
		…	

论曰:设甲与乙比,若丁与戊比,则属理,甲与丁比,若乙与戊比(七卷十三),而甲、丁无等数,无等数之数,为同比最小数(七卷二十三)。最小数可度诸同比数,前率度前率,后率度后率,俱等(七卷二十一),故甲度乙,乃甲与乙比,若乙与丙比,故乙度丙,则甲亦度丙。乙与丙比,若丙与丁比,而乙度丙,则丙亦度丁。又甲度丙,则甲亦度丁,甲亦自度。是甲、丁无等数,而甲皆可度,于理不合。是以甲与乙比,非若丁与他数比。

第十八题 有两数,可求三数为连比例率否?

甲	乙	甲	乙	丁	丙	甲	乙	丁	丙
四	七	四	六	九	三六	六	四	……	一六

法曰:置甲、乙两数,察之,有连比例率否。甲、乙或无等数,或有等数。若无等数,则不能有连比例率(本卷十六)。若有等数,则以乙自乘得

丙,而甲或度丙,或不度丙。设度丙而得丁,则甲乘丁得丙。惟乙自乘亦得丙,故甲、丁相乘与乙自乘两得数等。而甲与乙比,若乙与丁比(七卷二十),则甲、乙有连比例第三率丁。设甲不度丙,则不能得连比例三率,若云亦能得三率为丁,则甲、丁相乘与乙自乘两得数等(七卷二十)。乙自乘既得丙,则甲、丁相乘亦得丙。甲既乘丁得丙,则甲度丙得丁,而甲不度丙,于理不合。是以甲不度丙,则甲、乙无连比例三率。

第十九题　有三数,可求连比例四率否?

甲	乙	丙			甲	乙	丙	戊	丁			甲	乙	丙	戊	丁
四	六	九			八	一二	一八	二七	二一六			二〇	三〇	四五	⋯⋯	一三五〇

法曰:置甲、乙、丙三数,察之,有四率否。设甲、乙、丙为连比例率,首、末二率无等数,则不能有四率(本卷十七)。设首、末二率有等数,则可得四率。以乙、丙相乘得丁,而甲或度丁,或不度丁。设度丁得戊,则甲乘戊得丁。惟乙乘丙亦得丁,故甲、戊相乘与乙、丙相乘二得数等。而甲与乙比,若丙与戊比(七卷十九),所以甲、乙、丙有四率戊。设甲不度丁,则不能得四率,若云亦可得四率为戊,则甲、戊相乘与乙、丙相乘两得数等(七卷十九)。惟乙、丙相乘得丁,则甲、戊相乘亦得丁。甲既乘戊得丁,则度丁得戊,是甲可度丁。今甲不度丁,于理不合,故甲不度丁,则不能得四率。

第二十题　任置若干数根,数根必不尽于此。

解曰:任置甲、乙、丙等若干数根,题言数根必不尽于此。

甲	乙	丙
二	三	五

戊三〇丁一己

论曰:取甲、乙、丙所度之最小数(七卷三十八),为丁戊,加丁己一,则戊己或为数根,或不为数根。设为数根,则甲、乙、丙数根之外,又有戊己数根。设不为数根,而为数根庚所度(七卷三十三),则庚与甲、乙、丙各不相等。若云庚与甲、乙、丙之一数相等,而甲、乙、丙度丁戊,则庚亦度丁戊。惟庚度戊己,则亦度余数丁己一,于理不合。故庚与甲、乙、丙俱不相等,而庚亦为数根,故有甲、乙、丙、庚若干数根,多于甲、乙、丙若干数根。

第二十一题　若干偶数并之,总数仍为偶。

解曰:甲乙、乙丙、丙丁、丁戊若干偶　　甲····乙······丙··丁········戊
数,题言总数甲戊亦为偶。

论曰:因甲乙、乙丙、丙丁、丁戊各为偶数,则俱可平分(七卷界说六),故甲戊总数,亦可平分。凡可平分者为偶数,故甲戊为偶数。

第二十二题　若干奇数并之,其若干为偶,则总数为偶。

解曰:甲乙、乙丙、丙丁、丁戊若干　　甲···乙······丙·······丁········戊
奇数,其若干为偶,题言总数甲戊为偶。

论曰:因甲乙、乙丙、丙丁、丁戊各数为奇,每数减一,所余俱为偶,故所余之总数亦为偶(本卷二十一)。又所减之若干一为偶,是以总数甲戊亦为偶。

第二十三题　若干奇数并之,其若干为奇,则总数亦为奇。

解曰:甲乙、乙丙、丙丁若干奇数,其　　甲·····乙········丙········戊·丁
若干为奇,题言总数甲丁亦为奇。

论曰:丙丁减戊丁一,则丙戊为偶数(七卷界说七),而甲丙亦为偶(本卷二十二),故和数甲戊为偶(本卷二十一)。惟丁戊为一,是以总数甲丁为奇。

第二十四题　偶数减偶数,所余为偶数。

解曰:偶数甲乙,减偶数乙丙,题言所余丙甲为　　甲·····丙····乙
偶数。

论曰:甲乙为偶,可平分,乙丙亦可平分,所以余甲丙亦可平分,故甲丙为偶。

第二十五题　偶数中减奇数,所余为奇数。

解曰:偶数甲乙中减奇数乙丙,题言所余丙甲为奇数。

论曰:乙丙中减丙丁一,则丁乙为偶（七卷界说七),而甲乙亦为偶,故余数甲丁为偶（本卷二十四）。惟丙丁为一,是以所余丙甲为奇。

甲……丙·丁……乙

第二十六题　奇数减奇数,所余为偶数。

解曰:奇数甲乙中减奇数乙丙,题言余数甲丙为偶。

甲…·丙……丁·乙

论曰:甲乙为奇,减乙丁一,则所余甲丁为偶。丙丁亦为偶,理同。是以所余甲丙亦为偶（本卷二十四）。

第二十七题　奇数中减偶数,所余为奇数。

解曰:奇数甲乙中减偶数乙丙,题言所余丙甲为奇。

甲·丁……丙……乙

论曰:甲乙中去甲丁一,则丁乙为偶,而乙丙为偶,而乙丙亦为偶,所以丙丁为偶（本卷二十四）。惟丁甲为一,所以丙甲为奇（七卷界说七）。

第二十八题　奇数乘偶数,所得为偶数。

解曰:偶数乙乘奇数甲,得丙,题言丙为偶数。

甲　　　乙
···　　　···
　　丙
···········

论曰:甲乘乙得丙,则甲中有若干一,若丙中有若干乙,故丙为偶数之并。凡若干偶数并之,总数仍为偶（本卷二十一）,是以丙为偶。

第二十九题　奇数乘奇数,所得为奇数。

解曰:奇数甲乘奇数乙,得丙,题言丙为奇数。

甲　　　乙
···　　　···
　　丙
···········

论曰:甲乘乙得丙,则甲中有若干一,若丙中有若干乙。惟甲、乙俱为奇数,故丙为若干奇数之并,其若干亦为奇。凡若干奇数并之,其若干为奇,总数亦为奇（本卷二十三）,故丙为奇。

第三十题 奇数度偶数,亦度偶数之半。

解曰:奇数甲度偶数乙,题言甲亦度乙之半。

论曰:甲度乙得丙,丙必非奇。若云是奇,乃甲度乙得丙,则乘丙得乙,故乙为若干奇数之并,其若干为奇,则乙亦为奇(本卷二十三),与题理不合。因题所设乙为偶,所以甲度乙,得数必偶,故甲亦度乙之半。

甲	乙
…	…………
	丙
	…

第三十一题 奇数与他数无等数,则与倍他数亦无等数。

解曰:奇数甲,与他数乙无等数,丙为乙之倍,题言甲与丙亦无等数。

论曰:若甲、丙非无等数,则有数可度,设为丁。而甲为奇,故丁亦为奇。因丁奇度丙,而丙为偶,则丁可度丙之半(本卷三十)。惟乙为丙之半,则丁度乙,而丁亦度甲,是丁度甲、乙两无等数之数,于理不合,故甲、丙无等数。

甲	乙
…	…………
丁	丙
---	…………

第三十二题 累倍连比例率,从二以上,皆为偶之偶数。

解曰:乙、丙、丁为累倍甲二之连比例率,题言乙、丙、丁皆为偶之偶数。

戊	甲	乙	丙	丁
一	二	四	八	一六

论曰:乙、丙、丁为偶之偶数,有确证(七卷界说八)。因从二以上,皆为两倍率,故知皆为偶之偶数。盖戊为一,从戊以上,有若干连比例率,而第二率甲为数根,则甲、乙、丙之外,无数度甲、乙、丙、丁连比例率之最大数丁(本卷十三)。惟甲、乙、丙、丁皆为偶,故丁为偶之偶数。乙、丙俱为偶之偶数,理同。

第三十三题 数之半为奇,则为奇之偶数。

解曰:甲之半为奇,题言甲为奇之偶数。

甲
…………

论曰:甲为奇之偶数,有确证(七卷界说九)。盖其半为奇,而度本数甲得偶,故知仅为奇之偶数。若云亦为偶之偶数,则其半必为

偶。而偶数度之得偶数（七卷界说八）。今其半为奇,于理不合,故甲仅为奇之偶数。

第三十四题　偶数若非从二累倍,其半又非奇,则为偶之偶数,亦为奇之偶数。

解曰:甲数非从二累倍而得,其半又非奇,题言甲为偶之偶数,亦为奇之偶数。

　　　　　　　　　　　　　　甲
　　　　　　　　　　　　　·············

论曰:甲为偶之偶数,有确证（七卷界说八）,因其半非奇故也。今云亦为奇之偶数者,盖平分甲,又平分其半,如此累分之,必得奇数,此奇数度甲得偶。若云累分不得奇数,则累分之必得二,而甲为从二累倍之数,与题不合,故甲为奇之偶数。惟亦为偶之偶数（本论）,是以甲为偶之偶数,亦为奇之偶数。

第三十五题　有若干连比例率,二率、末率各以首率减之,则二率之余与首率比,若末率之余与诸前率和比。

解曰:如甲、乙丙、丁、戊己,从最小甲起,若干连比例率,乙丙、戊己二率,各减甲,即去庚丙、辛己,题言乙庚与甲比,若戊辛与甲、乙丙、丁三数之和比。

　　　　　　　　甲
　　　　　　·········
　　　　乙····庚········丙
　　　　丁·················
　　戊·········子······壬····辛········己

论曰:取壬己与乙丙等,子己与丁等。壬己既与乙丙等,而壬己中之辛己与庚丙等,则余壬辛与乙庚等。因戊己与丁、丁与乙丙、乙丙与甲皆同比,而丁与子、乙丙与壬己、甲与己辛各相等,故戊己与己子、己子与己壬、己壬与己辛皆同比。分之,戊子与己子、子壬与己壬、壬辛与己辛皆同比。凡一前率与一后率比,若诸前率与诸后率比（七卷二十）,故壬辛与己辛比,若戊子、子壬、壬辛之和与己子、己壬、己辛之和比。惟壬辛与乙庚,己辛与甲,己子、己壬、己辛和与丁、乙丙、甲和俱等（本论）,故乙庚与甲比,若戊辛与甲、乙丙、丁三数之和比。是以第二率之余与首率比,若末率之余与诸前率之和比。

第三十六题

从一起,有若干累倍连比例率,若诸率之和为数根,则以末率乘和数,得全数。

```
            甲   乙   丙   丁
        一   二   四   八   一六

                    六二
        戊   辛 ——— 寅 ——— 壬   子        丑
        三一    三二    三一   一二四   二四八

        己 ——— 卯  四九六 ——— 庚
        三二      四六五
        午 . . . . .        巳 — — — —
```

解曰:从一起,有甲、乙、丙、丁若干累倍连比例率,若诸率之和戊为数根,己庚为戊、丁乘得数,题言己庚为全数。

论曰:试从戊起,取戊、辛壬、子、丑若干累倍连比例率,与甲、乙、丙、丁若干率等,则平理,甲与丁比,若戊与丑比,所以戊、丁相乘与甲、丑相乘二得数等(七卷十九)。戊、丁乘得数为己庚,则己庚亦为甲、丑乘得数,故甲乘丑得己庚。而甲中有若干一,若己庚中有若干丑。惟甲为二,故己庚为倍丑,而丑、子、壬辛、戊为累倍之率,所以戊、辛壬、子、丑、己庚为累倍连比例率。二率辛壬中减等戊之辛寅,末率己庚中减等戊之己卯,则二率之余与一率比,若末率之余与诸前率之和比(本卷三十五),故寅壬与戊比,若卯庚与丑、子、壬辛、戊诸率之和比。惟寅壬与戊等,故卯庚与丑、子、壬辛、戊诸率和亦等。惟己卯与戊等,而戊与一、甲、乙、丙、丁之和等,所以己庚与戊、辛壬、子、丑之和加一、甲、乙、丙、丁之和等(公论二),而己庚为各率所度(本卷十一)。今断云一、甲、乙、丙、丁、戊、辛壬、子、丑之外,无数可度己庚。若云有数可度,设为巳,巳与甲、乙、丙、丁、戊、辛壬、子、丑各不相等。又设己庚中有若干巳,犹午中有若干一,是午乘巳得己庚。惟戊乘丁亦得己庚,是戊与午比,若巳与丁比(七卷十九)。因甲、乙、丙、丁为连比例率,而次于一之甲为数根,故甲、乙、丙之外,无数可度丁(本卷十三)。而巳与甲、乙、丙俱不相等,故巳不度丁。而巳与丁比,若戊与午比,故戊不度午(七卷界说二十)。戊为数根,凡数根与不度之数无等数(七卷三十一),所以戊与午无等数。凡数根为同比之最小数(七卷二十三),最小数可度诸同比数,前率度前率,后率度后率,俱等(七卷二十一)。而戊与午比,若巳与丁比,故戊度巳,若午度丁。惟甲、乙、丙之外无数可度丁,所以午与甲、乙、丙中之一数相等,设为乙。而戊、辛壬、子若干率,与乙、丙、丁若干率等。又戊、辛壬、子,与乙、丙、丁同比,则乙与丁比,若戊与子比,是乙、子乘得数,与丁、戊乘得数等(七卷十九)。惟丁、戊乘得数,与午、巳乘得数等。是午、巳乘得数,与乙、子乘得数等,故午与乙比,若子与巳比(七卷十九)。而午与乙相等,则子与巳相等,于理不合。盖巳与先设诸数,俱不相等也,故一、甲、乙、丙、丁、戊、辛壬、子、丑之外,无数可度己庚。而己庚与一、甲、乙、丙、丁、戊、辛壬、子、丑之和相等(本论)。凡诸分数之和为全数(七卷界说二十二),是以己庚为全数。

6　第十三卷(论体三)

第一题　凡理分中末线,大分与半全线和之正方,五倍半全线之正方。

解曰:甲乙直线,于丙点分为中末线,甲丙为大分,引长甲丙至丁点,令甲丁等于甲乙之半,题言丙丁之正方,五倍甲丁之正方。

论曰:作甲乙之正方甲戊,作丁丙之正方丁己。丁己为本图,引长己丙至庚。甲乙线既于丙点分为中末线,则甲乙、乙丙之矩形与甲丙之正方等(六卷十七又界说三)。惟丙戊矩形等于甲乙、乙丙之矩形,甲丙之正方等于己辛正方,故丙戊矩形等于己辛正方。又甲乙既倍于甲丁,而甲乙等于甲壬,甲

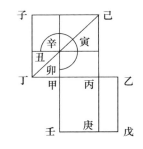

丁等于甲辛，则甲壬倍于甲辛。惟甲壬与甲辛比，若壬丙与辛丙二矩形比（六卷一），故壬丙倍于丙辛。又子辛、辛丙二矩形之和，倍于丙辛矩形（一卷四十三），所以壬丙矩形等于子辛、辛丙二矩形之和。惟丙戊矩形等于己辛正方（本论），故甲戊全正方等于丑寅卯磬折形。又乙甲既倍于甲丁，则乙甲之正方四倍甲丁之正方（六卷二十题系），即甲戊正方四倍丁辛正方。惟甲戊正方等于丑寅卯磬折形，故丑寅卯磬折形四倍丁辛正方，所以丁己全正方五倍丁辛正方。惟丁己为丙丁之正方，丁辛为甲丁之正方，所以丙丁之正方五倍甲丁之正方。是以大分与半全线和之正方五倍半全线之正方。

案：凡算理，或先知其当然，求其所以然，是谓反求；或求其所以然，乃知其当然，是谓正求。

不用图，依理反求之。

甲乙直线，于丙点分为中末线，以甲丙为大分。设丁等于甲乙之半，今言丙丁之正方五倍丁甲之正方。

论曰：丙丁之正方既五倍丁甲之正方，而丙甲、甲丁之二正方和，加倍丙甲、甲丁之矩形，等于丙丁之正方（二卷四），则丙甲、甲丁之二正方和，加倍丙甲、甲丁之矩形，为五倍甲丁之正方。以分理推之，则丙甲之正方，加倍丙甲、甲丁之矩形，为四倍甲丁之正方。惟乙甲、甲丙之矩形等于倍丙甲、甲丁之矩形，因乙甲倍于甲丁故也。而甲丙之正方等于甲乙、乙丙之矩形，因甲乙分为中末线故也（六卷十七）。故甲乙、甲丙之矩形，加甲乙、乙丙之矩形，为四倍甲丁之正方。惟甲乙、甲丙之矩形，加甲乙、乙丙之矩形，为甲乙之正方（二卷二），而甲乙之正方，恰四倍甲丁之正方，因乙甲倍于甲丁故也（六卷二十）。即得确证。

不用图，依理正求之。

论曰：甲乙之正方既四倍甲丁之正方，而甲乙之正方为乙甲、甲丙之矩形加甲乙、乙丙之矩形（二卷二），则乙甲、甲丙之矩形加甲乙、乙丙之矩形，为四倍甲丁之正方。惟乙甲、甲丙之矩形等于倍丁甲、甲丙之矩形，而甲乙、乙丙之矩形等于甲丙之正方，故甲丙之正方加倍丁甲、甲丙之矩形，为四倍丁甲之正方。而丁甲、甲丙之二正方和，加倍丁甲、甲丙之矩形，为五倍丁甲之正方。惟丁甲、甲丙之二正方和,加倍丁甲、甲丙之矩形,为丁丙之正方(二卷四),故丁丙之正方五倍丁甲之正方。

第二题 直线之正方,若五倍本线一分之正方,则倍此一分而分为中末线,中末线之大分,即本线之余分。

解曰:甲乙线之正方,五倍其一分甲丙之正方,倍甲丙为丙丁,题言分丙丁为中末线,则大分丙乙,即本线之余分。

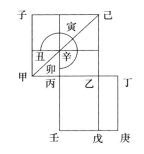

论曰:作甲乙、丙丁二线之正方甲己、丙庚。以甲己为本图,引长己乙至戊。甲乙之正方五倍甲丙之正方,即甲己正方五倍甲辛正方,故丑寅卯磬折形四倍甲辛正方。丁丙既倍于丙甲,则丙丁之正方四倍丙甲之正方(六卷二十),即丙庚正方四倍甲辛正方。惟丑寅卯磬折形四倍甲辛正方(本论),故丑寅卯磬折形等于丙庚正方。又丁丙既倍于甲丙,而丁丙与丙壬等,甲丙与丙辛等,则丙壬倍于丙辛,故壬乙矩形倍于乙辛矩形。又子辛、辛乙二矩形之和倍于辛乙矩形(一卷四十三),故壬乙矩形等于子辛、辛乙二矩形之和。而丑寅卯磬折形等于丙庚全正方,故余辛己正方等于余乙庚矩形。惟乙庚为丙丁、丁乙之矩形,因丙丁等于丁庚故也。辛己为乙丙之正方,故丙丁、丁乙之矩形等于丙乙之正方。而丁丙与丙乙比,若丙乙与乙丁比(六卷十七),惟丁丙大于丙乙,故丙乙大于乙丁。即分丙丁为中末线,丙乙为大分。是以直线上正方,若五倍本线一分之正方。倍此一分,分为中末线。则本线之余分,即中末线之大分。

案:倍甲丙必大于乙丙(上论)。如云不然,而乙丙倍于丙甲,则乙丙之正方四倍丙甲之正方。而乙丙、丙甲之二正方和,为五倍丙甲之正方。惟乙甲之正方五倍丙甲之正方,是乙甲之正方等乙丙、丙甲之二正方和,于理不合(二卷四),故乙丙非倍于丙甲。又倍丙甲非小于乙丙,理同。所以倍甲丙必大于乙丙。

依理反求之。

丙丁直线之正方五倍其一分甲丁之正方,甲乙为倍丁甲,于丙点分甲乙为中末线,今言其大分甲丙,为丙丁原线之余分。

论曰:甲乙既分于丙点为中末线,甲丙为大分,则甲乙、乙丙之矩形等于甲丙之正方(六卷十七)。惟乙甲、甲丙之矩形倍于丁甲、甲丙之矩形,因乙甲倍于丁甲故也。又甲乙、乙丙之矩形加乙甲、甲丙之矩形,即甲乙之正方(二卷二),亦即倍丁甲、甲丙之矩形加甲丙之正方。惟甲乙之正方四倍丁甲之正方(六卷二十),所以倍丁甲、甲丙之矩形加甲丙之正方,四倍丁甲之正方,故丁甲、甲丙之二正方和加倍丁甲、甲丙之矩形,即丙丁之正方,为五倍甲丁之正方,与题所设合。

依理正求之。

论曰:丙丁之正方既五倍丁甲之正方,而丁甲、甲丙之二正方和加倍丁甲、甲丙之矩形,等于丙丁之正方,则丁甲、甲丙之二正方和加倍丁甲、甲丙之矩形,为五倍丁甲之正方(二卷四)。以分理推之,则倍丁甲、甲丙之矩形加甲丙之正方,为四倍甲丁之正方。惟甲乙之正方,四倍甲丁之正方(六卷二十),所以倍丁甲、甲丙之矩形,即乙甲、甲丙之矩形。又加甲丙之正方,等于甲乙之正方。惟甲乙之正方,等于甲乙、乙丙之矩形加乙甲、甲丙之矩形(二卷二),故乙甲、甲丙之矩形加甲乙、乙丙之矩形,等于乙甲、甲丙之矩形加甲丙之正方,去其公用乙甲、甲丙之矩形,则余甲乙、乙丙之矩形,等于甲丙之正方,故乙甲与甲丙比,若甲丙与丙乙比(六卷十七)。惟乙甲大于甲丙,故甲丙大于丙乙,所以甲乙线于丙点分为中末线,甲丙为大分(六卷界说三)。

第三题 凡直线分为中末线,则小分与半大分和之正方,五倍半大分之正方。

解曰:甲乙线于丙点分为中末线,其大分甲丙,平分于丁,题言乙丁之正方,五倍丁丙之正方。

论曰:作甲乙之正方甲戊,甲丙倍于丙丁,则甲丙之正方四倍丙丁之

正方,即未申正方四倍己庚正方。又甲乙、乙丙之矩形,既等于甲丙之正方(六卷十七),亦等于丙戊矩形,而甲丙之正方等于未申正方,则丙戊矩形等于未申正方。惟未申正方四倍己庚正方,故丙戊矩形亦四倍己庚正方。又甲丁既等于丁丙,则辛壬等于壬己(一卷三十四),所以己庚正方等于辛子正方。庚壬等于壬子,即丑寅等于寅戊,所以丑己矩形等于己戊矩形(一卷三十六)。惟丑己矩形等于丙庚矩形(一卷四十三),所以丙庚矩形等于己戊矩形,加公矩形丙寅,则卯辰巳磬折形等于丙戊矩形。惟丙戊矩形四倍己庚正方(本论),故卯辰巳磬折形亦四倍己庚正方,所以丁寅正方五倍己庚正方。惟丁寅为丁乙之正方,庚己为丁丙之正方,故丁乙之正方五倍丁丙之正方。

依理反求之。

甲乙线于丙点分为中末线,其大分甲丙之半为丙丁,今言乙丁之正方,五倍丙丁之正方。

论曰:乙丁之正方既五倍丙丁之正方,而乙丁之正方等于甲乙、乙丙之矩形加丙丁之正方(二卷六),故甲乙、乙丙之矩形加丙丁之正方五倍丙丁之正方。以分理推之,则甲乙、乙丙之矩形四倍丙丁之正方。惟甲丙之正方等于甲乙、乙丙之矩形,因甲乙于丙点分为中末线故也(六卷十七)。而甲丙之正方恰四倍丙丁之正方,因甲丙倍于丙丁故也。即得确证。

依理正求之。

论曰:甲丙既倍于丙丁,则甲丙之正方四倍丙丁之正方。惟甲丙之正方等于甲乙、乙丙之矩形(六卷十七),故甲乙、乙丙之矩形四倍丙丁之正方。而甲乙、乙丙之矩形加丙丁之正方,即丁乙之正方,所以丁乙之正方五倍丙丁之正方(二卷六)。

第四题 凡直线分为中末线,则全线及小分之二正方和,三倍大分之正方。

解曰:甲乙直线,于丙点分为中末线,甲丙为大分,题言甲乙、乙丙之二正方和,三倍甲丙之正方。

论曰:作甲乙之正方甲戊。甲乙既于丙点分为中末线,则甲乙、乙丙之矩形与甲丙之正方等(六卷十七)。甲壬即甲乙、乙丙之矩形,辛庚即甲丙之正方,故甲壬等于辛庚。又甲己矩形既等于己戊矩形,加公方形丙壬,则全形甲壬等于全形丙戊,所以丙戊、甲壬二矩形倍于甲壬矩形(一卷四十三)。惟丙戊、甲壬二矩形,等于子丑寅磬折形加丙壬方形,故子丑寅磬折形加丙壬方形,倍于甲壬矩形。又甲壬矩形等于辛庚正方(本论),故子丑寅磬折形加丙壬正方,倍于辛庚正方,所以子丑寅磬折形加丙壬、辛庚二正方,三倍庚辛正方。夫子丑寅磬折形加丙壬、辛庚二正方,即全正方甲戊加丙壬正方,亦即甲乙、乙丙之二正方和。而庚辛正方即甲丙之正方,故甲乙、乙丙之二正方和,三倍甲丙正方,

依理反求之。

甲乙直线,于丙点分为中末线,甲丙为大分,今言甲乙、乙丙之二正方和,三倍甲丙之正方。

论曰:甲乙、乙丙之二正方和既三倍甲丙之正方,而甲乙、乙丙之二正方和,等于倍甲乙、乙丙之矩形加甲丙之正方(二卷七),则倍甲乙、乙丙之矩形加甲丙之正方,三倍甲丙之正方。以分理推之,则倍甲乙、乙丙之矩形等于倍甲丙之正方,故甲乙、乙丙之矩形等于甲丙之正方。而所设甲乙直线,于丙点分为中末线,于理恰合。

依理正求之。

论曰:甲乙线既于丙点分为中末线,甲丙为大分,则甲乙、乙丙之矩形等于甲丙之正方(六卷十七),故倍甲乙、乙丙之矩形等于倍甲丙之正方。然则倍甲乙、乙丙之矩形加甲丙之正方,三倍甲丙之正方。惟倍甲乙、乙丙之矩形加甲丙之正方,等于甲乙、乙丙之二正方和(二卷十七),故甲乙、乙丙之二正方和,三倍甲丙之正方。

第五题　凡线分为中末线,又引长之,如大分,则全线亦为中末线,而原线为大分。

解曰:甲乙线于丙点分为中末线,甲丙为大分,引长之成甲丁,与甲丙等,题言全线丁乙于甲点分为中末线,原线甲乙为大分。

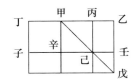

论曰:作甲乙之正方甲戊。甲乙线既于丙点分为中末线,则甲乙、乙丙之矩形等于甲丙之正方(六卷十七)。惟丙戊为甲乙、乙丙之矩形,丙辛为甲丙之正方,故丙戊等于丙辛。惟丙戊等于辛戊,丙辛等于丁辛(一卷四十一),所以丁辛等于辛戊。加公矩形辛乙,则全矩形丁壬等于全正方甲戊。惟丁壬为乙丁、丁甲之矩形,因甲丁等于丁子故也。而甲戊为甲乙之正方,故乙丁、丁甲之矩形,等于甲乙之正方,而乙丁与乙甲比,若乙甲与甲丁比(六卷十七)。惟乙丁大于乙甲,故乙甲大于甲丁。是以丁乙于甲点分为中末线,甲乙为大分。

依理反求之。

乙甲直线,于丙点分为中末线,甲丙为大分,作甲丁与甲丙等,今言丁乙于甲点分为中末线,乙甲为大分。

论曰:丁乙既于甲点分为中末线,乙甲为大分,则丁乙与乙甲比,若乙甲与甲丁比(六卷三十)。惟甲丁等于甲丙,故丁乙与乙甲比,若乙甲与甲丙比。转理,丁乙与甲丁比,若乙甲与乙丙比(五卷十九题系)。分理,乙甲与甲丁比,若甲丙与丙乙比(五卷十七题)。惟甲丁等于甲丙,故乙甲与甲丙比,若甲丙与丙乙比,而所设甲乙于丙点分为中末线,于理恰合。

依理正求之。

甲乙既于丙点分为中末线,则乙甲与甲丙比,若甲丙与丙乙比。惟甲丙等于甲丁,故乙甲与甲丁比,若甲丙与丙乙比。合理,丁乙与甲丁比,若乙甲与丙乙比(五卷十八)。转理,丁乙与乙甲比,若乙甲与甲丙比(五卷十九题系)。惟甲丙等于甲丁,故丁乙与乙甲比,若乙甲与甲丁比,所以丁乙于甲点分为中末线(六卷界说三),甲乙为大分。

第六题 凡有比例线,分为中末线,其两分皆无比例,为断线。

解曰:甲乙为有比例线,于丙点分为中末线,甲丙为大分,题言甲丙、丙乙二分皆无比例,为断线。

论曰:甲乙引长之至丁,令甲丁为乙甲之半。甲乙既于丙点分为中末线,其大分甲丙,加甲乙之半甲丁,则丙丁之正方,五倍丁甲之正方(本卷一),故丙丁与丁甲之二正方有等(十卷六)。惟丁甲之正方为有比例面,因丁甲为甲乙有比例线之半,亦有比例故也,故丙丁之正方,亦为有比例面(十卷界说六),而丙丁为有比例线(十卷界说八)。又丙丁与丁甲之二正方比,非若二平方数比,故丙丁与丁甲二线长短无等(十卷九)。所以丙丁、丁甲为仅正方有等二有比例线,而甲丙为断线(十卷七十四)。又甲乙既分为中末线,而甲丙为其大分,则甲乙、乙丙之矩形等于甲丙之正方,故甲乙有比例线上作等甲丙断线正方之矩形,其余线为乙丙。凡有比例线上等断线正方之矩形,其余边为初断线(十卷九十八),故乙丙为初断线。惟甲丙亦为断线(本论),是以凡有比例线分为中末线,其二分皆无比例,而为断线。

第七题 凡五等边形,任有三角相等,则为等角五边形。

解曰:甲乙丙丁戊五等边形,设相连甲、乙、丙三角俱相等,题言甲、乙、丙、丁、戊五角俱相等。

论曰:作甲丙、乙戊、己丁三线。丙乙、乙甲二边与乙甲、甲戊二边既两两相等,丙乙甲与乙甲戊二角又等,则甲丙与乙戊二底边必等,甲乙丙与乙甲戊二三角形亦必等,故彼此夹边余诸角俱相等(一卷四),即乙丙甲与乙戊甲二角等,甲乙戊与丙甲乙二角等,所以甲己与乙己二边亦等(一卷六)。惟甲丙、乙戊二全底等(本论),故己丙与己戊二余线亦等。惟丙丁与丁戊等,故己丙、丙丁二边与己戊、戊丁二边两两相等,己丁为其公边,所以己丙丁与己戊丁二角等(一卷八)。惟乙丙甲与甲戊乙二角亦等(本论),故乙丙丁与甲戊丁二全角等。惟乙丙丁角与甲、乙二角俱相等(本题),故甲戊丁角与甲、乙二角俱相等。又丙丁戊角与甲、乙二角俱相等,理同。是以甲乙丙丁戊为等角五边形。

又解曰:设不相连甲、丙、丁三角俱相等,题言甲、乙、丙、丁、戊五角俱相等。

论曰:作乙丁线,乙甲、甲戊二边既与乙丙、丙丁二边相等,所成之角亦等,则乙戊与乙丁二底边必等,乙甲戊与乙丙丁二三角形亦必等。而相当余诸角彼此相等(一卷四),故甲戊乙与丙丁乙二角等。又乙戊丁与乙丁戊二角亦等(一卷六),因乙戊与乙丁二边等故也(本论),故甲戊丁与丙丁戊二全角等。惟丙丁戊角与甲、丙二角俱相等(本题),故甲戊丁角与甲、丙二角俱相等。又甲乙丙角与甲、丙、丁三角俱相等。理同,是以甲乙丙丁戊为等角五边形。

第八题 等角五等边形相连二角,各以夹角二边为三角形之二腰,作二底边,则二底边各于交点分为中末线,其大分俱与本形之一边等。

解曰:甲乙丙丁戊等角五边形,甲、乙为相连二角,补成甲乙丙、乙甲戊二三角形,其二底边甲丙、乙戊交点为辛,题言辛点分甲丙、乙戊二线俱为中末线,其大分辛丙、辛戊各等于五边形之一边。

论曰:甲乙丙丁戊五边形,作外切圆周(四卷十四)。戊甲、甲乙二边既与乙甲、乙丙二边等,则乙戊与甲丙二底边必等,甲乙戊与乙甲丙二三角形亦必等。而夹底边之二角彼此相等(一卷四),故乙甲丙与甲乙戊二角等。所以甲辛戊角倍于乙甲辛角,因为甲辛乙之外角故也(一卷六又三十二)。戊甲丙角亦倍于乙甲丙角(即乙甲辛角),因戊丁丙圆分倍于丙乙圆分故也(三十三)。故辛甲戊与甲辛戊二角等。而辛戊等于戊甲,即等于甲乙(一卷六)。又乙甲既等于甲戊,则甲乙戊与甲戊乙二角等(一卷五)。惟甲乙戊与乙甲辛二角等(本论),故甲戊乙与乙甲辛二角亦等。而甲乙戊为甲乙戊、甲乙辛二三角形之公角,故乙甲戊与甲辛乙二余角等(一卷三十二),所以甲乙戊与辛乙甲为等角三角形。而戊乙与乙甲比,若甲乙与乙辛比(六卷四)。惟乙甲等于戊辛,故戊乙与戊辛比,若戊辛与辛乙比。惟戊乙大于戊辛,故戊辛大于辛乙,是以乙戊线于辛点分为中末线,其大分辛戊等于五边形之一边(六卷三十)。又甲丙线于辛点分为中末线,其大分辛丙等于五边形之一边,理同。

第九题　圆内所容六等边形及十等边形,并二边为中末线,则六等边形之边为大分。

解曰:甲乙丙为圆周,乙丙为所容十等边形之一边,丙丁为所容六等边形之一边,并为一直线丁乙,题言丁乙直线于丙点分为中末线,丁丙为大分。

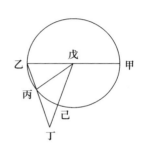

论曰:戊为圆心,作戊乙、戊丙、戊丁三线,又引长乙戊至甲。乙丙既为十等边形之一边,则半周甲丙乙五倍乙丙圆分。惟甲丙与丙乙二圆分比,若甲戊丙与丙戊乙二角比(六卷三十三),所以甲戊丙角四倍丙戊乙角。又戊乙丙角等于戊丙乙角(五卷一),故甲戊丙角倍于戊丙乙角(一卷三十二)。又戊丙与丙丁二直线等,因俱等于甲乙丙圆所容六边形之一边故也(本题又四卷十五),故丙戊丁与丙丁戊二角等(一卷五)。所以戊丙乙角倍戊丁丙角(一卷三十二)。惟甲戊丙角倍戊丙乙角(本论),故甲戊丙角四倍戊丁丙角。惟甲戊丙角四倍乙戊丙角(本论),所以戊丁丙与乙戊丙二角等。而戊乙丁为乙戊丙、乙戊丁二三角形之公角,故乙戊丁与戊丙乙二余角等(一卷三十二)。所以戊乙丁、丙乙戊为二等角三角形,故丁乙与戊乙比,若戊乙与乙丙比(六卷四)。惟戊乙与丁丙等(四卷十五),故丁乙与丁丙比,若丁丙与丙乙比。惟丁乙大于丁丙,故丁丙大于丙乙,是以丁乙直线于丙点分为中末线,丁丙为大分(六卷界说三)。

第十题　圆内容五等边形,其一边之正方,等于本圆所容六等边形、十等边形各一边之二正方和。

解曰:甲乙丙丁戊圆内作五等边形,题言其一边之正方,等于本圆所

容六边形、十边形各一边之二正
方和。

论曰:己为圆心,试作甲己线,引
长至庚。次作己乙线。次从己点作
己辛,为甲乙之垂线,引长至壬。次
作甲壬、壬乙二线。次作己丑线,正
交甲壬于子,亦交甲乙于寅。次作壬
寅线。甲乙丙庚半圆既等于甲戊丁
庚半圆,而甲乙丙圆分又等于甲戊丁

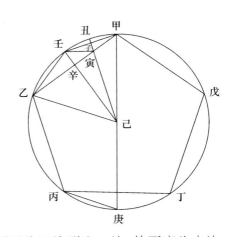

圆分,则丙庚、庚丁二余分必等。惟丙丁为五边形之一边,故丙庚为十边
形之一边。又甲己既等于己乙,而己辛为甲乙边之垂线,则甲己壬与壬己
乙二角等,甲壬与壬乙二圆分亦等。故甲乙圆分倍于乙壬圆分,而甲壬线
必为十边形之一边。又甲壬圆分倍于壬丑圆分,理同。甲乙圆分既倍于
乙壬圆分,而丙丁与甲乙二圆分等,则丙丁圆分倍于乙壬圆分。惟丙丁倍
于丙庚,故丙庚等于乙壬。又乙壬倍于壬丑,因甲壬倍于壬丑故也,故丙
庚倍于壬丑。而丙乙圆分倍乙壬圆分,因丙乙等于乙甲故也,故乙庚圆分
倍乙丑圆分,而庚己乙角倍乙己丑角(六卷三十三)。惟庚己乙角倍己甲乙角
(一卷三十二),因己甲乙与甲乙己二角等故也(一卷五)。故乙己寅(即乙己丑)
与己甲乙二角等。而甲乙己角为甲乙己、乙己寅二三角形之公角,故甲己
乙与乙寅己二余角等,则甲乙己、乙己寅为等角三角形(一卷三十二)。故甲
乙与乙己比,若己乙与乙寅比(六卷四),所以甲乙、乙寅之矩形等于己乙之
正方(六卷十七)。又甲子等于壬子,皆与子寅公边成直角,则壬寅与甲寅二
底边等(一卷四),故子壬寅与壬甲寅二角等。惟壬甲寅与壬乙寅二角等(一
卷五),故子壬寅与壬乙寅二角等。而寅甲壬角为甲乙壬、甲壬寅二三角形
之公角,故甲乙壬与壬寅甲二余角等。而甲乙壬与甲壬寅为等角三角形
(一卷三十二),故乙甲与甲壬比,若壬甲与甲寅比(六卷四),所以乙甲、甲寅之
矩形等于甲壬之正方(六卷十七)。又甲乙、乙寅之矩形等于己乙之正方(本
论),故甲乙、乙寅之矩形,加乙甲、甲寅之矩形,即甲乙之正方(二卷二),等

于乙己与甲壬之二正方和。惟甲乙为五等边形之一边,乙己为六等边形之一边,甲壬为十等边形之一边,是以圆内容五等边形一边之正方,等于本圆所容六等边形、十等边形各一边之二正方和。

第十一题 有比例径线之圆周,内作五等边形,其一边无比例,为少线。

解曰:甲乙丙丁戊为有比例半径线之圆周,内作甲乙丙丁戊五等边形,题言五等边形之一边甲乙无比例,为少线。

论曰:己为圆心,作甲己、乙己二线,俱引长之至庚、辛二点。取己壬,为甲己四分之一。惟甲己有比例,故己壬亦有比例。而乙己有比例,故全线乙壬亦有比例。惟甲丙庚与甲丁庚二圆

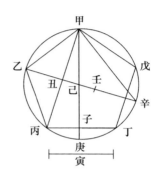

分等,甲乙丙与甲戊丁又等,故丙庚、庚丁二余分亦等。作甲丙线。子点之二角为直角,而丙丁倍于丙子(三卷三)。丑点之二角为直角,而甲丙倍于丙丑,理同。甲子丙与甲丑己二角既等,而子甲丙为甲子丙、甲丑己二三角形之公角,故甲丙子与甲己丑二余角等(一卷三十二)。而甲丙子与甲己丑为等角三角形,故子丙与丙甲比,若丑己与己甲比。而二前率可倍之(六卷四),所以倍子丙与丙甲比,若倍丑己与己甲比。惟倍丑己与己甲比,若丑己与半己甲比,故倍子丙与丙甲比,若丑己与半己甲比。而二后率可半之,所以倍子丙与半丙甲比,若丑己与己甲四分之一比。惟丁丙倍子丙,丙丑半丙甲,己壬为己甲四分之一,故丁丙与丙丑比,若丑己与己壬比。合理,丁丙、丙丑和与丙丑比,若丑壬与己壬比(五卷十八),故丁丙、丙丑和与丙丑之二正方比,若丑壬与壬己之二正方比(六卷二十二)。惟五边形之二边为三角形之腰,而底边甲丙分为中末线,其大分等于五边形之一边丁丙(本卷八),又大分与半全线和之正方,五倍半全线之正方(本卷一)。丙丑为全线甲丙之半,故丁丙、丙丑和之正方,五倍丙丑之正方。惟丁丙、丙丑和与丙丑之二正方比,若丑壬与壬己之二正方比(本论),故丑壬之正方,五倍

壬己之正方。惟己壬之正方为有比例面,因径线有比例故也(十卷界说六)。故丑壬之正方亦为有比例面,而丑壬为有比例线(十卷六)。又乙己既四倍于己壬,则乙壬五倍于壬己。而乙壬之正方,二十五倍壬己之正方(六卷二十题系)。惟丑壬之正方,五倍壬己之正方,故乙壬之正方,五倍丑壬之正方。则此二正方比,非若二平方数比,故乙壬与壬丑长短无等(十卷九)。惟皆有比例,所以乙壬、壬丑为仅正方有等之有比例线。凡有比例线,内减仅正方有等之线,所余为无比例线(十卷七十四),所以丑乙无比例,为断线,而壬丑为其同宗线。又试设寅之正方为乙壬、壬丑之二正方较。壬己与己乙既有等,则合理,壬乙与乙己有等。惟乙己与乙辛长短有等,故壬乙与乙辛有等(十卷十二)。而壬乙之正方,五倍壬丑之正方(本论),则壬乙与壬丑之二正方比,若五与一比。转理,壬乙与寅之二正方比,若五与四比(五卷十九题系),即非若二平方数比,故壬乙与寅长短无等(十卷九)。所以壬乙与其同宗线壬丑上二正方之较积方边,与壬乙长短无等。而壬乙与所设之比例线乙辛有等,故壬乙为第四断线(十卷下界说四)。凡有比例线及第四断线之矩形无比例,等积正方之边亦无比例,为少线(十卷九十五)。惟甲乙之正方等于辛乙、乙丑之矩形(六卷十七)。试作甲辛线,则甲乙辛与乙甲丑为等角三角形(六卷八),而辛乙与乙甲比,若甲乙与乙丑比(六卷四),所以五边形之一边甲乙无比例,为少线。

第十二题　内切圆等边三角形,其一边之正方,三倍半径之正方。

解曰:甲乙丙圆,作内切甲乙丙等边三角形,题言三角形一边之正方,三倍半径之正方。

论曰:丁为圆心,作甲丁线,引长之至戊。又作乙戊线。甲乙丙三角形既等边,则乙戊丙圆分为甲丙圆周三分之一。而乙戊圆分为圆周六分之一,所以乙戊线为六边形之一边,等于丁戊半径(四卷十五)。惟甲戊倍于丁戊,故甲戊之正方,四倍丁戊之正方,即四倍乙戊之正方(六卷二十题系)。惟甲戊之正方等于甲乙、乙戊之二正方和(一卷四十七,三卷三十一),故甲乙、乙戊之二正

方和,四倍乙戊之正方。以分理推之,则甲乙之正方,三倍乙戊之正方。惟乙戊等于半径丁戊,故内切圆等边三角形,其一边之正方,三倍半径之正方。

第十三题 球内求作正四面体,且显球径与四面体边之二正方比,若三与二比。

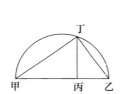

法曰:甲乙为球径,分于丙点,令甲丙倍于乙丙(六卷九)。次于甲乙线上作甲丁乙半圆,从丙点作丙丁线,与甲乙成直角。又作丁甲线。另作戊己庚圆,令其半径等于丙丁,于圆内作戊己庚三角形(四卷二)。辛为圆心,作辛戊、辛己、辛庚三线。从辛点作辛壬,为戊己庚平圆之垂线,令等于甲丙。次作壬戊、壬己、壬庚三线。辛壬既为戊己庚平圆之垂线,则与本面内所遇之诸线必成直角(十一卷界说三)。惟辛戊、辛己、辛庚皆与辛壬遇于辛点,故辛壬为辛戊、辛己、辛庚三线之垂线。惟甲丙等于辛壬,丙丁等于辛戊,而皆成直角,则丁甲与壬戊二底边等(一卷四)。又壬己、壬庚皆与丁甲等,理同,故壬戊、壬己、壬庚俱等。又甲丙既倍于丙乙,则甲乙三倍于丙乙。惟甲乙与丙乙比,若甲丁与丁丙之二正方比(后例),故甲丁之正方,三倍丁丙之正方。惟己戊之正方,亦三倍戊辛之正方(本卷十二),而丁丙与戊辛等,故丁甲与戊己亦等。惟丁甲与壬戊、壬己、壬庚三线俱等,故戊己、己庚、庚戊三线与壬戊、壬己、壬庚三线俱等,所以戊己庚、壬戊己、壬己庚、壬庚戊四三角形俱等边,即成正四面体。

今显此正四面体,为本球所容,而球径与四面体边之二正方比,若三与二比。

论曰:试引长辛壬线至子点,令辛子与乙丙等。甲丙与丙丁比,既若丙丁与丙乙比(六卷八),而甲丙与辛壬等,丙丁与辛戊等,丙乙与辛子等,故辛壬与辛戊比,若辛戊与辛子比,而辛壬、辛子之矩形与辛戊之正方等。又壬辛戊、戊辛子皆为直角,故壬子上之半圆线必过戊点。若作戊子线,则子戊壬必为直角,盖戊子壬与辛子戊及辛戊壬俱为等角三角形故也。故壬子为轴,以半圆旋转一周,必过戊、己、庚三点。若作己子、子庚二线,则子己壬、子庚壬必为直角,而戊己庚壬四面体必为本球所容。因所设之壬辛等于甲丙,而辛子等于丙乙,则壬子径线与甲乙径线等故也。球径与四面面体边之二正方比,若三与二比者。甲丙既倍于丙乙,而甲乙三倍于丙乙,则转理,甲乙与甲丙比,若三与二比。而甲乙与甲丙比,若甲乙与甲丁之二正方比,盖甲乙与甲丁比,若甲丁与甲丙比,因乙丁甲与丁甲丙为等角三角形故也(六卷八)。凡连比例三率,一率与三率比,若一率之正方与二率之正方比(六卷二十题系),故甲乙与甲丙比,若甲乙与甲丁之二正方比。惟甲乙与甲丙比,若三与二比,故甲乙与甲丁之二正方比,若三与二比。惟甲乙为本球之径,甲丁为四面体之边,是以球径与四面体边之二正方比,若三与二比。

例:今欲显甲乙与乙丙比,若甲丁与丁丙之二正方比。

作甲丁乙半圆,次作丁乙线,次作戊丙面,为甲丙之正方,次作己乙矩形,则甲乙与甲丁比,若甲丁与甲丙比,因甲乙丁与甲丁丙为等角三角形故也(六卷八)。故甲乙、甲丙之矩形与甲丁之正方等(六卷十七),而甲乙与乙丙比,若戊乙与乙己二矩形比(六卷一)。惟戊乙为甲乙、甲丙之矩形,乙己为

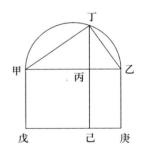

甲丙、丙乙之矩形,因甲戊、甲己俱与甲丙等故也。故甲乙与乙丙比,若甲乙、甲丙之矩形与甲丙、丙乙之矩形比。惟甲乙、甲丙之矩形等于甲丁之正方,甲丙、丙乙之矩形等于丁丙之正方,因甲丁乙为直角,而丁丙为甲丙、丙乙二分之中率故也(六卷一)。所以甲乙与乙丙比,若甲丁与丁丙之二正方比。

第十四题 容四面体之球内,求作正八面体,且显球径之正方,倍于八面体一边之正方。

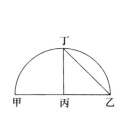

法曰:甲乙为球径,平分于丙。次作甲丁乙半圆。次从丙点作丙丁,与甲乙成直角。次作丁乙线。另作戊己庚辛方形,令其边与乙丁等。次作辛己、戊庚二线,相交成直角。次从壬点作壬子线,与戊己庚辛面成直角。过面引长之至丑,令壬子、壬丑二线,皆等于壬戊、壬己、壬庚、壬辛各线。而作子戊、子己、子庚、子辛、丑戊、丑己、丑庚、丑辛八线。壬戊既等于壬辛,而戊壬辛为直角,则辛戊之正方倍戊壬之正方(一卷四十七)。又壬子既等于壬戊,而子壬戊为直角,则子戊之正方倍戊壬之正方。惟辛戊之正方亦倍戊壬之正方(本论),故子戊与辛戊之二正方等。而子戊等于辛戊,子辛等于辛戊,理同。故子戊辛为等边三角形。余戊己庚辛正方形之边为底边,子、丑为顶点之七三角形各等边,理同,即成正八面体。

今显正八面体为球所容,而球径之正方倍于八面体一边之正方。

论曰:壬子、壬丑、壬戊三线既俱相等,则子丑上作半圆必过戊点。又以子丑为轴,令半圆旋转一周,必过己、庚、辛三点,而八面体必为球所容。盖子壬既等于壬丑,以壬戊为公边而成等角,则子戊与戊丑二底边必等(一卷四)。又子戊丑既为负半圆之直角(三卷三十一),则子丑之正方倍于子戊之正方(一卷四十七)。又甲丙既等于丙乙,则甲乙必倍于丙乙。惟甲乙与乙丙比,若甲乙与乙丁之二正方比(六卷八又二十),故甲乙之正方倍于乙丁之正方。惟子丑之正方倍于子戊之正方(本论),而乙丁与子戊之二正方等,因戊壬等于丙乙故也,则甲乙与子丑之二正方亦等。而甲乙与子丑等,惟甲乙为球径,子丑亦为球径,故此八面体为所设之球所容,而球径之正方,倍于八面体一边之正方。

第十五题 容四面、八面体之球内，求作正六面体，且显球径之正方，三倍六面体一边之正方。

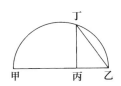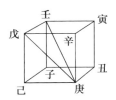

法曰：甲乙为球径，分于丙点，令甲丙倍于丙乙。次作甲丁乙半圆。次从丙点作丙丁，与甲乙成直角。次作丁乙线。另作戊己庚辛正方形，令其一边与丁乙等。次从戊、己、庚、辛四点，作戊壬、己子、庚丑、辛寅四线，皆与戊己庚辛面成直角，令各等于戊己、己庚、庚辛、辛戊诸线。次作壬子、子丑、丑寅、寅壬四线，即成正六面体。

今显此体为所设之球所容，而球径之正方，三倍六面体一边之正方。

论曰：作壬庚、戊庚二线，壬戊庚必为直角，因壬戊为己辛面及戊庚线之垂线故也（十一卷界说三），故壬庚上之半圆周必过戊点（三卷三十一）。又己庚既为己子、己戊之垂线，则亦为己壬面之垂线（十一卷四）。若作己壬线，则己庚必为己壬之垂线，而庚壬上之半圆周，必过己点。余角并同。故以壬庚为轴，以半圆旋转一周而成球，其六面体必为球所容。又庚己既等于己戊，而己为直角，则戊庚之正方倍于戊己之正方（一卷四十七）。惟戊己等于戊壬，故戊庚之正方倍戊壬之正方，所以庚戊、戊壬之二正方和，即庚壬之正方，三倍戊壬之正方（一卷四十七）。又甲乙既三倍于乙丙，而甲乙与乙丙比，若甲乙与乙丁之二正方比，则甲乙之正方，三倍乙丁之正方（六卷八又二十）。乃庚壬之正方，三倍壬戊之正方（本论）。而壬戊等于乙丁，则庚壬等于甲乙。惟甲乙为本球之径线，庚壬亦为本球之径线，故此六面体为所设之球所容，而球径之正方，三倍六面体一边之正方。

第十六题 容四面、八面、六面体之球内,求作正二十面体,且显二十面体之各边无比例,为少线。

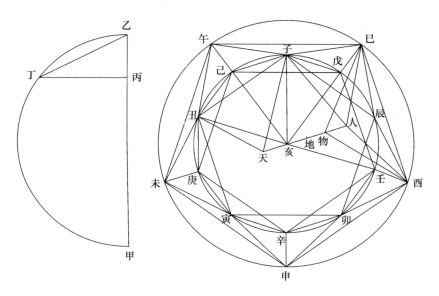

法曰:甲乙为球之径线,分于丙点,令甲丙四倍于丙乙。次作甲丁乙半圆。次从丙点作丙丁,与甲乙成直角。次作丁乙线。另作戊己庚辛壬圆,令半径与丁乙等。次于圆内作戊己庚辛壬五等边形(四卷十一)。次以戊己、己庚、庚辛、辛壬、壬戊五圆分,各平分于子、丑、寅、卯、辰五点,作戊子、子己、己丑、丑庚、庚寅、寅辛、辛卯、卯壬、壬辰、辰戊十线。又作子丑、丑寅、寅卯、卯辰、辰子五线,则子丑寅卯辰为五等边形,戊辰为十等边形之一边。次从戊、己、庚、辛、壬五点,作戊巳、己午、庚未、辛申、壬酉五线,俱与圆半径等,而皆与圆面成直角(十一卷十二)。次作巳午、午未、未申、申酉、酉巳五线,又作巳子、子午、午丑、丑未、未寅、寅申、申卯、卯酉、酉辰、辰巳十线。戊巳、壬酉既皆与圆面成直角,则二线必平行(十一卷六),又二线亦相等。凡二平行相等线之界作二联线,二联线亦平行而相等(一卷三十三),故巳酉与戊壬二线亦平行而相等。惟戊壬为五等边形之一边,故巳酉亦为戊己庚辛壬圆所容五等边形之一边。巳午、午未、未申、申酉四线,各为同圆所容五等边形之一边,理同。故巳午未申酉为五等边形。又巳戊既等于半径,则为六边形之一边。而戊辰为十边形之一边,巳戊辰为直角,则巳辰必为五边形之一边,盖五边形一边之正方与同圆所容六边形、十边形各一边之正方和等故也(本卷十)。辰酉为五边形之一边,理同。惟巳酉亦为五边形之一边,所以巳辰酉为等边三角形。巳子午、午丑未、未寅申、申卯酉四三角形俱等边,理同。巳子、巳辰既皆为五边形之一边(本论),子辰亦为五边形之一边,则巳子辰必为等边三角形。子午丑、丑未寅、寅申卯、卯酉辰四三角形俱等边,理同。亥为戊己庚辛壬圆之心(三卷一)。其上作亥人线,与圆面成直角,过圆面引长之至天。乃截取亥物,令等于六边形之一边。又令亥天、物人二线皆与十边形之一边等,作巳人、巳物、酉人、戊亥、子亥、子天、天丑七线。亥物、物人二线既皆与圆面成直角,则亥物与戊巳平行(十一卷六),且俱为六边形之一边,则相等,故戊亥、巳物二线亦相等而平行。惟戊亥为六边形之一边,故巳物亦为六边形之一边。乃巳物既为六边形之一边,而物人为十边形之一边,巳物人为直角,则巳人为五边形之一边(本卷十)。酉人为五边形之一边,理同。盖作亥壬、物酉二联线,即为相等平行线。而亥壬为半径,即六边形之一边,则物酉亦为六边形之一边。惟物人为十边形之一边,而酉物人为直角,故酉人为五边形之一边。惟巳酉亦为五边形之一边,故巳酉人为等边三角形。而巳午、午未、未申、申酉四线为底边,皆以人为顶点之四三角形俱等边,理同。又亥子既为六边形之一边,亥天为十边形之一边,而子亥天为直角,则子天亦为五边形之一边(本卷十)。又作丑亥为六边形之一边,则丑天必为五边形之一边,理同。惟子丑为五边形之一边,故子丑天为等边三角形。而丑寅、寅卯、卯辰、辰子四线为底边,同以天为顶点之四三角形俱等边,理同。即成正二十面体。

今显二十面体为所设之球所容,其一边无比例,为少线。

论曰:亥物既为六边形之一边,而物人为十边形之一边,则亥人于物点分为中末线,而亥物为大分(本卷九),故人亥与亥物比,若亥物与物人比(六卷界说三)。惟亥物与亥子等,物人与亥天等,所以人亥与亥子比,若亥子与亥天比。惟人亥子、子亥天二角俱为直角,故作子人联线,则天子人为直角,因天子亥、子人亥为等角三角形故也(六卷六)。故于天人线上作半圆周,必过子点(三卷三十一)。又人亥与亥物比,既若亥物与物人比,而人亥与天物等,亥物与物巳等,则天物与巳物比,若巳物与物人比,理同。若作巳天联线,则天巳人必为直角,故天人线上之半圆周亦必过巳点。余角并同。故以天人为轴,以半圆旋转一周而成球,其二十面体必为球所容。又于地点平分亥物线,人亥线既于物点分为中末线,而人物为其小分。若取物地为大分之半,则小分、半大分和之正方,五倍半大分之正方(本卷三),故人地之正方,五倍地物之正方。惟人天倍于地人(本卷三),故人天之正方,五倍亥物之正方。乃甲丙既四倍丙乙,则甲乙五倍丙乙。惟甲乙与丙乙比,若甲乙与乙丁之二正方比(六卷八又二十),故甲乙之正方,五倍乙丁之正方。今人天之正方五倍亥物之正方,而丁乙与亥物等,因皆等于戊辛壬圆半径故也(本论),所以甲乙与天人等。惟甲乙为本球径,天人亦为本球径,故此二十面体为所设之球所容。

二十面体之一边无比例,为少线者。盖球径甲乙既为有比例线,其正方五倍于戊己庚辛壬圆半径之正方,则戊己庚辛壬圆之半径亦为有比例线(十卷上界说六),故其径线亦为有比例线。凡有比例径线之平圆所容五等边形,其一边无比例,为少线(本卷十一)。而戊己庚辛壬五等边形之一边,即二十面体之一边。是以二十面体之一边无比例,为少线。

系:准此题,显球径之正方,五倍容二十面体上五边形平圆半径之正方。球之径线,为本圆所容六边形一边、十边形二边之和。

第十七题　容四面、八面、六面、二十面诸体之球内,求作正十二面体,且显十二面体之各边无比例,为断线。

法曰:置甲乙丙丁、丙乙戊己,本球所容六面体之二面(本卷十五),相与成直角。甲乙、乙丙、丙丁、丁甲、戊己、戊乙、己丙七边,于庚、辛、壬、子、丑、寅、卯七点,各平分为二分。次作庚壬、辛子、丑辛、寅卯四联线。乃取寅辰、辰卯、辛巳三线,于午、未、申三点各分为中末线,午辰、辰未、申巳为三大分。次从午、未、申三点向面外作午酉、未亥、申物三线,各等于午辰、辰未、申巳三线,且各与六面体之面成直角(十一卷十二)。次作酉乙、乙物、物丙、丙亥、亥酉五联线,则酉乙物丙亥五边形必为等角、等边之平面。试作午乙、未乙、亥乙三线。寅辰既于午点分为中末线,辰午为大分,则辰寅、寅午之二正方和,三倍辰午之正方(本卷四)。而辰寅等于寅乙,辰午等于午酉,故乙寅、寅午之二正方和,三倍午酉之正方。又乙午之正方等于

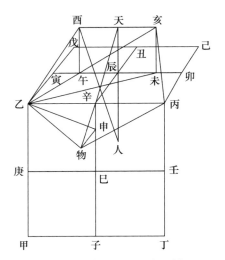

乙寅、寅午之二正方和(一卷四十七),故乙午之正方三倍午酉之正方,所以乙午、午酉之二正方和,四倍午酉之正方。惟乙酉之正方等于乙午、午酉之二正方和,故乙酉之正方四倍午酉之正方,所以乙酉倍于午酉(六卷二十)。惟亥酉倍于午酉,因午未倍于午辰,即倍于午酉故也,故乙酉等于酉亥。又乙物、物丙、丙亥三线各等于乙酉,亦等于酉亥,理同。所以乙酉亥丙物为五等边形。试从辰点向面外作辰天线,与午酉、未亥平行。次作天辛、辛物二线,则天辛物必为直线。盖辛巳既于申点分为中末线,巳申为大分,则辛巳与巳申比,若巳申与申辛比(六卷界说三)。惟辛巳等于辛辰,巳申等于申物,即等于辰天,故辛辰与辰天比,若物申与申辛比。而辛辰与申物平行,因各与乙丁面成直角故也(十一卷六)。申辛与辰天平行,因皆与乙巳面成直角故也。凡两三角形,此二边与彼二边两两相似,而平置二形成一外角,若相似之边各平行,则其余二边联为一直线(六卷三十二)。故天辛、辛物二线必成一直线。凡直线必在一面内,故酉乙物丙亥五边形为平面,又此五边形亦必等角。盖寅辰既于午点分为中末线,辰午为大分,则寅辰、辰午二线和与辰寅比,若辰寅与辰午比(本卷五)。惟辰午与辰未等,则未寅与寅辰比,若寅辰与辰未比,故寅未于辰点分为中末线,寅辰为大分(六卷界说三),所以寅未、未辰之二正方和,三倍辰寅之正方(本卷四)。惟辰寅与寅乙等,辰未与未亥等,故寅未、未亥之二正方和,三倍寅乙之正方,

而寅未、未亥、寅乙之三正方和,四倍寅乙之正方。惟乙未之正方等于寅未、寅乙之二正方和(一卷四十七),故乙未、未亥之二正方和,即亥乙之正方,四倍寅乙之正方,因亥未乙为直角故也,所以亥乙倍于乙寅。惟乙丙倍于乙寅,故亥乙等于乙丙。又乙酉、酉亥二边既等于乙物、物丙二边,而亥乙、乙丙二底边又等,则乙酉亥、乙物丙二角等(一卷八)。酉亥丙、乙物丙二角等,理同。故乙物丙、乙酉亥、酉亥丙三角俱等。凡五等边形,有三角相等,则五角俱等(本卷七)。故乙酉亥丙物为等角五等边形,而在六面体之一边乙丙上。如法于六面体之十二边上各作相等相似形,即成正十二面体。

今显十二面体为球所容,其每边无比例,为断线。

论曰:天辰线引长之至人,则天人必与球之径线相交,而交点必平分径线(十一卷三十九)。设交点即为人,则人为容六面体之球心,而辰人为六面体之半边。次作酉人线。寅未既于辰点分为中末线,寅辰为大分,则寅未、未辰之二正方和,三倍寅辰之正方(本卷四)。而寅未等于天人,因寅辰等于辰人,天辰等于辰未故也。未辰等于天酉,因各等于午辰故也。故天人、天酉之二正方和,三倍寅辰之正方。惟酉人之正方等于天人、天酉之二正方和(一卷四十七),故酉人之正方三倍寅辰之正方。凡容六面体球半径之正方,三倍六面体半边之正方,因球内容六面体球径之正方,三倍六面体一边之正方(本卷十五),凡二全比例,若二半比例故也。而寅辰为六面体之半边,故酉人为容六面体之球半径。惟人点为球心,故酉点在球周。而十二面体余诸点皆在球周,理同。故十二面体为所设之球所容。

十二面体之每边无比例,为断线者。盖午辰既为寅辰中末线之大分,则寅辰与辰午比,若辰午与午寅比。而二前率可倍之,凡两分之比例,与两倍分之比例等故也(五卷十五)。故寅卯与午未比,若午未与寅午、未卯和比。惟午辰大于寅午,则午未亦大于寅午、未卯和,故寅卯分为中末线,午未为大分。惟午未等于酉亥,故酉亥亦为寅卯中末线之大分。球径既为有比例线,其正方三倍于六面体一边之正方(本卷十五),则六面体之一边寅卯亦为有比例线(十一卷界说六)。凡有比例线分为中末线,其两分各无比例,为断线(本卷六),故十二面体之一边无比例,为断线。

系:凡六面体之一边分为中末线,其大分为同球所容十二面体之一边。

第十八题 球内求作五体各一边,且显其比例诸率。

法曰:置球径甲乙,平分于丙点。又分于丁点,令甲丁倍于丁乙。次作甲戊乙半圆,从丙、丁二点作丙戊、丁己,与甲乙成直角。次作甲己、己乙二线。甲丁既倍于丁乙,则甲乙三倍于丁乙。转理,甲乙与甲丁比,若三与二比。惟甲乙与甲丁比,若甲乙与甲己之二正方比(六卷二十),因甲己乙与甲丁己二三角形

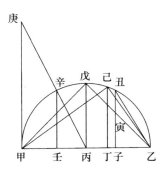

等角故也(六卷八),故甲乙与甲己之二正方比,若三与二比。凡球径之正方与四面体一边之正方比,若三与二比(本卷十三)。故甲己为四面体之一边。

又甲丁既倍于丁乙,则甲乙三倍于丁乙。而甲乙与丁乙比,若甲乙与己乙之二正方比(六卷八又二十),故甲乙之正方三倍己乙之正方。凡球径之正方,三倍六面体一边之正方(本卷十五),而甲乙为球径,故己乙为六面体之一边。又甲丙既等于丙乙,则甲乙倍于丙乙。惟甲乙与丙乙比,若甲乙与乙戊之二正方比,故甲乙之正方倍于乙戊之正方。凡球径之正方,倍于八面体一边之正方(本卷十四),而甲乙为球径,故乙戊为八面体之一边。

又从甲点作甲庚线,令与甲乙等,且与甲乙成直角。次作庚丙线。次从辛点作辛壬,为甲乙之垂线。甲庚倍于甲丙,因等于甲乙故也。而甲庚与甲丙比,若辛壬与壬丙比(六卷四),故辛壬倍于壬丙,而辛壬之正方四倍壬丙之正方(六卷二十),则辛壬、壬丙之二正方和,即辛丙之正方(一卷四十七),五倍壬丙之正方。而辛丙等于丙乙,故丙乙之正方五倍壬丙之正方。又甲乙既倍于丙乙,而甲乙内之甲丁倍于丙乙内之丁乙,则余丁乙倍于余丁丙,所以丙乙三倍于丁丙,故丙乙之正方九倍丁丙之正方(六卷二十)。而丙乙之正方五倍壬丙之正方(本论),故壬丙之正方大于丁丙之正方,而壬丙大于丁丙。取丙子,等于壬丙,则壬子等于辛壬,因辛壬倍于壬丙故也

(本论)。从子点作子丑,与甲乙成直角。次作丑乙线。丙乙之正方既五倍壬丙之正方,而甲乙倍于丙乙,壬子倍于丙壬,故甲乙之正方五倍壬子之正方。凡球径之正方,五倍容二十面体上五边形平圆半径之正方(本卷十六题系)。而甲乙为球径,故壬子为平圆半径,即圆内六边形之一边。又球之径线为本圆内六边形一边、十边形二边之和(本卷十六题系),而甲乙为球径,壬子为六边形之一边。甲壬等于子乙,则甲壬、子乙俱为容二十面体上五边形平圆所容十边形之一边。子乙既为十边形之一边,而丑子为六边形之一边。因丑子与辛壬距心等,即等于辛壬(三卷十四),而辛壬、壬子各倍于壬丙,则亦等于壬子故也(本论)。故丑乙为平圆内五边形之一边(本卷十)。平圆内五边形之一边,即球内二十面体之一边(本卷十六),故丑乙为二十面体之一边。

又己乙既为六面体之一边,于寅点分为中末线,寅乙为大分,则寅乙为十二面体之一边(本卷十七题系)。

球径之正方,与四面体一边甲己之正方比,若三与二比(本论),而倍于八面体一边乙戊之正方,三倍于六面体一边己乙之正方。其比例率,球径方六,四面体边方四,八面体边方三,六面体边方二。是以四面体边方,为八面体边方三分之四,而倍于六面体边方;八面体边方,为六面体边方二分之三,故此三体相与成重比例。而其外十二面、二十面两体,与前三体及相与俱不能成重比例。因皆无比例,且二十面体边为少线(本卷十六),十二面体边为断线故也(本卷十七)。

今显二十面体边丑乙,大于十二面体边寅乙。

论曰:己丁乙与甲己乙为等角三角形(六卷八),故乙丁与乙己比,若乙己与乙甲比(六卷四)。凡三线成连比例率,则一率与三率比,若一率之正方与二率之正方比(六卷二十题系),故乙丁与乙甲比,若乙丁与乙己之二正方比。反理,乙甲与乙丁比,若乙己与乙丁之二正方比(五卷四题系)。惟乙甲三倍于乙丁,故乙己之正方三倍乙丁之正方。而甲丁之正方四倍乙丁之正方,因甲丁倍于乙丁故也,故甲丁之正方大于乙己之正方。而甲丁大于乙己,所以甲子甚大于乙己。而甲子于壬点分为中末线,壬子为大分(本卷九），因壬子为平圆内六边形之一边，而壬甲为十边形之一边故也（本论）。乙己于寅点分为中末线，寅乙为大分，故壬子大于寅乙。惟壬子与子丑等，故子丑亦大于寅乙。而丑乙大于子丑，则甚大于寅乙（一卷十九）。故二十面体之一边丑乙，大于十二面体之一边寅乙。

再显丑乙大于寅乙。甲丁既倍于丁乙，则甲乙三倍于丁乙。惟甲乙与丁乙比，若甲乙与乙己之二正方比，因甲乙己与己乙丁为等角三角形故也（六卷八），故甲乙之正方三倍乙己之正方。惟甲乙之正方五倍壬子之正方，故五倍壬子之正方等于三倍乙己之正方，而三倍乙己之正方大于六倍寅乙之正方（后例），故五倍壬子之正方大于六倍寅乙之正方，所以壬子之正方大于寅乙之正方，而壬子大于寅乙。惟壬子等于子丑，故子丑亦大于寅乙，而丑乙甚大于寅乙。

例：三倍乙己之正方，大于六倍寅乙之正方。

论曰：寅乙既大于己寅，则寅乙、乙己之矩形大于乙己、己寅之矩形，故寅乙、乙己之矩形加己己、己寅之矩形，大于倍乙己、己寅之矩形。惟寅乙、乙己之矩形加己己、己寅之矩形，为己乙之正方。而乙己、己寅之矩形等于寅乙之正方，因乙己于寅点分为中末线，初、末二率之矩形等于中率之正方故也（六卷十七），故己乙之正方大于倍寅乙之正方，所以三倍己乙之正方，大于六倍寅乙之正方。

案：五体之外，不能更有等面、等边、等角之体。

凡二平面不能成体角（十一卷界说十一），故四面体之角为三三角形所成，八面体之角为四三角形所成，二十面体之角为五三角形所成。而六个等边三角形不能成体角，盖等边三角形之一角为直角三分之二（一卷三十二），则六角等于四直角，故不能成体角。凡成体角之诸面角和，必小于四直角故也（十一卷二十一）。而多于等边三角形之六角，更不能成体角，理自明。又六面体之角为三方面所成。而四方面即四直角，不能成体角。十二面体之角为三个等角五边形所成。而四个等角五边形不能成体角，盖等角五边形之一角，为一直角加直角五分之一（后例），则四个角大于四直角，故不能成体角也。又体角不能于三边、四边、五边之外，更用他等边形合成,因皆于理不合故也。故五体之外,更无等边、等角、等面之体。

例:等角五边形之一角,为一直角加直角五分之一。如甲乙丙丁戊为外切圆等角五边形,己为圆心,作己甲、己乙、己丙、己丁、己戊五线,各平分五边形之五角(四卷十四)。己点上五角和既等于四直角,而五角俱相等,则任取一角,如甲己乙,为一直角少直角五分之一,故己甲乙、甲乙己二角之和,为一直角加直角五分之一(一卷三十二)。惟己甲乙与己乙丙二角等,故五边形之全角甲乙丙,为一直角加直角五分之一。

7　第十四卷(论体四)

此下二卷,乃后人所续,或言出亚力山太(地名)虚西格里手。卷首列书一通,有复以仆所撰者寄呈左右云云,而书不署名,究不知是虚西氏否也。

与簿大古书

某启:推罗白西里第在亚力山太时,与家君时相会语,讲明算学,家君甚爱其明悟。一日相与论亚波罗泥所著同球容十二面、二十面二体较义,尚未尽善。家君尝与白西里第改定其例,其后仆得亚波罗泥别本,论此理甚精微,与昔见本不同,读之不觉狂喜。此本今已不啻家有其书矣,然因阁下与家君及仆累世交好,故敢复以仆所撰者寄呈左右。阁下于此事称最精,伏祈详加检阅,诲我不逮,幸甚。

第一题　从圆心至本圆所容正五边形之一边,作垂线,此线为本圆所容六边形、十边形各一边之半和。

解曰:甲乙丙平圆,乙丙为本圆所容正五边形之一边,丁为圆心。作丁戊，为乙丙之垂线，引长丁戊至己，题言丁戊为本圆所容六边形、十边形两边和之半。

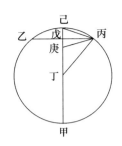

论曰：作丁丙、丙己二线，取庚戊等于戊己，从庚点作庚丙线。圆周既五倍乙己丙圆分，而甲丙己为半周，丙己为乙己丙圆分之半，则甲丙己半周五倍丙己圆分，故甲丙圆分四倍丙己圆分。惟甲丙与己丙二圆分比，若甲丁丙与己丁丙二角比（六卷三十三），故甲丁丙角四倍己丁丙角。惟甲丁丙角倍戊己丙角（三卷二十），故戊己丙角倍庚丁丙角（即己丁丙）。而戊己丙与戊庚丙二角等（一卷四），故戊庚丙角倍庚丁丙角，而丁庚与庚丙等（一卷六又三十二）。又庚丙与己丙等（一卷四），故丁庚与己丙等，而庚戊与戊己亦等（本论），故丁戊与戊己、己丙二线之和等，而丁己、己丙二线之和倍于丁戊。惟丁己等于六边形之一边，己丙为十边形之一边（四卷十四），故丁戊为同圆内六边形及十边形各一边之半和。

系：准十三卷十二、十三二题，显从圆心至本圆所容三角形之一边作垂线，必为半径之半。

第二题　同球所容十二面体之五边形，与二十面体之三角形，为同圆所容。

此题之理，在亚理梯五体论中，又见亚波罗泥所著同球容十二面、二十面二体较义中。如所云十二面、二十面二体总面之比，若二体积之比是也，盖从球心作线至十二面体之五边形心，等于球心作线至二十面体之三角面心故也。今欲明同球十二面体之五边形与二十面体之三角形，为同圆所容。先作一例明之。

例：圆内五等边形，以形之二边为三角形之二腰，而作底边，则一边之正方加底边之正方，五倍圆半径之正方。

解曰：甲乙丙圆，甲丙为所容五边形之一边，丁为圆心。作丁己，为甲丙之垂线，引长之至乙、至戊。又作甲乙联线。例言乙甲、甲丙之二正方和,五倍丁戊之正方。

论曰:作甲戊线,为十边形之一边。乙戊既倍于戊丁,则乙戊之正方四倍戊丁之正方(六卷二十题系)。惟乙甲、甲戊之二正方和等于乙戊之正方,故乙甲、甲戊之二正方和,四倍戊丁之正方,则乙甲、甲戊、戊丁之三正方和,五倍戊丁之正方。惟甲戊、戊丁之二正方和等于甲丙之正方(十三卷十),故乙甲、甲丙之二正方和,五倍戊丁之正方。如例,既有确证,乃可证同球十二面体之五边形、二十面体之三角形,为同圆所容之理。

解曰:甲乙为球之径线,于球内作十二面体、二十面体,丙丁戊己庚为十二面体之五边形,壬子辛为二十面体之三角形,题言此五边形、三角形为同平圆所容。

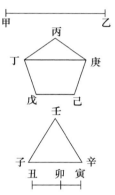

论曰:作丁庚线,为六面体之一边(十三卷八又十七)。另作丑寅线,令甲乙之正方五倍丑寅之正方。惟球径之正方,五倍本球所容二十面体上容五边形平圆半径之正方(十三卷十六系),故丑寅为圆半径。于卯点分丑寅为中末线(六卷三十),丑卯为大分,则丑卯为十边形之一边(十三卷五又九)。又乙甲之正方既五倍丑寅之正方,亦三倍丁庚之正方(十三卷十五),则三倍丁庚之正方等于五倍丑寅之正方。惟三倍丁庚之正方与五倍丑寅之正方比,若三倍丙庚之正方与五倍丑卯之正方比(十三卷八,本卷七),故三倍丙庚之正方等于五倍丑卯之正方。惟五倍壬子之正方,等于五倍丑寅之正方加五倍丑卯之正方(九卷五十,三卷十),因壬子即二十面体上五等边形之一边故也。故五倍壬子之正方,等于三倍丁庚之正方加三倍丙庚之正方。惟三倍丁庚、丙庚之二正方和,十五倍容丙丁戊己庚五边形圆半径之正方,因丁庚、丙庚之二正方和,五倍容丙丁戊己庚五边形圆半径之正方故也(本例)。而五倍壬子之正方,等于十五倍容壬子辛三角形圆半径之正方,因壬子之正方,三倍容壬子辛三角形圆半径之正方故也(十三卷十二)。则彼此十五倍圆半径之正方相等,故二径线必等。是以同球所容十二面体之五边形、二十面体之三角形,为同平圆所容。

第三题 容十二面体五边形之平圆,从圆心任至一边作垂线,则三十倍一边与垂线之矩形,等于十二面体诸面之和。

解曰:甲乙丙丁戊为十二面体之五边形。作外切平圆,己为圆心。作己庚,为丙丁边之垂线。题言三十倍丙丁、己庚之矩形,等于十二倍甲乙丙丁戊五等边形即本体诸面之和。

论曰:作丙己、己丁二线,则丙丁、己庚之矩形倍于丙丁己三角形,故五个丙丁、己庚之矩形,等于十个丙丁己三角形(一卷四十一)。惟十个三角形成两个五边形,各六倍之,则三十个丙丁、己庚之矩形,等于十二个五边形。而十二个五边形,即十二面体之诸面。故三十倍丙丁、己庚之矩形,等于十二面体之诸面。

更论曰:作甲乙丙等边三角形之外切平圆,丁为圆心。作丁戊垂线。则三十倍乙丙、丁戊之矩形,等于二十面体之总面,盖乙丙、丁戊之矩形倍于丁乙丙三角形,故两个丁乙丙三角形,等于乙丙、丁戊之矩形(一卷四十一)。各三倍之,则六个丁乙丙三角形,等

于三个乙丙、丁戊之矩形。惟六个丁乙丙三角形,等于两个甲乙丙三角形。各十倍之,则三十个乙丙、丁戊之矩形,等于二十个甲乙丙三角形,即二十面体之总面。故十二面体之总面与二十面体之总面比,若丙丁、己庚与乙丙、丁戊之二矩形比。

系:十二面、二十面二体之总面比,若五边形一边及从心至边垂线之矩形,与二十面体一边及从心至边垂线之矩形比,亦即十二面、二十面之二体积比。

第四题 同球所容十二面体之总面与二十面体之总面比,若六面体之一边与二十面体之一边比。

解曰:甲乙丙丁为容同球十二面体五边形、二十面体三角形之平圆(本

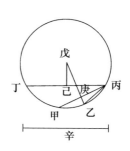

卷二)。其内作丙丁,为三角形之一边。作甲丙,为五
边形之一边。戊为圆心,戊己为丁丙之垂线,戊庚为
丙甲之垂线,引长戊庚至乙,作乙丙线。另以辛为本
球所容六面体之一边。题言十二面体之总面与二十
面体之总面比,若辛与丙丁比。

论曰:戊乙、乙丙和既分为中末线,乙戊为大分,
戊庚为戊乙、乙丙和之半(本卷一)。戊己为乙戊之半,则戊庚分为中末线,
戊己为大分;辛线分为中末线,丙甲为大分(十三卷十七题系)。故辛与丙甲
比,若戊庚与戊己比(本卷七)。所以辛及戊己之矩形,等于丙甲、戊庚之矩
形(六卷十六)。又辛与丙丁比,若辛及戊己之矩形与丙丁、戊己之矩形比(六
卷一)。丙甲、戊庚之矩形既等于辛及戊己之矩形,则辛与丙丁比,若丙甲、
戊庚之矩形与丙丁、戊己之矩形比。即十二面体之总面与二十面体之总
面比,若辛与丙丁比(本卷三题系)。

又显十二面体与二十面体之二总面比,若六面与二十面二体之边比。
先以一例明之。

例:设甲乙戊丙圆,内作甲乙、甲丙五等边形
之二边。又作乙丙线。丁为圆心,作甲丁线,引
长之至戊。取丁己为甲丁之半,取丙辛为丙庚三
分之一,则甲己、乙辛之矩形,等于五边形之
面积。

论曰:作乙丁线。甲丁既倍于丁己,则甲己
为甲丁二分之三。丙庚既三倍于丙辛,则庚辛倍于辛丙,故丙庚为庚辛二
分之三。所以甲己与甲丁比,若丙庚与庚辛比。而甲己、庚辛之矩形,等
于甲丁、丙庚之矩形(六卷十六)。惟丙庚等于乙庚,故甲丁、乙庚之矩形,等
于甲己、庚辛之矩形。惟甲丁、乙庚之矩形倍于甲乙丁三角形(一卷四十一),
故甲己、庚辛之矩形倍于甲乙丁三角形,所以五倍甲己、庚辛之矩形为十
个甲乙丁三角形。惟十个甲乙丁三角形为两个五边形,故五倍甲己、庚辛
之矩形,等于两个五边形。而庚辛倍于辛丙,则甲己、庚辛之矩形倍于甲

己、辛丙之矩形,故两个甲己、辛丙之矩形,等于甲己、庚辛之矩形。故十倍甲己、辛丙之矩形,等于五倍甲己、庚辛之矩形,即等于两个五边形。所以五倍甲己、辛丙之矩形,等于一个五边形。惟五倍甲己、辛丙之矩形,等于甲己、辛乙之矩形,因辛乙五倍辛丙,而甲己为二形之公边故也。故甲己、乙辛之矩形,等于一个五边形。

又论曰:置容同球内十二面体五边形、二十面体三角形之甲乙丙圆,其内作乙甲、甲丙五等边形之二边。次作乙丙线。戊为圆心,作甲戊线,引长之至己。取戊庚,为甲戊之半。取丙辛,为壬丙三分之一。过庚点作丁丑线,与甲己成直角,则丁丑为等边三角形之一边,而甲丁丑为等边三角形(本卷一题系)。甲庚、辛乙之矩形既等于五边形(本题例),而甲庚、庚丁之矩形等于甲丁丑三角形(一卷四十一),则甲庚、辛乙之矩形与甲庚、庚丁之矩形比,若五边形与三角形比。惟甲庚、辛乙之矩形与甲庚、庚丁之矩形比,若乙辛与丁庚比(六卷一),故十二倍辛乙与二十倍丁庚比,若十二倍五边形与二十倍三角形比,即十二面体之总面与二十面体之总面比。惟十二倍乙辛等于十倍乙丙,因乙辛五倍于辛丙,而乙丙六倍辛丙故也。又二十倍丁庚等于十倍丁丑,因丁丑倍丁庚故也。故十倍乙丙与十倍丁丑比,即乙丙与丁丑比,若十二面体总面与二十面体总面比。而乙丙为六面体之一边(十三卷八又十七),丁丑为二十面体之一边,故十二面体之总面与二十面体之总面比,若六面体之一边与二十面体之一边比。

第五题 大、小二正方,大正方等于中末全线及大分之二正方和,小正方等于中末全线及小分之二正方和,则大、小正方之二边比,若同球所容六面体、二十面体之二边比。

论曰:置容同球内十二面体五边形、二十面体三角形之甲乙平圆(本卷二),丙为圆心。从心至周任作丙乙线,于丁点分为中末线,丙丁为大分,则丙丁为圆内十边形之一边(十三卷五又九)。置本球所容二十面体之边戊、十

二面体之边己、六面体之边庚（十三卷十八），则戊
为本圆内等边三角形之边，己为本圆内五边形之
边，而己为庚之大分（十三卷十七题系）。戊既为等
边三角形之边，则戊之正方三倍乙丙之正方（十三
卷十二），又乙丙、乙丁之二正方和，三倍丙丁之正
方（十三卷四）。属理，戊之正方与乙丙、丙丁之二
正方和比，若乙丙与丙丁之二正方比。惟乙丙与
丙丁之二正方比，若庚与己之二正方比（本卷七），

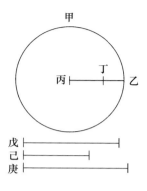

盖己为庚之大分故也（十三卷十七）。故戊之正方与乙丙、乙丁之二正方和
比，若庚与己之二正方比。以属理、反理推之，庚与戊之二正方比，若己之
正方与乙丙、乙丁之二正方和比。惟乙丙、丙丁之二正方和等于己之正
方，因五边形一边之正方等于同圆所容六边形、十边形二边之正方和故也
（十三卷十）。故庚与戊之二正方比，若乙丙、丙丁之二正方和，与乙丙、乙丁
之二正方和比。惟乙丙、丙丁之二正方和，与乙丙、乙丁之二正方和比，即
中末全线及大分之二正方和，与全线及小分之二正方和比（本卷七），故庚与
戊之二正方比，若中末全线及大分之二正方和，与全线及小分之二正方
比。而庚为六面体之一边，戊为二十面体之一边。是以大正方等中末全
线及大分之二正方和，小正方等全线及小分之二正方和，则大、小二正方
之边比，若同球所容六面体、二十面体之边比。

第六题 同球所容六面体之一边与二十面体之一边比，若十二面体
与二十面体比。

论曰：同球所容十二面体之五边形及二十面体之三角形，既为同平圆
所容（本卷二），凡切球界相等之平圆，距球心之线必等，因从球心至平圆之
垂线必等，皆在平圆心故也，故从球心至平圆所容十二面体之五边形及二
十面体之三角形，二面之垂线，皆为圆面之垂线。所以十二面体之五边
形、二十面体之三角形为二底面，球心为顶点之二锥体等高。凡等高之锥
体比，若其底面比（十二卷五又六），故五边形与三角形之二面比，若十二面

体、二十面体之各一面为底,球心为顶点之二锥体比,所以十二个五边形与二十个三角形比,若十二个五边底与二十个三角底之等高锥体比。惟十二个五边形为十二面体之总面,二十个三角形为二十面体之总面,故十二面体与二十面体之二总面比,若十二个五边底与二十个三角底之锥体比。而十二个五边底之锥体,即十二面体,二十个三角底之锥体,即二十面体,所以十二面与二十面二体之总面比,若十二面与二十面之二体积比。惟十二面与二十面之二总面比,若六面与二十面二体之边比(本卷四)。是以六面与二十面二体之各一边比,若十二面与二十面之二体积比。

第七题 二线俱分为中末线,则二全线与二大分同比例。

解曰:甲乙于丙点分为中末线,甲丙为大分;丁戊于己点分为中末线,丁己为大分。题言甲乙全线与大分甲丙比,若丁戊全线与大分丁己比。

论曰:甲乙、乙丙之矩形既等于甲丙之正方,丁戊、戊己之矩形亦等于丁己之正方(六卷十七),则甲乙、乙丙之矩形与甲丙之正方比,若丁戊、戊己之矩形与丁己之正方比,所以四倍甲乙、乙丙之矩形与甲丙之正方比,若四倍丁戊、戊己之矩形与丁己之正方比(五卷十五)。合理,四倍甲乙、乙丙之矩形加甲丙之正方,与甲丙之正方比,若四倍丁戊、戊己之矩形加丁己之正方,与丁己之正方比,故甲乙、乙丙和之正方与甲丙之正方比,若丁戊、戊己和之正方与丁己之正方比(二卷八),所以甲乙、乙丙二线和与甲丙比,若丁戊、戊己二线和与丁己比(六卷二十二)。合理,甲乙、乙丙二线和加甲丙,与甲丙比,即倍甲乙与甲丙比,若丁戊、戊己二线和加丁己,与丁己比,即倍丁戊与丁己比。半其二前率,则甲乙与甲丙比,若丁戊与丁己比也。

系:凡线分为中末线,则等全线及大分之二正方和,与等全线及小分之二正方和、二正方之边比,若同球六面体与二十面体之二边比(本卷五)。而同球六面体与二十面体之二边比,若同球十二面与二十面之二体积比(本卷六)。又同球十二面与二十面二体之总面比,若十二面与二十面之二体积比,因十二面体之五边形、二十面体之三角形为同平圆所容故也。则同球十二面与二十面之二总面比,亦若等全线及大分之二正方和与等全线及小分之二正方和、二正方之边比。

8 第十五卷(论体五)

第一题 有正六面体,求所容之正四面体。

法曰:甲乙丙丁戊己庚辛为正六面体,求所容之正四面体。作甲丙、甲戊、丙戊、甲辛、戊辛、辛丙六线,则甲戊丙、甲辛戊、甲辛丙、丙辛戊四三角形俱等边,因其诸边俱为六面体诸面之对角线故也。故甲戊丙辛为正六面体所容之正四面体(十一卷界说二十六)。

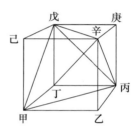

第二题 有正四面体,求所容正八面体。

法曰:甲乙丙丁为正四面体,于戊、己、庚、辛、壬、子六点,平分其诸边,作辛壬、辛子、戊己、己庚等十二联线。甲丙倍于辛壬,亦倍于庚己,故辛壬与庚己平行而相等。又庚辛与己壬亦平行而相等,理同。故辛壬己庚为等边形,亦必为直角形。若作甲子、丙子二线,则丁乙必为甲子丙面之垂线,因甲子、丙子为丁乙之垂线故也。而辛壬、庚己与甲丙平行,庚辛、己壬与丁乙平行,故辛壬己庚为正方形。而其边上子辛壬、子壬己、子己庚、子庚辛、戊辛壬、戊壬己、戊己庚、戊庚辛八三角形俱等边,因其边俱为正四面体各边之半故也,即成正八面体。

第三题　有正六面体，求所容正八面体。

法曰：甲乙丙丁戊己庚辛为正六面体，取甲戊、戊丙、丙庚、庚甲四面之心点子、丑、寅、壬，作壬子、子丑、丑寅、寅壬四线，则壬子丑寅必为正方形。试过壬、子、丑、寅四点，作巳辰、辰卯、卯申、申巳四线，与丁甲、甲乙、乙丙、丙丁四线平行，则巳辰倍于辰壬，卯辰倍于辰子。而巳辰与辰卯等，

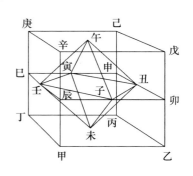

故辰壬与辰子亦等，而壬子之正方倍于辰子之正方(一卷四十七)。又丑子之正方倍于子卯之正方，故壬子与子丑之二正方等，壬子与子丑等，所以壬子丑寅为等边形，亦为直角形。又取戊庚、乙丁二面之心点午、未，作午壬、午子、午丑、午寅、未壬、未子、未丑、未寅，即成八面体之八三角形。八三角形俱等边，其理自明。

第四题　有正八面体，求作所容正六面体。

法曰：取甲乙丙、甲丙丁、甲乙戊、甲丁戊四三角形，形外切圆之心辛、子、庚、壬四点(四卷五)，作庚辛、庚壬、壬子、子辛四联线，则庚辛子壬必为正方形。试过庚、辛、子、壬四点作辰丑、丑寅、寅卯、卯辰四线，与戊乙、乙丙、丙丁、丁戊四线平行。甲乙丙三角形既等边，则从甲点至甲乙丙三角形形外切圆之心辛作线，必平分甲乙丙三角形之甲角，故寅辛与丑辛等(一卷四)。又丑庚

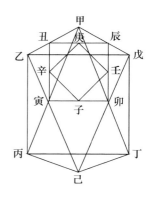

与庚辰等，理同。惟丑寅等于丑辰，丑辰等于辰卯，则寅辛等于丑庚，辛丑等于庚辰，丑庚等于辰壬。又辛丑庚、庚辰壬皆为直角，故庚辛与庚壬等(一卷四)。余线亦俱相等，理同。故庚辛子壬为平行边形，而同在一平面内(十一卷七)。又丑庚辛、辰庚壬二角俱为半直角，故外角辛庚壬必为直角(一

卷十三)。其余三角俱为直角,理同。故庚辛子壬为正方形。乃如前取诸三角形之心点,作诸联线,又成五面,俱为正方形,即求得正八面体所容正六面体。

第五题　有正二十面体,求所容正十二面体。

法曰:截二十面体上五边形为底面,与五个三角面合成一体角之锥体甲乙丙丁戊己。取戊己甲、甲己乙、乙己丙、丙己丁、丁己戊五三角形之心辛、壬、子、丑、庚五点(四卷五),作庚辛、辛壬、壬子、子丑、丑庚五联线。次作己庚、己辛、己壬三线,引长之至卯、寅、辰三点,

平分戊甲、甲乙、乙丙三线。次作卯寅、寅辰二联线,此二联线必等。而卯寅与寅辰比,若庚辛与辛壬比(六卷四),所以庚辛与辛壬等。庚辛壬子丑五边形之诸边俱等,理同。又此五边形亦等角,盖卯寅、寅辰二线与庚辛、辛壬二线平行,必等角,则余角俱等,理自明。又若从己点作甲乙丙丁戊五边形之垂线,乃从寅点至垂线之遇点作线。从辛点作平行线,则必遇其垂线,而辛点之平行线与垂线成直角。又若从卯、辰二点至甲乙丙丁戊之心作二线,又从辛线遇垂线之点,至庚、壬二点作二线,亦必与垂线成直角,理自明。所以庚辛壬子丑在同面内。如法作十二个五边形,即得所容十二面体。

第六题　求五体之诸边诸角。

问:二十面体有几边? 答曰:二十面体,以二十个三角形为界,每三角形有三边,故置二十个三角形,以三边乘之,得六十,半之,得三十,即二十面体之诸边也。十二面体之边数同,盖十二面体以十二个五边形为界,每形有五边,故以十二乘五,得六十,半之,亦得三十也。问:何故半之? 曰:体之每边为二形之公边故也。求四面体、六面体、八面体之边,法俱同。

问:求五体之角,其法若何?答曰:倍前诸体之边数,以每体体角之面数约之。如二十面体体角为五面所成,则以五约六十,故二十面体得十二角;十二面体体角为三面所成,则以三约六十,故十二面体得二十角。求余体之角,法同。

第七题　求五体之面倚度。

论曰:置五体,各求其每二面相交之倚度。此法西士伊雪陶所创。其言曰:六面体每二面相交之倚度为直角,理易明。四面体以等边三角形一边之二界点为二心,各以从角至对边之垂线(即中垂线)为半径,旋规作二短弧相交,从交点至二心各作联线,二联线所成角即倚度也。八面体于三角形一边上作正方,以方形对角线之二界点为二心,各以三角形之中垂线为半径,作二短弧相交,从交点至心作二线,二线所成角以减半周,其外角即倚度也。二十面体于三角形一边上作正五边形,以五边形之二边为三角形之二腰,以底边之二界各为心,仍以本面之中垂线为半径,作二短弧相交,从交点至二心作二联线,所成之角以减半周,其外角即倚度也。十二面取一五边形,以二边为三角形之二腰,作底边,以底边之二界各为心,乃于与底边平行之边上任取一点,至底边作垂线,用为半径,作二短弧相交,从交点至二心作二线,所成之角减二直角,即倚度也。伊氏所言止此,别无发明,盖谓人易明也。余谓不可不显其理,令读者无疑,因逐条论之如下。

四面体论曰:甲乙丙丁为四面体,以四个等边三角形为界,甲乙丙为底面,丁为顶点。平分甲丁边于戊,作乙戊、戊丙二线,甲丁乙、甲丁丙既为两个等边三角形,甲丁又平分于戊,则乙戊、戊丙为甲丁之二垂线(一卷八),而乙戊丙必为锐角。盖甲丙既倍于甲戊,则甲丙之正方四倍甲戊之正方。惟甲丙之正方等于甲戊、戊丙之二正方和(一卷四十七),故甲丙与丙戊之二正方比,若四与三比。丙戊等于戊乙,甲丙等于乙丙,故乙

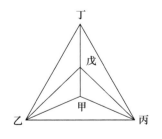

丙之正方小于乙戊、戊丙之二正方和,所以乙戊丙为锐角(二卷十三)。甲丁既为甲乙丁、甲丁丙二面之公边,而二面内乙戊、戊丙二线与公边各成直角,则乙戊丙角为二面之倚度(十一卷界说六),其理甚明。盖已有三角形之一边乙丙,亦有从角至对边之二垂线戊乙、戊丙,故以乙、丙二界点各为心,以三角形之对角垂线为半径,则二短弧必相交于戊,从戊点至乙、丙各作线,成二面之倚度,与伊氏说合,因乙戊、戊丙各大于乙丙之半故也。若从乙、丙二心,各以乙丙之半为半径,则二圆必相切;若小于乙丙之半,则不相切,安得相交;而大于乙丙之半,则必相交。观此,而四面体之理自明。

八面体论曰:甲乙丙丁方形上作锥体,以戊为顶点,旁面俱为等边三角形。此甲乙丙丁戊锥体为八面体之半。平分三角形之一边甲戊于己,作乙己、丁己二线,此二线必相等,而皆为甲戊之垂线,则乙己丁必为钝角。试作乙丁对角线。甲丙既为正方形,

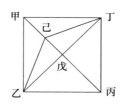

而乙丁为对角线,则乙丁之正方倍于丁甲之正方。惟丁甲与丁己之二正方比,若四与三比,故乙丁与丁己之二正方比,若八与三比。而丁己等于己乙,故乙丁之正方大于乙己、己丁之二正方和,所以乙己丁为钝角(二卷十二)。甲戊既为甲乙戊、甲丁戊二面之公边,二面内成钝角之线乙己、己丁皆与公边成直角,故乙己丁角减于半周,其外角为甲乙戊、甲丁戊二面之倚度(十一卷界说六)。故得乙己丁角,即得倚度。而既有八面体上三角形之一边甲丁,即得甲乙丙丁正方形及乙丁对角线。又得乙己、己丁二三角形之中垂线,则亦得乙己丁角。所以三角形之一边上作甲丙方形,又作乙丁线,以乙、丁二点各为心,以三角形之中垂线为半径,则二圆必相交于己。从己点至乙、丁各作线,成乙己丁角,以减半周,则其外角为二面之倚度,乙己、乙丁各大于乙丁之半。因乙丁与丁己之二正方比,若八与三比,故二圆必相交。乙丁之正方四倍于半乙丁之正方(六卷二十),故乙己、己丁各大于半乙丁也。

二十面体论曰:甲乙丙丁戊五等边形,其上作锥体,己为顶点,各旁面

俱为等边三角形,则甲乙丙丁戊己锥体为二十面体之一分,平分三角形之一边己丙于庚。作乙庚、庚丁,相等二线皆为己丙之垂线,则乙庚丁必为钝角。盖乙丁为乙丙丁钝角之对边,而乙庚、庚丁二边小于乙丙、丙丁二边,则乙庚丁角更大于乙丙丁角,故必为钝角(一卷廿一)。以

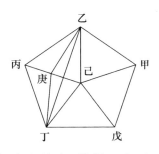

乙庚丁角减半周,其外角为乙己丙、丙己丁二面相交之倚度,故得乙庚丁角,即得二十面体之倚度。而既有二十面体三角形一边上之五边形,及五边形二边之底乙丁,及三角形之二垂线乙庚、庚丁,则亦得乙庚丁角。故以乙、丁二点各为心,以三角形之垂线为半径,则二圆必相交于庚。自庚点至乙、丁各作线,乃以庚角度减二直角,其外角为倚度。因乙庚、庚丁二线各大于乙丁之半,其理易明。

试作辛壬子等边三角形,壬子上作壬丑寅卯子五边形。作丑子联线。又作三角形之垂线辛辰,辛辰必大于联线丑子之半。试从壬作壬巳,为子丑之垂线。壬子巳角既大于直角三分之一,即大于壬辛辰角。又作子午线,令巳子午角等于壬辛辰角,则巳子为等边三角形之垂线,其一边为午子,所以午子与子巳之二正方比,若四与三比。惟

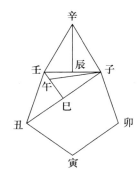

壬子大于午子(一卷廿一),故壬子与子巳之二正方比,大于四与三比。而壬子与辛辰之二正方比,若四与三比,故壬子与子巳比大于壬子与辛辰比,所以辛辰大于子巳(五卷十)。

十二面体论曰:甲乙丙丁为十二面体所容六面体之一面(十三卷十七),甲戊乙己庚、庚丁辛丙己为十二面体之二面,则甲乙、丁丙为甲乙戊、丁丙辛二三角形之底边。平分己庚于壬,从壬点于二面内作壬子、壬丑,为二底边之垂线,亦与己庚成直角。次作丑子线,则丑壬

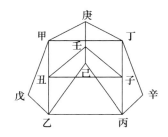

子为钝角。盖十二面体之理，从壬点作甲乙丙丁方形之垂线，等于五边形一边之半(十三卷十七)，则必小于丑子之半，故丑壬子为钝角。又壬子之正方等于六面体半边之正方加垂线之正方，而壬子与壬丑相等，则各大于丑子之半(十三卷十七)。故以丑壬子角减二直角，其外角为倚度。甲乙丙丁方形之一边既为五边形二边之底边，而有五边形，即得丑子，亦得丑壬、壬子二线，因即为甲乙底边及己庚边之垂线故也。所以伊氏谓五边内必作二边之底边等于六面体之边，底边二界点各为心，从平行于底边之边作底线之垂线，为半径，如壬子、壬丑，作二圆界，必相交。从交点至二心各作线，所成角减于二直角，其外角为二面之倚度，其说甚精也。壬子、壬丑二垂线，各大于丑子之半，理见前。

二

代数学(节录)①

1 译 序

近代西国,凡天文、火器、航海、筑城、光学、重学等事,其推算一皆以代数驭之。代数术略与中土天元之理同,而法则异。其原始即借根方,西国名阿尔热巴拉,系天方语,言补足相消也。昔人译作东来法者非。此法自始至今,屡有更改,愈改愈精。故今之代数,非昔可比,虽谓今之新学也可。今略述其源流。其创自何国何人,莫可考已。当中国六朝时,希腊有丢番都者,传其法,但用数不用记号。而天竺已先有之,且精于丢氏,能推一次、二次式,并有求一法,甚赅备,几与秦九韶大衍术相埒。波斯天方皆传其法,而精不逮焉。及元时,以大利薄那洗,学自天方,以传于其国。历三百年,习者寥寥。至明嘉靖万历间,思铁法利以其法传于日尔曼,白勒得利传于法兰西,立可传于英国。由是,其学渐盛。初,天竺代未知数用五色名,波斯天方则各用方言之物字。其传入欧罗巴也,以大利、英国仍

---

① 选编自:伟烈亚力,李善兰,译. 象本明毅,校. 代数学. 静冈:静冈集学所,1872. 因该书内容排版及现代读者阅读均不方便,本书仅节录其中的"译序"和"卷首 纲领"。——编者注

用物字,故即名物术云。是时,惟未知数用字代,已知数皆用本数。至肥乙大,始尽以字代,是为今代数术之始。厥后学者,精益求精,创为方程式,即借根方之相等法也。既而佳但造三次式,佛拉利造四次式,代加德造指数,而用益便,至奈端造合名法,而登峰造极矣。当借根方入中国时,西国于此术尚未深焉,殆不及天元、四元。而今能如此精绝者,岂非好学之效哉? 借根方记号殊简略,其加号用 ⊥ ,与今代数同,昔名多,今改名正。减号用 一,今用 ⊤,昔名少,今改名负。相等号用 = ,与今同,其右数,昔名等数,今改名同数。而诸自乘方之指数,开诸方之根数,皆昔所未有之号也。又借根方之根,今改名元,今所谓根数,非元也。凡此诸名之改,皆从天元、四元。而天元、四元之位次,则皆易以记号,于布算时,更便捷焉。呜呼! 自以对数代真数,而省算十倍。今更以代数代数学,而省算百倍矣。虽然,欲习代数者,当先熟加、减、乘、除、通分、小数诸法,循序渐进。若躐等求益,我恐徒劳而无功也。抑(余)自欧洲航海七万里来中土者,实爱中土之人,欲令明言之甚详。而(余)顾汲汲译此书者,盖赐人以智能,当用之务尽,以大显于世。故凡之徒,恒殚其心思,以考上帝精微之理。已知者,即以告人,未知者,益讲求之,斯不负赋畀之恩。若有智能而不用,或用之而不尽,即为自暴自弃,咎实大焉。此书之译,所以助人尽其智能。读此书者,见己心之灵妙,因以感之恩,而思有以报之,是(余)之深望也夫。

——咸丰九年岁次己未孟冬英国伟烈亚力自序

2 卷首 纲 领

欲明代数,须先明数学。最要者,分数、小数之理。若未明,必先考求之。此代数之捷径也。

数学以本号写数,号非必几何,而以代几何也。假如人有羊群,以小石子数之,则石子为羊之号。算家所用之号,不用石子,而用笔画。若一之号已定,则余号俱定。假如言物之一段,任若干长,或一尺,或一里,虽长短不同,俱命为一,则数学中或几尺,或几里,统谓之若干一。用⊥号于两号之间,乃指两号相加,如一为若干长短一之号,则一⊥一为一一之号,而一⊥一号变为二号更便也。由是,二⊥一变为三,三⊥一变为四,余可类推。

有物数,有虚数。如一、二、三诸号,指一里、二里、三里等,或指一升、二升、三升等,则此诸号谓之物数。设除去物意,而空用一、二、三诸数,如谓二加三得五,则谓之虚数。学者习算,往往但明虚数,不知物与虚有两种数。问数学中全用物数有若干术,曰,止有二术,加与减也,如里与里可相加、相减。若乘法则一、二、三诸数,不过言几倍,如六里五乘之,是言五倍六里,即有两种数,一为里,是物数,一为倍,是虚数,故乘法之法数必为倍数。若以物乘物,如六尺乘三尺,无是理也。

设如一匹布,值二洋银,问十二匹该若干。非以二洋银乘十二匹布乎?曰,不然。一匹值二洋银,则每匹,买者应出二洋银,所以有十二倍二洋银,则十二乃倍数,非匹数也。

约法,指倍物、分物之意,即分全几何为若干等分。如十八里路,以三里约之,即谓十八里中有几倍三里。又或十八里路,以三约之,乃谓十八里分为三等分,每分有若干里也。十八里以三里约之,得六,即三里六倍之,成十八里。若十八里以三约之,得六里,即十八里分为三等分,每分六里也。若用虚数,则两术所得同,即以三约十八,得六也。

问:十二尺容几倍八尺?答曰:多于一,少于二。此意尚不全,因一倍之若干分,心未明故也。言几倍,乃如物跨行,非附行。其每跨为一倍,如一跨得八尺,而小于一跨不能作,则能作者,或八尺,或无。故是物所跨,不能得十二尺,所得必八尺或十六尺。又设物于一分中过八尺,则八尺亦同一跨,而十二尺为一跨半,所以十二尺为八尺之一又半。又半者,言非又加八,而仅加八之半也。

数学中,或以此分约彼分,如 $\frac{二}{三}$ 以 $\frac{五}{七}$ 约之,得 $\frac{一四}{一五}$,其意即 $\frac{五}{七}$ 为 $\frac{二}{三}$ 所容者 $\frac{一四}{一五}$ 也。

又如一日工值得一洋银之 $\frac{五}{七}$,则一日中之 $\frac{一四}{一五}$,当得一银洋之 $\frac{二}{三}$。

设 $\frac{五}{七}$ 变为一,则 $\frac{二}{三}$ 变为 $\frac{一四}{一五}$。

又如呷线中之 $\frac{五}{七}$ 为吅线,则呷线中之 $\frac{二}{三}$ 为吅线中之 $\frac{一四}{一五}$。

此变数之理,须融会胸中,凡畏代数难学者,此理未明故也。此理未明,由于数学尚浅,须亟习之。

数学之诸号,有一定相连属之理。如四即二⊥二之数,任何物,或里,或尺,或亩等,皆同。至代数诸号,非一定相连属。如数学之一、二、三诸号,或为一尺、二尺,或为一里、二里等,数皆一定。而代数诸号,言公数之理,所得非一定数。代数入门须明此理。上所论约言其理,恐不能启蒙,故复取数中公理之一明之。

如取(八),又取(八)倍得一之分数 $\frac{一}{八}$,此两率各加一,得九及一 $\frac{一}{八}$,则第一所得为第二所得之(八)倍。又如取($\frac{一}{三}$),又取($\frac{一}{三}$)倍得一之分数一 $\frac{一}{二}$,此两率各加一,得一 $\frac{一}{三}$ 及二 $\frac{一}{二}$,则第一所得为第二所得($\frac{一}{三}$)倍。然则置括弧(),不填数,任用何数写之,理俱同。如取(),又取()倍得一之分数,两率各加一,则第一所得为第二所得之()倍,列表如下明之。

()	()倍得一之分数	第一率加一之数	第二率加一之数	第二率加一之数容第一率加一之数
七	$\frac{一}{七}$	八	一 $\frac{一}{七}$	七
$\frac{一}{三}$	三	一 $\frac{一}{三}$	四	$\frac{一}{三}$

续表

（）	（）倍得一之分数	第一率加一之数	第二率加一之数	第二率加一之数容第一率加一之数
$\dfrac{二}{四}$	$\dfrac{四}{九}$	三$\dfrac{二}{四}$	一$\dfrac{四}{九}$	$\dfrac{二}{四}$
$\dfrac{二}{三〇}$	二〇	一$\dfrac{二}{三〇}$	二一	$\dfrac{二}{三〇}$
一	一	二	二	一

　　此表一率与二率连属之理，乃二率为一率约一所得之数，即一容一率若干倍之数，如一率为定数，则二率为定数约一之得数，而一率与五率之数同。盖置定数加一，以定数约一所得数加一约之，仍得定数。

　　上论太繁，再以代数术约言之：定数不论若干，用甲字代之，加用⊥代之。凡约法，法居上，实居下，中用一隔之，两边相等数中间用＝指之。试观下式，则上所言公理显然矣：$\dfrac{\dfrac{甲⊥二}{二}}{\dfrac{甲⊥一}{甲⊥一}}＝甲$。

三

代微积拾级（节录）[①]

1 译 序

中法之四元，即西法之代数也。诸元、诸乘方、诸互乘积，四元别以位次，代数别以记号，法虽殊，理无异也。我朝康熙时，西国来本之、奈端二家又创立微分、积分二术，其法亦借径于代数，其理实发千古未有之奇秘。代数以甲、乙、丙、丁诸元代已知数，以天、地、人、物诸元代未知数。微分、积分以甲、乙、丙、丁诸元代常数，以天、地、人、物诸元代变数，其理之大要，凡线、面、体皆设为由小渐大一刹那中所增之积即微分也，其全积即积分也。故积分逐层分之为无数微分，合无数微分仍为积分。其法之大要，恒设纵、横二线，以天代横线，以地代纵线，以沃代横线之微分，以铫代纵线之微分。凡代数式皆以法求其微系数，系于沃或铫之左，为一切线、面、体之微分，故一切线、面、体之微分与纵、横线之微分皆有比例，而叠求微系数，可得线、面、体之级数曲线之诸异点，是谓微分术。既有线、面、体之微

① 选编自：伟烈亚力，李善兰，译. 代微积拾级. 上海：墨海书馆，1859. 因该书内容排版及现代读者阅读均不方便，本书仅节录其中的"译序""凡例""卷一""卷二"。——编者注

分,可反求其积分,而最神妙者,凡同类诸题皆有一公式,而每题又各有一本式,公式中恒兼有天、地或兼有伏、彵,但求得本式中天与伏之同数或地与彵之同数以代之,乃求其积分,即得本题之全积,是谓积分术。由是,一切曲线、曲线所函面、曲面、曲面所函体,昔之所谓无法者,今皆有法;一切八线求弧背、弧背求八线、真数求对数、对数求真数,昔之视为至难者,今皆至易。呜呼! 算术至此观止矣,蔑以加矣! 罗君密士,合众之天算名家也,取代数、微分、积分三术合为一书,分款设题,较若列眉,嘉惠后学之功甚大。伟烈君亚力闻而善之,亟购求其书,请余共事,译行中国,伟烈君之功岂在罗君下哉? 是书先代数,次微分,次积分,由易而难,若阶级之渐升。译既竣,即名之曰《代微积拾级》。时《几何原本》刊行之后一年也。

——咸丰九年龙在己未孟夏八日海宁李善兰自序

几何之学,自欧几里得至今,专门名家,代不乏人。粤在古昔,希腊最究心此学,尔时以圆锥诸曲线之理为最精深。亚奇默德而后,其学日进,至法兰西代加德,立纵、横二轴线,推曲线内诸点距轴远近。自有此法,而凡曲线无不可推。故曲线之数,多至无穷,而以直线为限,一例用曲线之法驭之。既得诸曲线,依代数理推之,可得诸平面、诸曲面、诸体。其已推定之曲线,略举其目:日平圆线、椭圆线、双线、抛物线、半立方抛物线、薛荔叶线、蚌线、摆线、余摆线、和音线、次摆线、弦切诸线、指数线、对数线、亚奇默德螺线、对数螺线、等角螺线、交互螺线、两端悬线、葛西尼诸椭圆线、平行动线,而圆锥诸曲线与他曲线,统归一例,无或少异,此代数几何学也。自有代数几何,而微分学之用益大。微分学非一时一国一人所作,其源流远矣。数学有数求数,代数无数求数,然所推皆常数。微分能推一切变数,创法者不一家,理同而术异。来本之者,日尔曼人也,立界说曰:以小至无穷之点,积至无穷多,推其几何,名为推无穷小点法。难者曰:无穷小之点,虽积之至无穷,不能成几何。解之曰:但易无穷小为任何小,即有积可推矣。故其说虽若难解,而其理未始不合也。而英国奈端造首末比例法,不用无穷小之长数,乃用有穷最小长数之比例,而推其渐损之限。

其几何变大,则为末限;变小,则为首限。此法便于几何而不便于代数,后造流数术弃不用。而谓万物皆自变,其变皆有速率,凡几何俱可用直线显之,故速率之增损,可用直线之界显之。此说学者皆宗之。嘉庆末,法兰西特浪勃造限法,自云不过用奈端首末比例耳。而兰顿别创新法,凡微分一凭代数,不云任近限而云已得限,名曰剩理。拉格浪亦造法,多依附戴老之理,大略与兰顿同。总论之,微分不过求变几何最小变率之较耳,家数虽多,理实一焉。奈端、来本之,同时各精思造法,未尝相谋相师也。奈端于元上加点以显流数,如"甲"为甲之流数是也。用以推算,觉不便,故用来氏之"彳"号以显之。积分者,合无数微分之积也,亦用来氏之"禾"号以显之。微分、积分,为中土算书所未有,然观当代天算家,如董方立氏、项梅侣氏、徐君青氏、戴鄂士氏、顾尚之氏,暨李君秋纫,所著各书,其理有甚近微分者,因不用代数式,故或言之甚繁,推之甚难,今特偕李君译此书,为微分、积分入门之助。异时中国算学日上,未必非此书实基之也。

——咸丰九年岁在己未夏日耶稣弟子伟烈亚力序

2　凡　例

一、书中诸记号,为古算书所未有,今详释之。⊥者,正也,加也。丅者,负也,减也,右减左也。×者,相乘也,又并列亦为相乘,如"甲乙"即甲、乙二元相乘也。÷者,约也,右约左也;或作一,法居上,实居下,如$\frac{乙}{甲}$即以甲约乙也。∶、∷、者,指四率比例也。( )者,括诸数为一数也,名曰括弧。$\sqrt{}$者,开方根也,如$\sqrt{甲}$谓甲之平方根,$\sqrt[三]{甲}$谓甲之立方根,$\sqrt[四]{甲}$谓甲之三乘方根,余类推。元右上角之小字名指数,有整指数,如甲^{二}谓甲之自乘方也,甲^{三}谓甲之再乘方也,甲^{四}谓甲之三乘方也;有分指数,如

$甲^{\frac{二}{一}}$谓甲之平方根也，$甲^{\frac{三}{一}}$谓甲之立方根也，$甲^{\frac{四}{一}}$谓之三乘方根也；有负整指数，如$甲^{⊤一}$谓以甲约一也，$甲^{⊤二}$谓以甲自乘方约一也，$甲^{⊤三}$谓以甲之再乘方约一也；有负分指数，如$甲^{⊤\frac{二}{一}}$谓以甲之平方根约一也，$甲^{⊤\frac{三}{一}}$谓以甲之立方根约一也。余类推。＝者，左右二数相等也，如“甲＝乙”谓甲等于乙也。＜者，右大于左也；＞者，左大于右也。彳者，微分也，如彳天言天之微分也。禾者，积分也，如禾天言天微分之积分也。〇者，无也。∞者，无穷也。

二、凡同类之元及图中同类之点，皆同用一字，而以′、″别之，如天′、天″、甲′、甲″之类，欲令读者，便记忆也；又或于元之右下角记一、二、三、四等小字，如$呋_{一}$、$呋_{二}$之类，亦系同类之元，而其理则异。

三、有简式，有详式，如天、地和自乘，其简式为“$(天⊥地)^{二}$”，其详式为“$天^{二}⊥二天地⊥地^{二}$”。凡书中言详之者，谓依简式，用代数乘、除、开方法，改为详式也。

四、凡代数式推定后，天元之同数，或仅有一数，或有二、三、四数，以至多数，皆谓之灭数，言其数代天元，能令式中正负恰消尽也。

五、旧法八线表之半径，或为十万，或为百万、千万不等，今以半径为一，以一乘除，位无升降，故凡以半径乘除者，皆不言。

六、式中诸字，有代数者，如甲、乙、子、丑、天、地等字，又如周代周率，根代对数根，讷代对数底之类是也。有指实者，如弦指某角度之正弦，切指某角度之正切，对指某数之对数是也。

七、诸数字之旨各异。函数者，言其数中函元之加、减、乘、约、开方、自乘诸数也。长数者，言几何渐增、渐减之微数也。变数者，言其数或渐变大，或渐变小，非一定之数也。常数者，言其数一定不变也。

八、凡代数字，皆横书，几何字皆直书。而弦、切诸字，配代数字亦横书，如“甲弦”“乙切”之类是也。配几何字亦直书，如“甲乙丙弦”“丁戊己切”之类是也。

3 卷 一

∽∽ 代数几何一 ∽∽

以代数推几何

凡几何题理，以代数号显之，简而易明，代数号益几何匪浅，故近时西国论几何诸书恒用之。

几何题中用代数之位，觉甚便，准之作图，能显题之全，所设、所求诸数，俱包其内，法用代数已知、未知诸元，代题已知、未知诸数，视图中诸段有连属之理者，依几何诸题理推之，本题有若干未知数，须推得若干代数式（善兰案：此即四元法立天、地二元，则必用二式，立天、地、人三元，则必用三式也）。既有若干式，以代数术驭之，即得诸数。

设题

今有句，有股、弦和，求股。

如图，呷吃唡句股形，命句呷吃为乙，股吃唡为天，股、弦和为申，则弦必为申$\top$天。

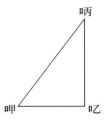

依几何理，呷吃^{二}$\perp$吃唡^{二}＝呷唡^{二}代作：乙^{二}$\perp$天^{二}＝（申$\top$天）^{二}＝申^{二}$\top$二申天$\perp$天^{二}。式两边各去天^{二}，则得：乙^{二}＝申^{二}$\top$二申天，即为：二申天＝申^{二}$\top$乙^{二}，故得：天＝$\dfrac{申^{二}\top 乙^{二}}{二申}$。观此式即知，凡句股形之股，等于股、弦和幂

内减句幂,以倍股、弦和约之之数。如句三尺,股、弦和九尺,则 $\dfrac{甲^2 \top 乙^2}{二甲}$

即 $\dfrac{九^2 \top 三^2}{二\times九}$,等于四,即股也。

今有三角形之底与中垂线,求所容正方边。

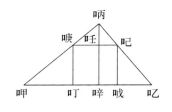

如图,呷叱呐三角形,呷叱为底,呐啐为中垂线,叮哦叱唪为所容正方形。命底为乙,中垂线为辛,方边为天,则呐旺必为辛$\top$天。唻叱与呷叱平行,故依相似三角形之理有比例:呷叱∶唻叱∷呐啐∶呐旺,代作:乙∶天∷辛∶辛$\top$天。凡四率比例,首尾二率相乘,等于中二率相乘,故有式:乙辛$\top$乙天$=$辛天,所以,天$=\dfrac{乙辛}{乙\bot辛}$,即知所容正方之边,等于底与中垂线相乘,以底、垂和约之。如底为十二尺,中垂线为六尺,则得所容方边四尺。

今有三角形之底与中垂线,求所容长广有定率之矩形。

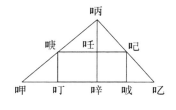

如图,呷叱呐三角形,叮吧为所容矩形。命底呷叱为乙,中垂线呐啐为辛,矩形之广叮唻为天,其长叮哦为地。又设天地定率,若一与卯,即地等于卯天。唻吧呐与呷叱呐二三角形相似,故有比例:呷叱∶唻吧∷呐啐∶呐旺,代作:乙∶地∷辛∶辛$\top$天,所以,乙辛$\top$乙天$=$辛地。惟:地$=$卯天,故:乙辛$\top$乙天$=$辛卯天,而:天$=\dfrac{乙辛}{乙\bot卯辛}$。设卯等于一,则矩形之长、广等,与前题同。

今有圆径,求所容等边三角形之边。

如图,呷叮叱呐圆,呐叮为径,呷叱呐为所容三角形。命呐叮为丁,呐叱为天。又作叮叱线,成哂叱叮句股形。识别得叮叱为哂叮之半,所以,哂叱² ⊥ 叱叮² = 哂叮²,即:天² ⊥ $\dfrac{丁²}{四}$ = 丁²,故:天² = $\dfrac{三丁²}{四}$,而:天 = $\dfrac{丁\sqrt{三}}{二}$,即知所容三角形之边,等于圆径乘半个三之平方根。

今有句乙,股、弦较丁,求其股若干。答式:$\dfrac{乙² ⊥ 丁²}{二丁}$。

今有弦辛,有句股之定率,若寅与卯,求其股若干。答式:$\dfrac{卯辛}{\sqrt{寅² ⊥ 卯²}}$。

今有弦丁,倍句、股和四巳,求句、股各若干。答式:巳 ⊥ $\sqrt{\dfrac{丁²}{二} ⊥ 巳²}$。

今有矩形之对角线十尺,四边和二十八尺,求长、广各若干。答曰:长八尺,广六尺。式如前题。

今有圆半径丁,求所容等边三角形之每边若干。答式:丁$\sqrt{三}$。

今有等边三角形,于内任取一点,至三边作三垂线,三垂线之和若干?答曰:和等于中垂线。

今有正方对角线与一边之较丁,求边若干。答式:丁 ⊥ 丁$\sqrt{三}$。

今有从句股形二锐角至平分句、股二点之线甲、乙,求句、股各若干。答式:二$\sqrt{\dfrac{四乙² ⊥ 甲²}{一五}}$,二$\sqrt{\dfrac{四甲² ⊥ 乙²}{一五}}$。

今有等边三角形内任一点至三边之垂线甲、乙、丙,求其边若干。答式:$\dfrac{二(甲 ⊥ 乙 ⊥ 丙)}{\sqrt{三}}$。

4 卷 二

∽ 代数几何二 ∽

作方程图法

作方程图者,谓作几何之图,以显代数式之数,令图中诸段相连属之理,与式之诸项相应。

设题

今有天＝甲⊥乙,试作图。

甲与乙皆代数,则可以线显之。凡线,先取一已定之长短(或一寸或一尺不一定)为本线。设有呷叱线,甲倍本线,即可显甲数。又设有叱唢线,乙倍本线,即可显乙数。故作甲⊥乙之图,法任作呷叮线,乃以本线自呷度至叱,等于甲数,又自叱度至唢,等于乙数,则呷唢线即显甲⊥乙之数。

今有天＝甲⊤乙,试作图。

法任作呷叮线,乃自呷度至叱,等于甲,又自叱逆度至唢,等于乙,则呷唢一段,必为呷叱、叱唢之较,即显甲⊤乙之数。

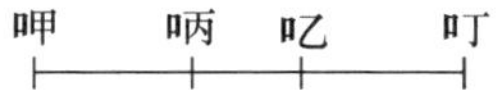

准上二题,凡元数,可用线显之,故一次诸项之图,恒任作一线,正项顺度之,负项逆度之。

今有天＝甲乙，试作图。

法作呷叮矩形，令呷叹边甲倍本线，呷唭边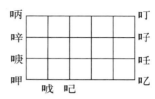
乙倍本线，呷哦、哎叽、呷唻、唻啐诸段，皆等于本
线。从哦、叽诸点作线，皆与呷唭平行，又从唻、
啐诸点作线，皆与呷叹平行，则下层呷吐矩形，
有甲个本线之正方，次层唻呼亦然。呷唭线中有若干本线，则亦有若干
层，故呷叮矩形中，有乙乘甲个本线正方，即显甲乙之数。

准此题，凡二元相乘，可以面显之。

今有天＝甲乙丙，试作图。

法作呷哦立方体，令呷叹边甲倍本线，呷唭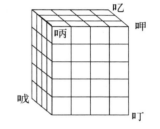
边乙倍本线，呷叮边丙倍本线。试于三边诸本线
之界点作诸平面，与叹唭、唭叮、唭哦三面平行，分
本体为若干本线之立方，其立方之数为甲×乙×
丙，理易明。故此本体可显甲乙丙之数。

准此题，凡三元相乘，可以体显之。

今有天＝$\dfrac{甲乙}{丙}$，试作图。

别得天＝$\dfrac{甲乙}{丙}$，则有比例丙：甲∷乙：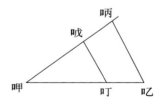
天。丙、甲、乙为一、二、三率，天为第四率。法
从呷点任作呷叹、呷唭二线，不论成何角，乃从
呷度至叮，令等于丙，又从呷度至叹，令等于甲，
次从呷度至哦，等于乙。次作叮哦线，次从叹点与叮哦平行作叹唭线，则呷
唭必等于天。盖准相似三角形之理，有比例：呷叮：呷叹∷呷哦：呷唭，
即：丙：甲∷乙：呷唭，故：呷唭＝$\dfrac{甲乙}{丙}$。

今有天 $= \dfrac{\text{甲乙丙}}{\text{丁戊}}$，试作图。

此式可作 $\dfrac{\text{甲乙×丙}}{\text{丁×戊}}$，即 $\dfrac{\text{甲乙}}{\text{丁}} × \dfrac{\text{丙}}{\text{戊}}$，先以丁、甲、乙为一、二、三率，求其四率寅。丁：甲∷乙：寅，故：寅 $= \dfrac{\text{甲乙}}{\text{丁}}$，是所求为 $\dfrac{\text{寅丙}}{\text{戊}}$。法依前题作图。

今有天 $= \sqrt{\text{甲乙}}$，试作图。

别得 $\sqrt{\text{甲乙}}$ 为甲、乙之中率。法任作一直线，乃于线内取呷吆，等于甲，取吆吶，等于乙。次以甲、乙之和呷吶为全径，作呷叮吶半圆。次从吆点作呷吶之垂线，至圆周叮，则吆叮为呷吆、吆吶二线之中率，所以吆叮即显 $\sqrt{\text{甲乙}}$ 之数。

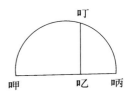

今有天 $= \sqrt{\text{甲}^{\Box} \perp \text{乙}^{\Box}}$，试作图。

法作呷吆线，等于甲，从吆作呷吆之垂线吆吶，等于乙。次作呷吶联线，即显 $\sqrt{\text{甲}^{\Box} \perp \text{乙}^{\Box}}$ 之数，盖呷吶$^{\Box}$ 等于呷吆$^{\Box}$ $\perp$ 吆吶$^{\Box}$ 故也。

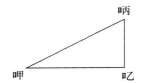

今有天 $= \sqrt{\text{甲}^{\Box} \top \text{乙}^{\Box}}$，试作图。

法任作直线呷吆，从吆点作呷吆之垂线吆吶，令等于乙。次以吶为心，甲为半径，作短弧，交呷吆于叮，则叮吆必显 $\sqrt{\text{甲}^{\Box} \top \text{乙}^{\Box}}$ 之数，盖叮吆$^{\Box}$ 等于吶叮$^{\Box}$ $\top$ 吆吶$^{\Box}$，即甲$^{\Box}$ $\top$ 乙$^{\Box}$，所以，叮吆 等于 $\sqrt{\text{甲}^{\Box} \top \text{乙}^{\Box}}$。

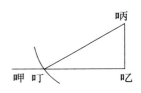

今有天 $= \text{甲} \top \sqrt{\text{甲}^{\Box} \top \text{乙}^{\Box}}$，试作图。

法任作呷叱线，于线内取呷呍分，等于甲，从呍点作呷叱之垂线呍哝，令等于乙。次以哝为心，甲为半径，旋规作弧线，交呷叱于叮、哦二点，则呍叮、呍哦俱等于 $\sqrt{甲^{2} \mathord{丅} 乙^{2}}$，盖从呍点起，正则顺度至哦，负则逆度至叮也，故呷叮、呷哦皆显所求之数。盖呷哦等于呷呍丄呍哦，即甲丄 $\sqrt{甲^{2} \mathord{丅} 乙^{2}}$；呷叮等于呷呍丅呍叮，即甲丅 $\sqrt{甲^{2} \mathord{丅} 乙^{2}}$。所以此二数为下式"天² 丅 二甲天 ═ 丅 乙²"之二灭数。

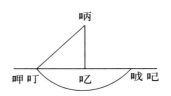

今有三角形，已知底与中垂线，试作形内所容正方形图。

前求得正方形之边为 $\dfrac{乙辛}{乙 \mathord{丄} 辛}$（一卷二题），故乙丄辛、乙、辛为一、二、三率，方边为四率。法作呷叱哝三角形，亦作中垂线哝啐，即辛，呷叱底即乙。于呷哝内取哝吁，等于辛，引长吁呷成吁呫，等于乙。次作呫啐联线，又与呫啐平行作吁旺线，遇中垂线于旺，则旺啐必等于所求正方边。盖准相似三角形之理，有比例：哝呫∶吁呫∷哝啐∶旺啐，即：乙丄辛∶乙∷辛∶旺啐，所以，旺啐 $= \dfrac{乙辛}{乙 \mathord{丄} 辛}$，故旺啐显所求正方之边。一卷第三题若欲作图，但取哝吁等于卯辛，余如本题法，即得。

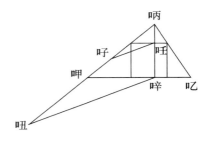

今有大、小二圆，在一个平面内，试作二圆之公切线。

哝、哝为二圆心，哝哝晒为过二心线。若已知公切线嗩嗩，引长之，与过心线遇于晒，于二切点作嗩哝、嗩哝二半径，成嗩哝晒、嗩哝晒二相似三角形，因嗩、

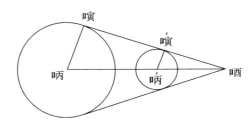

噴皆为直角故也。乃以未代呐噴,以未代呐噴,以甲代呐呐,以天代呐哂,则呐哂必为天⊤甲。有比例率如下:呐噴:呐噴::呐哂:呐哂,即:未:未::天:天⊤甲,则未天⊤未甲=未天,而天=$\frac{未甲}{未⊤未}$,即知未⊤未、未、甲为一、二、三率,天(即呐哂)为四率。依几何理,得作图法。

任作呐唧、呐唧二平行半径,次作唧唧联线,引长之遇过心线于哂。乃自哂作小圆之切线哂噴,引长之,亦必为大圆之切线哂噴也。试自唧与哂呐平行

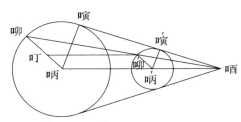

作唧叮线,必等于哂呐,即甲,唧叮即未⊤未。叮唧唧与呐唧哂为相似三角形,故有比例:叮唧:叮唧::呐唧:呐哂,即:未⊤未:甲::未:呐哂,所以,呐哂=$\frac{甲未}{未⊤未}$。其右边即前天之同数,故从哂点作此圆之切线,引长之,亦为彼圆之切线也。

一系:若大圆半径未为常数,小圆半径未渐长,则未⊤未必渐损,而分子甲未为常数,故天之同数必渐增,所以二圆渐近相等,则公切线与过心线之交点,距圆周必渐远;若未、未相等,则分母为○,而交点距圆周之数为∞,而天之同数无穷大。

二系:若未渐长,至大于未,则天之同数变为负,哂点必在二圆之左。

三系:二圆之间,可另作互相视之公切线,以天代呐哂,未、未代二半径,甲代二心相距线,则呐噴哂、呐噴哂为相似三角形,故有比例如下:呐噴:呐噴::呐哂:呐哂,即:未:未::天:甲⊤天,所以,天=$\frac{甲未}{未⊥未}$。

此式亦可依前例作图。

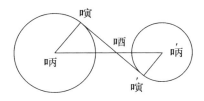 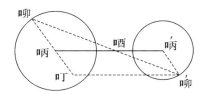

法于过心线左右作哪咖、呐咖二平行半径，次作咖咖联线，交过心线于哂。乃从哂作此圆之切线，引长之，亦必为彼圆之切线。试引长咖哪，从咖点与呐哪平行作咖叮线，等于呐哪，即甲，咖叮即未⊥未。咖哪哂、咖叮咖为相似三角形，故有比例：咖叮：叮咖::咖哪：呐哂，即：未⊥未：甲::未：呐哂，故呐哂 $= \dfrac{\text{甲未}}{\text{未}\perp\text{未}}$。式右边即前天之同数，故知前后两图之呐哂不异。

凡代数式可作图者，其式之诸项，必元数相等，或俱一次（谓单元）表线，或俱二次（谓二元相乘）表面，或俱三次（谓三元连乘）表体，是谓同类之式。若异类之式，不能相加减，不可作图也。

或有式似不同类，而亦可作图者，则因中有一元以一代之。故凡乘、约诸项之法数、母数，俱隐不见，若此诸项内各纪代一之元，则仍为同类之式，如下：天 = 甲乙⊥丙。此式似不同类，以丑代一，则得：丑天 = 甲乙⊥丑丙，即：天 $= \dfrac{\text{甲乙}}{\text{丑}}\perp\text{丙}$，即为同类式，故可作图。

四

圆锥曲线说(节录)①

1 卷 一

　　圆锥任意割之,其所割之面,有六种界:一顶点,二三角形,三平圆,四椭圆,五双曲线,六抛物线。

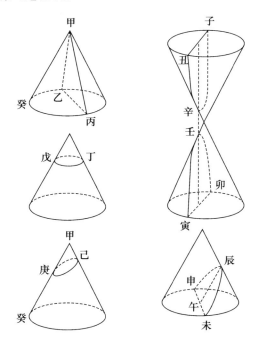

---

① 选编自:艾约瑟,李善兰,译. 圆锥曲线说. 古今算学丛书. 北京:算学书局,1897.
本书节录其中的"卷一"和"卷三"。——编者注

如图,甲为顶点;甲乙丙为三角形;丁戊为平圆,与底平行;己庚为椭圆,与底成角,小于腰线甲癸与底所成之角;子辛丑、寅壬卯为双曲线,与底成角,大于腰线与底所成之角;未辰申为抛物线,与底成角,等于腰线与底所成角。两圆锥形相等,顶点相接,共一轴线。双曲线在一个割面内,观图自明。椭圆、双曲线俱有二端(一为己庚,一为辛壬);抛物线止一端(辰)。

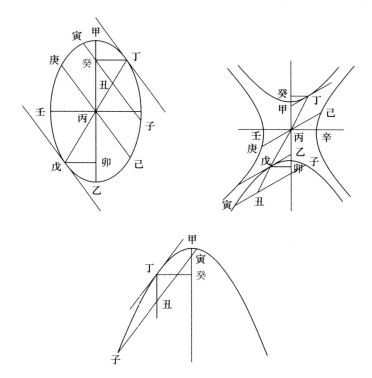

自端点作线(甲乙),平分曲线面,曰径轴,今名长径。平分长径之点(丙),曰中点。抛物线之长径无尽界,不能平分,故无中点。椭圆之长径在曲线界内,双曲线之长径在曲线界外。过中点,两端至曲线界之线,曰径(甲乙、丁戊皆是)。抛物线之中点,在无尽界外,故一切径皆与长径平行,其一端俱无尽界。椭圆诸径在曲线界内,双曲线诸径在曲线界外。与切线平行之径,曰属径(如己庚与丁点切线平行),言连属于本径(丁戊)也。短径为长径之属径。与切线平行诸线,一端至径,一端至曲线界,曰正弦(丁癸、子丑、丑寅、卯戊皆是)。径为正弦所截,曰截径,亦曰正矢(甲癸、癸乙、丁丑、丑戊皆是)。

椭圆、双曲线之径,正弦截之,俱得二截径;抛物线但得一截径,余一分无尽界故也。径为首率,属径为中率,得末率曰通径。抛物线截径为首率,正弦为中率,得末率曰通径。正交长径之正弦,与半通径等,则其交点为曲线心(设丁癸、戊卯与半通径等,则癸、卯二点为曲线心)。椭圆、双曲线有二心,抛物线只一心。曲线心距中点之线曰两心差,二心相距之线,曰倍两心差。

双曲线有渐近线。如图,辰甲巳、午乙未为正双曲线,申丙酉、戊丁亥为余双曲线。正者以甲乙为径轴,丙丁为属径,余者以丙丁为径轴,甲乙为属径,彼此交变。于甲、乙、丙、丁四点作四切线,成子丑寅卯长方形;又作子寅、丑卯二对角线,引长之至无穷,必与曲线渐

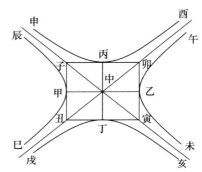

相近,而永不相遇,故名渐近线。二渐近线交于中点。若交角为直角,则甲乙、丙丁二径轴等,四切线成正方形,其双曲线名曰直角双线,亦曰等边双线。

椭圆诸款

第一款　各正弦自乘方之比,同于各二截径相乘积之比。

如图,丁丙卯为过圆锥轴之三角面,甲己辛乙为椭圆面,二面正交,其交线甲乙为椭圆长径,戊己、庚辛为正交长径之二正弦。款言戊己方与庚辛方比,若甲戊、戊乙相乘积与甲庚、庚乙相乘积比。试于戊、庚二点作壬戊癸、子庚丑二线,与圆锥轴正交;又作壬己癸、子辛丑二半圆,与圆锥底平

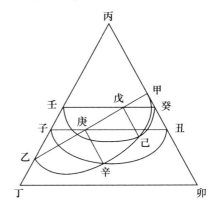

行。甲戊癸、甲庚丑二三角形等势,乙戊壬、乙庚子二三角形亦等势,则有比例

　　　　庚丑：戊癸::甲庚：甲戊

　　　　子庚：壬戊::庚乙：戊乙

并之

　　　　庚丑×子庚：戊癸×壬戊::甲庚×庚乙：甲戊×戊乙

戊己、癸壬,同在壬己癸半圆内。庚辛、丑子,同在子辛丑半圆内。戊己、庚辛,皆平圆正弦也。壬戊、戊癸、子庚、庚丑,皆平圆大、小矢也。凡大、小二矢相乘与正弦幂等,故三率即戊己幂,四率即庚辛幂也。

第二款　长径方与短径方之比,同于二截径相乘积与正弦方之比。

如图,甲乙为长径,子丑为短径,任作戊丁正弦。款言甲乙方与子丑方比,若甲丁、丁乙相乘积与戊丁方比。准前款,甲丙、丙乙相乘积与甲丁、丁乙相乘积比,若子丙方与戊丁方比,今甲丙、丙乙相等,则有比例

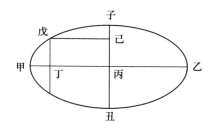

　　　　戊丁^{二}：子丙^{二}::丁乙×甲丁：丙乙×甲丙

即

　　　　戊丁^{二}：子丙^{二}::丁乙×甲丁：甲丙^{二}

倍一、三率

　　　　戊丁^{二}：子丑^{二}::丁乙×甲丁：甲乙^{二}

更之

　　　　戊丁^{二}：丁乙×甲丁::子丑^{二}：甲乙^{二}

系：长径与通径比,同于半长径方少余弦方,与正弦方比。试以甲乙约前式之一、二率,得比例式

　　　　戊丁^{二}：丁乙×甲丁::$\dfrac{子丑^{二}}{甲乙}$：甲乙

二率即通径,三率即甲丙方少戊己方也。

第三款 半短径方与半长径方之比,同于短径上二截径相乘积与正弦方之比。

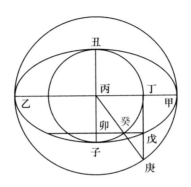

如图,椭圆内任作卯戊正弦,款言子丙方与甲丙方比,若子卯、卯丑相乘积与卯戊方比。准前款,有比例

丁乙×甲丁:丁戊^{二}::丙甲^{二}:丙子^{二}

即

甲丙^{二}┬丙丁^{二}:丙卯^{二}::丙甲^{二}:丙子^{二}

亦即

丙甲^{二}┬卯戊^{二}:丙卯^{二}::丙甲^{二}:丙子^{二}

乃以三率减一率,以四率减二率,取二较为三、四两率,则得

卯戊^{二}:丙子^{二}┬丙卯^{二}::丙甲^{二}:丙子^{二}

即

卯戊^{二}:卯丑×子卯::丙甲^{二}:丙子^{二}

一系:以长、短二径为平圆径,作大、小二平圆,则平圆与椭圆内距心相等之二正弦比,同于二径比

丙子:丙甲::丁戊:丁庚

丙甲:丙子::卯戊:卯癸

因丁庚方等于甲丁、丁乙相乘积,卯癸方等于子卯、卯丑相乘积故也。

二系:正弦有此比例,面积亦有此比例,故椭圆面为大、小二圆面之中率。

第四款 两心差方,等于半长径方少半短径方;倍两心差方,等于长径方少短径方。

如图,己丙为两心差,己辛为倍两心差,款言丙己方等于丙甲、丙子二方较,己辛方等于甲乙、子丑二方较。准第一款,有比例

$$戊己^{二}:己乙×甲己::丙子^{二}:丙乙×甲丙$$

即

$$戊己^{二}:丙甲^{二} \perp 丙己^{二}::丙子^{二}:丙甲^{二}$$

准总论,戊己等于半通径,为丙甲、丙子连比例之末率,则此式之二、三两率必等。丙子方既等于丙甲、丙己二方较,则丙己方必等于丙甲、丙子二方较也。己辛方等于甲乙、子丑二方较,理同。

一系:半短径与两心差为勾股,则其弦必与半长径等。

二系:丙子为甲己、己乙之中率,观算式自明。

$$丙甲^{二} \perp 丙己^{二}=(丙甲 \perp 丙己)(丙甲 \top 丙己)$$

即

$$丙甲^{二} \perp 丙己^{二}=甲己×己乙$$

今

$$丙子^{二}=丙甲^{二} \perp 丙己^{二}$$

故

$$丙子^{二}=甲己×己乙$$

第五款 自二心作二线,交于椭圆周,二线之和与长径等。

如图,己戊、辛戊二线,交于椭圆周戊,款言二线之和与甲乙等。试作甲庚切线,与丙子平行,亦等于丙子。次作丙庚线,交丁戊正弦于壬。次

取癸点,令丙甲与丙己比,若丙丁与丙癸比。准第二款,有比例

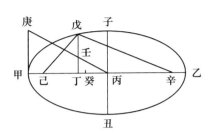

$$丁戊^{二}：丙甲^{⌐}丙丁^{二}::$$
$$甲庚^{二}：丙甲^{二}$$

丙甲庚与丙丁壬为同式句股形,故
比例改如下:

$$甲庚^{二⌐}丁壬^{二}：丙甲^{二⌐}丙丁^{二}::甲庚^{二}：丙甲^{二}$$

丁戊方既等于甲庚方少丁壬方,则亦等于丙子方少丁壬方,乃以代数术推之:

$$己丁＝丙己^{⌐}丙丁$$
$$己丁^{二}＝丙己^{二⌐}二丙己×丙丁^{丄}丙丁^{二}$$
$$丁戊^{二}＝丙子^{二⌐}丁壬^{二}$$

故

$$己戊^{二}＝丙子^{二丄}丙己^{二⌐}二丙己×丙丁^{丄}丙丁^{二⌐}丁壬^{二}$$

又

$$丙子^{二丄}丙己^{二}＝丙甲^{二}$$
$$二丙己×丙丁＝二丙甲×丙癸$$

故

$$己戊^{二}＝丙甲^{二⌐}二丙甲×丙癸^{丄}丙丁^{二⌐}丁壬^{二}$$

又

$$丙己^{二}＝丙甲^{二⌐}甲庚^{二}$$

而

$$\frac{丙丁^{二}}{丙甲^{二}}＝\frac{丙癸^{二}}{丙己^{二}}$$

$$\frac{丙癸^{二}}{丙己^{二}}＝\frac{丙丁^{二⌐}丁壬^{二}}{丙甲^{二⌐}甲庚^{二}}$$

则

$$丙癸^{二}＝丙丁^{二⌐}丁壬^{二}$$

故

己戊²＝丙甲²丁二丙甲×丙癸丄丙癸²

则

己戊＝丙甲丁丙癸

即

己戊＝甲癸

丙己＝丙辛

辛丁＝丙辛丄丙丁

辛丁²＝丙辛²丄二丙辛×丙丁丄丙丁²

故

戊辛²＝丙子²丄丙辛²丄二丙辛×丙丁丄丙丁²丁丁壬²

又

丙子²丄丙辛²＝丙甲²

二丙辛×丙丁＝二丙甲×丙癸

故

戊辛²＝丙甲²丄二丙甲×丙癸丄丙丁²丁丁壬²

又

丙丁²丁丁壬²＝丙癸²

故

戊辛²＝丙甲²丄二丙甲×丙癸丄丙癸²

而

戊辛＝丙甲丄丙癸

即

戊辛＝乙癸

故

戊辛丄己戊＝甲乙

一系：辛戊、己戊二线之较，与倍丙癸等。

二系：用二心牵线作椭圆周，本于此款。

第六款 余弦与割线之比,同于正矢方与割径较方之比。

如图,丙辛为余弦,丙子为割线,甲辛为正矢,甲子为割径较。款言丙辛与丙子比,若甲辛方与甲子方比。试任作子壬线,割椭圆周于戊、壬二点,次作戊丁、壬癸二正弦,次平分丁癸于己。准第一款例,得首四率

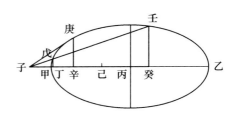

$$癸壬^{二} : 丁戊^{二} :: 甲癸 \times 癸乙 : 甲丁 \times 丁乙$$

$$子癸^{二} : 子丁^{二} :: 癸壬^{二} : 丁戊^{二}$$

通之

$$子癸^{二} : 子丁^{二} :: 甲癸 \times 癸乙 : 甲丁 \times 丁乙$$

$$丁乙 = 丙乙 \perp 丙丁$$

即

$$丁乙 = 甲丙 \perp 丙丁$$

$$丁乙 = 甲癸 \perp 丙丁 \top 丙癸$$

$$丁乙 = 甲癸 \perp 二丙己$$

$$丁乙 = 甲丁 \perp 丁癸 \perp 二丙己$$

$$癸乙 = 丙乙 \top 丙癸$$

即

$$癸乙 = 丙甲 \top 丙癸$$

$$癸乙 = 甲丁 \perp 丙丁 \top 丙癸$$

$$癸乙 = 甲丁 \perp 二丙己$$

代之

$$子癸^{二} : 子丁^{二} :: 甲癸(甲丁 \perp 二丙己) : 甲丁(甲癸 \perp 二丙己)$$

分之,以一、二率相减,得丁癸×二丙己,三、四率相减,得丁癸×二子己,以此二较为一、二率,取一、三率为三、四率

$$子丁^{二} : 甲丁(甲癸 \perp 二丙己) :: 丁癸 \times 二子己 : 丁癸 \times 二丙己$$

以甲丁易丁癸

子丁^{二}：甲丁(甲癸$\perp$二丙己)::甲丁×二子己：甲丁×二丙己

分之,取一、三率之较,二、四率之较,为三、四率

子丁^{二}$\top$甲丁×二子己：甲丁×甲癸::甲丁×二子己：甲丁×二丙己

子丁^{二}$\top$甲丁×二子己：甲丁×甲癸::子己：丙己

合之,取一、二率,三、四率之和,为二、四率

子丁^{二}$\top$甲丁(子丁$\perp$子甲)：甲丁×甲癸::丙子：丙己

甲子^{二}：甲丁×甲癸::丙子：丙己

子壬线之壬点左移至庚,则子壬即为子庚切线。而戊丁、壬癸俱合于庚辛,丁、己、癸三点俱合于辛点,其比例率变为

甲子^{二}：甲辛^{二}::丙子：丙辛

第七款 半径为余弦割线之中率。

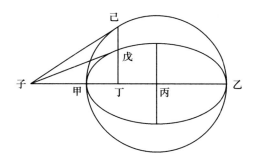

如图,丙丁为余弦,丙子为割线。款言丙甲为丙丁、丙子之中率。准六款例

甲子^{二}：甲丁^{二}::丙子：丙丁

即

(丙子$\top$丙甲)^{二}：(丙甲$\top$丙丁)^{二}::丙子：丙丁

丙甲×丙子：丙甲×丙丁::丙子：丙丁

合之

丙甲^{二}$\perp$丙子^{二}：丙甲^{二}$\perp$丙丁^{二}::丙子：丙丁

分之

丙子^{二}┬丙丁^{二}：丙甲^{二}┴丙丁^{二}∷丁子：丙丁

即

丁子(丙子┴丙丁)：丙甲^{二}┴丙丁^{二}∷丁子：丙丁

丁子(丙子┴丙丁)：丙甲^{二}┴丙丁^{二}∷丁子×丙丁：丙丁^{二}

分之

丁子×丙子：丁子×丙丁∷丙甲^{二}：丙丁^{二}

丙子：丙丁∷丙甲^{二}：丙丁^{二}

以三率约首率,仍得三率,则三率约二率,必得四率,故丙甲为丙丁、丙子之中率也。

一系:设甲乙恒为长径,作无数椭圆,丁、子二点俱不移。丁戊线引长之,与各椭圆周相交,于交点各作切线,必俱交割线于子点。

二系:设以甲乙为平圆径,丁戊线交圆周于己,自己点作切线,亦必交于子点。

善兰案:设以甲乙为短径作椭圆,于交丁戊线之点作切线,亦必交于子点。

第八款　于长径两端作二垂线,并引长半短径俱至切线,与正弦成比例四率。

如图,于长径两端作甲己、乙辛二垂线,又引长半短径成丙庚,遇戊点切线于己、庚、辛三点,丁戊为正弦。款言甲己与丁戊比,若丙庚与乙辛比。准七款例

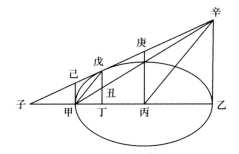

丁丙：甲丙∷甲丙：子丙

分之

甲丙：子丙∷甲丁：子甲

合之

子乙：子丙∷子丁：子甲

准同式句股理得比例

　　子辛：子庚::子戊：子己

　　乙辛：丙庚::丁戊：甲己

　　系：作甲辛线，交戊丁于丑，又作甲戊、丙辛二线，成子戊甲、子辛丙两三角形，又成甲丁丑、甲乙辛两句股形，又成甲戊丁、丙辛乙两句股形，俱等势，则有比例

　　乙辛：丙乙::丁戊：甲丁

　　乙辛：甲乙::丁丑：甲丁

互之

　　丙乙：甲乙::丁丑：丁戊

　　一：二::丁丑：丁戊

准此平分丁戊于丑，作甲丑线，引长之至辛，乃作辛戊线，必戊点切线也。此乃作切线之捷法。

第九款　二心至切点作二线，与切线之交角必相等。

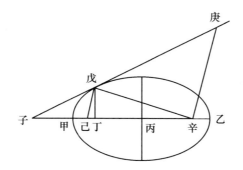

　　如图，己、辛为二心，戊为切点，庚子为切线，作己戊、辛戊二线。款言子戊己、庚戊辛二交角必相等。试作丁戊正弦，又与己戊平行作辛庚线。准五款、七款，有比例

　　丙甲丅己戊：丙己::丙丁：丙甲

　　丙甲：丙子::丙丁：丙甲

通之

　　　　丙甲⊤己戊：丙甲∷丙己：丙子

分之、合之

　　　　丙甲⊤己戊：己戊∷子辛：子己

准同式三角例

　　　　辛庚：己戊∷子辛：子己

己戊、辛戊和等于二丙甲。今辛庚等于二丙甲少己戊，则辛庚等于辛戊，而戊庚辛、庚戊辛二角必等。己戊与辛庚平行，则子戊己角与戊庚辛角亦等，故子戊己、庚戊辛二角必相等。

　　　　系：若依椭圆线作回光镜，则于一心置火，其光必回至又一心，盖光线与回光线，其交镜面之角相等也。

　　第十款　凡本径、属径四端切线所成平行四边形，恒与长、短二径相乘积等。

　　如图，戊庚、己辰为相属二径，于戊、己、庚、辰四端作四切线，成午未申酉平行四边形。款言此四边形与甲乙、寅卯长短二径相乘积等。

　　试即以戊庚、己辰二径，分此形为四小形，俱等势等积；次作戊丁、辰壬二正弦；次引长丙甲长半径，交午酉切线于丑，交午未切线于子；次作丙癸线正交午未。准七款，有比例

　　　　丙丁：丙甲∷丙甲：丙子

　　　　丙壬：丙甲∷丙甲：丙丑

互之

　　　　丙丁：丙壬∷丙丑：丙子

准同式三角例

　　　　丙壬：子丁∷丙丑：丙子

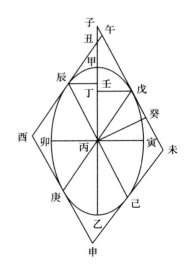

通之

丙丁：丙壬::丙壬：子丁

又

丙子：丙甲::丙甲：丙丁

分之

甲子：甲丁::丙甲：丙丁

即

甲子：甲丁::丙乙：丙丁

合之

丁子：甲丁::丁乙：丙丁

丙丁：丙壬::丙壬：子丁

互之

丁乙：丙壬::丙壬：甲丁

则

$$丙壬^{二}＝甲丁×丁乙$$

$$丙甲^{二}＝丙甲×丙乙$$

准一款例

$$丁戊^{二}：甲丁×丁乙::丙寅^{二}：丙乙×丙甲$$

即

$$丁戊^{二}：丙壬^{二}::丙寅^{二}：丙甲^{二}$$

丁戊：丙壬::丙寅：丙甲

准七款例

丙壬：丙甲::丙甲：丙丑

丙壬：丙甲::丁戊：丙寅

通之

丁戊：丙寅::丙甲：丙丑

准同式三角例

丁戊：壬辰::丙子：丙丑

互之

　　　　壬辰：丙寅∷丙甲：丙子

准同式句股例

　　　　壬辰：丙辰∷丙癸：丙子

互之

　　　　丙辰：丙寅∷丙甲：丙癸

　　　　丙癸×丙辰＝丙甲×丙寅

丙癸、丙辰相乘积,即丙戊午辰面积。丙甲、丙寅相乘积,即甲乙、寅卯相乘积四分之一,故午未申酉面积与甲乙、寅卯相乘积等。

　　第十一款　凡本径、属径之二正方和,恒与长、短二径之正方和等。

　　如图,戊庚、己辰为相属二径,甲乙、寅卯为长、短二径。款言戊庚、己辰之二正方和,与甲乙、寅卯之二正方和等。准七款、十款例

　　　　丙丁：丙甲∷丙甲：丙子
　　　　壬辰：丙寅∷丙甲：丙子

通之

　　　　壬辰：丙丁∷丙寅：丙甲
　　　　壬辰^{二}：丙丁^{二}∷丙寅^{二}：丙甲^{二}
　　　　丁戊^{二}：丙壬^{二}∷丙寅^{二}：丙甲^{二}

和之

　　　　壬辰^{二}⊥丁戊^{二}：丙丁^{二}⊥丙壬^{二}∷二丙寅^{二}：二丙甲^{二}
　　　　壬辰^{二}⊥丁戊^{二}：丙丁^{二}⊥丙壬^{二}∷丙寅^{二}：丙甲^{二}
　　　　丙甲^{二}＝丙丁×丙子
　　　　丙丁×丙子＝丙丁^{二}⊥丙丁×丁子
　　　　丙丁×丁子＝丙壬^{二}

故

　　　　丙甲^{二}＝丙丁^{二}⊥丙壬^{二}

则

　　　　丙寅$^{\mp}$＝壬辰$^{\mp}$⊥丁戊$^{\mp}$

　　　　丙甲$^{\mp}$⊥丙寅$^{\mp}$＝丙丁$^{\mp}$⊥丙壬$^{\mp}$⊥壬辰$^{\mp}$⊥丁戊$^{\mp}$

准句股例

　　　　丙丁$^{\mp}$⊥丁戊$^{\mp}$＝丙戊$^{\mp}$

　　　　丙壬$^{\mp}$⊥壬辰$^{\mp}$＝丙辰$^{\mp}$

则

　　　　丙甲$^{\mp}$⊥丙寅$^{\mp}$＝丙戊$^{\mp}$⊥丙辰$^{\mp}$

故

　　　　甲乙$^{\mp}$⊥寅卯$^{\mp}$＝戊庚$^{\mp}$⊥辰己$^{\mp}$

2　卷　三

抛物线诸款

第一款　各截径之比,同于各正弦方之比。

如图,丙午未为过圆锥轴之三角面,丁甲癸为抛物线面,与三角面正交,且与丙午边平行。其交线甲壬,即抛物线之径轴,戊己、壬癸为正交径轴之二正弦。款言甲戊与甲壬比,若戊己方与壬癸方比。试过戊、壬二点作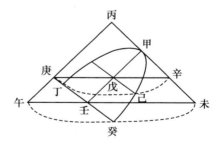庚辛、午未二线,俱正交圆锥轴。次作庚己辛、午癸未二半圆,与圆锥底平行。甲戊辛、甲壬未二三角形等势。又庚戊与午壬等,故有比例

　　　　壬未：戊辛::甲壬：甲戊

午壬×壬未：庚戌×戊辛∷甲壬：甲戊

戊己、庚辛同在庚己辛半圆内,壬癸、午未同在午癸未半圆内。戊己、壬癸皆平圆之正弦也,庚戌、戊辛、午壬、壬未皆平圆之大、小矢也。凡大、小二矢相乘,与正弦方等,故三率即戊己方,四率即壬癸方也。

系:截径与正弦之比,同于正弦与通径之比。

第二款 二截径较与二正弦较之比,同于二正弦和与通径之比。

如图,丁壬为甲丁、甲壬二截径之较,己辛为丁戊、壬辛二正弦之较,己庚为二正弦之和。款言丁壬与己辛比,若己庚与通径比。准一款系例

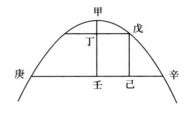

通径：壬辛∷壬辛：甲壬

通径：丁戊∷丁戊：甲丁

通径×甲壬＝壬辛^{二}

通径×甲丁＝丁戊^{二}

通径×丁壬＝壬辛^{二}┬丁戊^{二}

即

通径×丁壬＝己辛×己庚

故得

通径：己庚∷己辛：丁壬

系:截径与二截径较之比,若正弦方与二正弦和较相乘积之比。准本款例。

丁壬×通径：甲壬×通径∷丁壬：甲壬

己庚×己辛：壬辛^{二}∷丁壬：甲壬

丁壬×通径：甲丁×通径∷丁壬：甲丁

己庚×己辛：丁戊^{二}∷丁壬：甲丁

第三款 以曲线心为截点,其正弦倍于截径。

如图,己为曲线心,若为截径轴之点,其截径甲己,正弦己戊。款言己戊倍于甲己。准一款系例

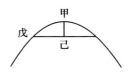

$$通径:己戊::己戊:甲己$$

准总论

$$己戊=\frac{通径}{二}$$

$$通径\times甲己=己戊^{二}$$

即

$$通径\times甲己=\frac{通径^{二}}{四}$$

即

$$甲己=\frac{通径}{四}$$

则

$$通径=四甲己$$

又

$$通径=二己戊$$

故

$$二己戊=四甲己$$

即

$$己戊=二甲己$$

第四款 自心至曲线界,任作带径,恒等于心点截径与所割弧截径之和。

如图,己为抛物线心,任作己戊带径,甲戊为所割之弧,甲丁为甲戊弧之截径,甲己为心点之截径,款言己戊与甲丁、甲己和等。

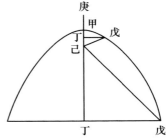

准一款系例

$$丁戊^{二}=甲丁\times通径$$

即

$$丁戊^二＝四甲己×甲丁$$

$$己丁＝甲丁⊤甲己$$

$$己丁^二＝甲丁^二⊤二甲己×甲丁⊥甲己^二$$

$$己丁^二⊥丁戊^二＝甲丁^二⊥二甲己×甲丁⊥甲己^二$$

$$己丁^二⊥丁戊^二＝己戊^二$$

故

$$己戊^二＝甲丁^二⊥二甲己×甲丁⊥甲己^二$$

即

$$己戊＝甲丁⊥甲己$$

一系：引长径轴至庚，令庚甲等于甲己。次作庚癸，正交庚甲，是谓准线。自准线与径轴平行作诸线至曲线界，恒与带径等。

如图，诸癸戊线与诸己戊线恒相等，盖癸戊即庚丁，庚丁即甲丁、甲己和也。

二系：准此得作抛物线法。取诸庚癸线，若大于庚己，则庚己为句弦较；若小于庚己，则庚己为句弦和。庚癸恒为股，求得弦。作诸癸戊线，各令等于弦，乃联诸戊点，即抛物线也。

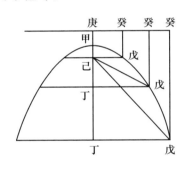

善兰案：用句股术，求诸戊点法似稍繁，今别立简法。任取一线为半径，以己、癸二点为心，各旋规作弧，交于子、丑二点。乃过子、丑作丑寅线，复与庚己平行作癸卯线，二线之交点，即戊点也。一法，先取庚丁线，次作丁午，与庚丁正交，乃以己为心，以庚丁度为半径，旋规作弧，其交丁午线之点，即戊点也。

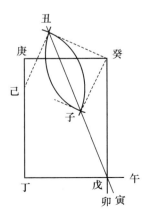

第五款 倍截径与割线等（此割线，《代微积拾级》名次切线）。

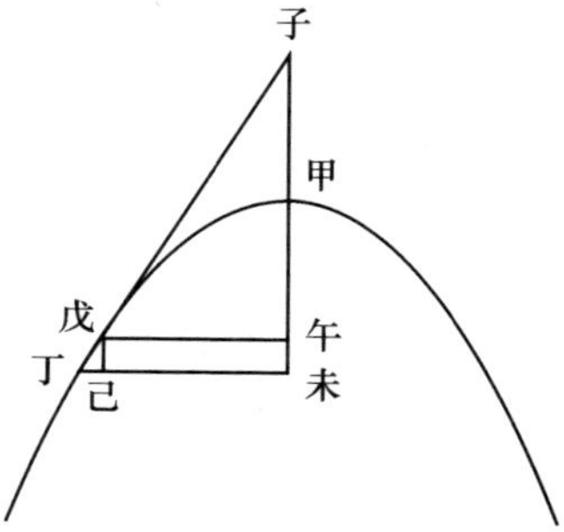

如图，午甲为截径，午子为割线。款言倍午甲与午子等。试取甚微线丙丁，次作丁未线，与丙午平行。又作丙己，正交丁未，则有比例

$$午子：丙午：：丙己：丁己$$

故

$$丙己＝\frac{午子×丁己}{丙午}$$

准一款系例，得

$$未甲×通径＝丁未^2$$

即

$$未甲×通径＝未己^2 \perp 二未己×己丁 \perp 己丁^2$$

即

$$未甲×通径＝丙午^2 \perp 二丙午×己丁 \perp 己丁^2$$
$$午甲×通径＝丙午^2$$

故

$$(未甲 \top 午甲)×通径＝二丙午×己丁 \perp 己丁^2$$
$$未甲 \top 午甲＝丙己$$
$$丙己＝\frac{午子×丁己}{丙午}$$

故

$$\frac{午子×丁己}{丙午}×通径＝二丙午×己丁 \perp 己丁^2$$

而

$$午子×通径＝二丙午^2 \perp 己丁×丙午$$

即

$$午子×通径＝二午甲×通径 \perp 己丁×丙午$$

设

$$己丁 = ○$$

则

$$午子 \times 通径 = 二午甲 \times 通径$$

$$午子 = 二午甲$$

第六款 切线之二端距心等。

如图,己为心,丙子为切线。款言丙己与子己等,试作丙丁正弦。准五款例

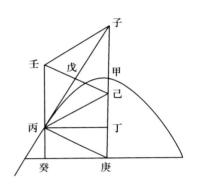

$$子甲 = 甲丁$$

故

$$子己 = 己甲 \perp 甲丁$$

准四款例

$$丙己 = 己甲 \perp 甲丁$$

故

$$子己 = 丙己$$

一系:作丙庚,正交切线,所截径轴之己庚,等于己丙。试作己戊,正交丙子,必平分丙子于戊,因子己、丙己相等故也。子戊己、子丙庚为同式句股形。子丙既平分于戊,则子庚亦必平分于己,故己庚等于己丙。

二系:丁庚恒等于半通径,亦等于倍己甲。子丁丙、丙丁庚为同式句股形,故有比例

$$丁庚:丙丁::丙丁:子丁$$

准一款系例,得

$$通径:丙丁::丙丁:甲丁$$

互之

$$通径:丁庚::子丁:甲丁$$

$$通径:丁庚::二:一$$

故

$$通径 = 二丁庚$$

又

通径＝四己甲

故

丁庚＝二己甲

三系：甲戊为甲丁、甲己之中率，子甲戊、戊甲己为同式句股形，故甲戊为子甲、甲己之中率。子甲与甲丁等，故亦为甲丁、甲己之中率，又己戊为己甲、己子之中率。

四系：丙子己、子丙己、子丙壬三角俱相等，子己等于丙己，故丙子己、子丙己二角等。丙壬与子己平行，故丙子己、子丙壬二角亦等。

五系：庚丙己、庚丙癸二角相等，己庚等于己丙，故庚丙己角等于己庚丙角。丙癸与庚己平行，则庚丙癸角亦等于己庚丙角，故庚丙己、庚丙癸二角相等也。

六系：光线为癸丙，则回光线必为丙己，因二线交切线之角相等故也。一为子丙己角，一为子丙壬之对角。

第七款　于通弦内任取一点，分通弦为二分，复自此点作线与径轴平行至切线。此线在曲线外一分与内一分之比，若所分通弦小分与大分之比。

如图，丙癸为通弦，任取庚点，与径轴丁子平行作庚壬线。款言壬戊与戊庚比，若丙庚与庚癸比。壬庚丙、子丁丙为等势句股形。准五款有比例

丁子：丙丁∷庚壬：丙庚

二丁甲：丙丁∷庚壬：丙庚

准一款系例，得

二丁甲：丙丁∷二丙丁：通径

通之

庚壬：二丙丁∷丙庚：通径

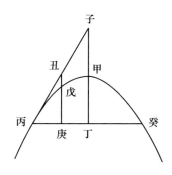

$$庚壬：丙癸::丙庚：通径$$

准二款例

$$戊庚：庚癸::丙庚：通径$$

通之

$$戊庚：庚壬::庚癸：丙癸$$

分之

$$戊庚：壬戊::庚癸：丙庚$$

第八款 切线内任取诸点，作诸线，正交通弦，诸线在曲线外一分之比，若切线诸截分方之比，亦若通弦诸截分方之比。

如图，切线内任取壬、子、丑、寅诸点，作壬庚、子丁、丑未、寅癸诸线，俱正交通弦。款言壬戊、子甲、丑午、寅癸诸分比，若丙壬、丙子、丙丑、丙寅诸分方比，亦若丙庚、丙丁、丙未、丙癸诸分方比。准七款例

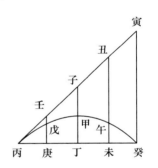

$$庚癸：丙庚::戊庚：壬戊$$
$$丙庚×庚癸：丙庚^{二}::戊庚：壬戊$$
$$丙丁×丁癸：丙丁^{二}::甲丁：子甲$$

准二款例

$$丙庚×庚癸＝戊庚×通径$$
$$丙丁×丁癸＝甲丁×通径$$

则得比例

$$丙丁×丁癸：丙庚×庚癸::甲丁：戊庚$$

故

$$丙丁^{二}：丙庚^{二}::子甲：壬戊$$

准同式句股例

$$丙子^{二}：丙壬^{二}::丙丁^{二}：丙庚^{二}$$

故

丙子² ：丙壬²∷子甲：壬戊

余可类推。

系：设切线以丙点为心而旋移，壬戊、子甲、丑午、寅癸诸线悬于壬、子、丑、寅诸点，随之而移，方向不变，恒正交地平，则联戊、甲、午、癸诸点所成曲线，仍为抛物线。

第九款 一切径上诸截径之比，同于诸正弦方之比。

如图，丙亥为径，丙酉为切线，丙己、丙庚、丙辛、丙癸为诸截径。己戊、庚甲、辛未、癸申为诸正弦，皆与切线平行。款言丙己与丙庚或丙辛、丙癸比，若己戊方与庚甲方或辛未、癸申方比。试作壬戊、子甲、午未、酉申诸线，皆与丙亥径平行，成壬丙己戊、子丙庚甲、午丙辛未、酉丙癸申诸平行四边形。准八款例

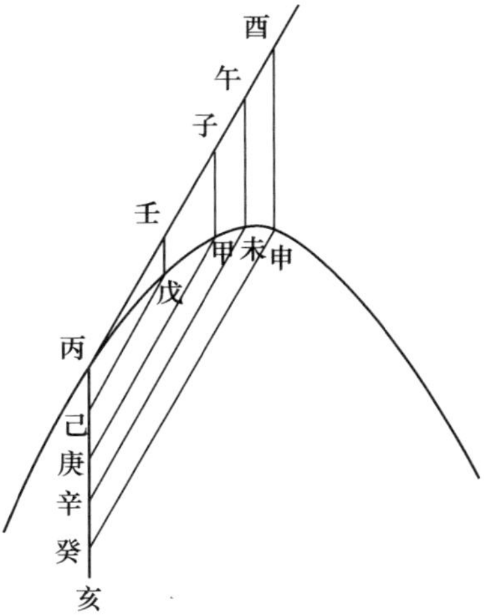

丙子² ：丙壬²∷子甲：壬戊

即

庚甲² ：己戊²∷丙庚：丙己

余可类推。

一系：诸截径较比，若诸正弦方较比。

二系：诸截径较比，若诸正弦和较相乘积比。准总论例

通径：己戊∷己戊：丙己

通径：庚甲∷庚甲：丙庚

通径：辛未∷辛未：丙辛

庚甲² ：己戊²∷丙庚×通径：丙己×通径

辛未² ：庚甲²∷丙辛×通径：丙庚×通径

相减

$$辛未^{\overline{}}{\top}庚甲^{\overline{}}：庚甲^{\overline{}}{\top}己戊^{\overline{}}∷庚辛×通径：己庚×通径$$

$$（辛未{\top}庚甲）（辛未{\perp}庚甲）：（庚甲{\top}己戊）（庚甲{\perp}己戊）$$

$$∷庚辛：己庚$$

第十款　与切线平行任作通弦，于通弦两端作二正弦，正交径轴，此二正弦和等于本正弦之倍。

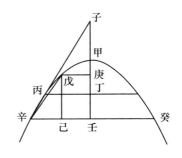

如图，丙子为切线，丙丁为正弦，辛戊为与切线平行之通弦，于两端作戊庚、辛壬二正弦，款言戊庚、辛壬和等于倍丙丁。试作戊己线与径轴甲壬平行，又引长辛壬至癸，准同式句股例

$$丙丁：子丁∷辛己：戊己$$

即

$$丙丁：二甲丁∷辛己：戊己$$

准二款例

$$通径：己癸∷辛己：戊己$$

通之

$$通径：己癸∷丙丁：二甲丁$$

准一款系例

$$通径：二丙丁∷丙丁：二甲丁$$

故

$$己癸＝二丙丁$$

$$己癸＝戊庚{\perp}辛壬$$

$$戊庚{\perp}辛壬＝二丙丁$$

系：设戊点在甲点之右，则戊庚、辛壬较等于倍丙丁。

第十一款　自切点作径，必平分与切线平行之通弦。

如图，丙子为切线，丙为切点，辛戊为通弦，与切线平行。丙申为切点上之径,交辛戊于午,款言辛午、午戊必相等。试作戊庚、丙丁、辛壬三正弦,又作午未线,与丙丁等,又作戊己,正交诸正弦。

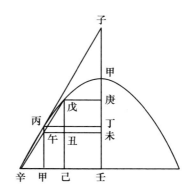

准十款例

$$戊庚 \perp 辛壬 = 二丙丁$$

即

$$戊庚 \perp 辛壬 = 二午未$$

$$戊庚 \perp 己壬 = 二丑未$$

故

$$辛己 = 二午丑$$

准同式句股例:

$$辛戊:午戊::辛己:午丑$$

故

$$辛戊 = 二午戊$$

即

$$辛午 = 午戊$$

案:诸径与径轴,理无异。径轴平分通弦为二正弦,诸径亦平分通弦为二正弦;径轴上诸截径与诸正弦方有比例,诸径上诸截径与诸正弦方亦有比例;径轴之正弦为截径通径之中率,诸径之正弦亦为截径通径之中率,一一皆同也。

第十二款 径之通径四倍心距切点线。

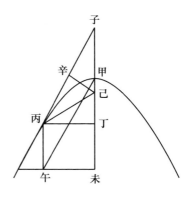

如图,己为曲线心,丙为切点,丙午为径,款言丙午径之通径与四个己丙等。试作午甲正弦,与切线丙子平行。次作丙丁、午未,俱正交径轴。次作己辛,正交切线。甲丁、甲子、丙午俱相等,午甲、丙子亦相

等。准总论例

丁丙^二＝甲丁×径轴通径

午甲^二＝丙午×本径通径

甲丁＝丙午

故有比例

午甲^二：丙丁^二：：本通径：轴通径

即

丙子^二：丙丁^二：：本通径：轴通径

准同式句股例

丙子^二：丙丁^二：：己子^二：己辛^二

通之

己子^二：己辛^二：：本通径：轴通径

准六款并三系

己甲×己子＝己辛^二

己子＝己丙

故

己子^二：己甲×己子：：本通径：轴通径

己子：己甲：：本通径：轴通径

己丙：己甲：：本通径：轴通径

四己丙：四己甲：：本通径：轴通径

三率等于一率,故四率等于二率也。

系：径之通径等于四个己甲、甲丁和,即径轴之通径加四个甲丁也。观六款自明。

第十三款　凡过心之正弦,必等于本径通径之半,其截径必等于本径通径四分之一。

如图,午戊正弦经过曲线心己,其截径丙午,款言午戊等于丙未径之通径二分之一,丙午等于四分之一。试作丙己心切距线,又作丙子切线,

丙午等于己子,丙己亦等于己子(六款),则丙己、丙午俱等于本径通径四分之一(十二款)。准总论

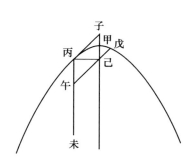

　　本通径：戊午∷戊午：丙午

丙午既等于本径通径四分之一,则戊午必等于本径通径二分之一也。故凡过心之通弦,恒与本径通径等。

　　系:四款一系:癸戊恒等于戊己,则癸戊等于戊点上径之通径四分之一。

　　第十四款　曲线内任取一点,于此点任作一通弦,又作一切线,俱斜交径轴,则径轴在曲线外一分与内一分之比,同于通弦左一分与右一分之比。

　　如图,于丙点任作丙辛通弦,斜交径轴于庚。又作丙子切线,斜交径轴于壬。款言壬戊与戊庚比,若丙庚与庚辛比。准八款例

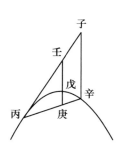

　　　　丙子⁼：丙壬⁼∷子辛：壬戊

准等势三角例

　　　　丙辛⁼：丙庚⁼∷丙子⁼：丙壬⁼

通之

　　　　丙辛⁼：丙庚⁼∷子辛：壬戊

又

　　　　丙辛：丙庚∷子辛：壬庚

　　　　丙辛×丙庚：丙庚⁼∷子辛：壬庚

　　　　丙辛⁼：丙庚⁼∷子辛：壬戊

互之

　　　　丙辛⁼：丙辛×丙庚∷壬庚：壬戊

　　　　丙辛：丙庚∷壬庚：壬戊

分之

　　　　庚辛：丙庚::戊庚：壬戊

　　一系:设壬庚非径轴,而为径轴平行之线,理无异。

　　二系:设丙庚等于庚辛,则壬戊等于戊庚。

　　第十五款　　自切点任作二通弦,又于二通余一端作二径,二径与二通弦互相交,交点之联线恒与切线平行。

　　如图,丙子为切线,丙为切点。于丙点任作丙戊、丙辛二通弦,于戊、辛二点作戊庚、辛丑二径,戊庚径与丙辛通弦交于庚,辛丑径与丙戊通弦各引长之,交于癸,款言庚、癸联线与丙子平行。准十四款例

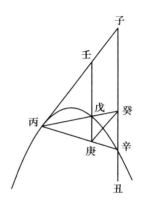

　　　　戊庚：壬戊::庚辛：丙庚

合之

　　　　壬庚：壬戊::丙辛：丙庚

准等势三角例

　　　　子辛：子癸::壬庚：壬戊

通之

　　　　子辛：子癸::丙辛：丙庚

又

　　　　子辛：壬庚::丙辛：丙庚

通之

　　　　子辛：子癸::子辛：壬庚

二率、四率同为子辛,则首率壬庚、三率子癸必相等,故庚癸必与丙子平行也。

　　第十六款　　抛物线面积等于截径通弦相乘积三分之二。

　　如图,甲子丙为抛物线一段面积,甲子为通弦,丙乙为截径。甲子寅

壬为截径通弦相乘积,款言甲子丙积为甲子寅壬积三分之二。试取准点丁,作丁戊准线。于曲线内取甲、午二点,令相去甚微,乃至心作甲己、午己二线。又与径轴平行,作甲戊、午未二线。则甲己等于甲戊,午己等于午未(四款一系)。又作甲未、午戊二线,则未午甲、己午甲二角相等,戊甲午、己甲午二角亦相等。故甲戊午、甲未午二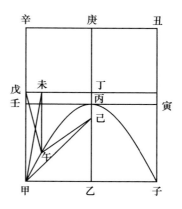三角积俱与甲己午三角积等。因甲午甚微,可作直线论故也。而甲戊午、甲未午二积和与甲戊未午四边形面积等,则甲戊未午面积倍甲己午面积。若自准线至曲线作无数线,皆与戊甲平行,成无数四边形。复自己点作无数线,与戊甲诸平行线遇于曲线界,成无数三角形,其四边形积皆倍三角形积。合无数四边形,成甲戊丁丙三直一曲四边形。合无数三角形,成甲丙己二直一曲三边形,则甲戊丁丙面积必倍甲丙己面积。引长乙丁至庚,令丁庚等于己乙。次作庚辛线,与丁戊平行。次引长甲戊至辛,成丁庚辛戊四边形,其面积倍乙己甲三角积。则甲丙乙半段抛物线面积等于辛甲丙庚面积之半,即甲辛庚乙面积三分之一,亦即甲壬丙乙面积三分之二,乙丙等于丙庚故也。倍之,则甲子丙面积为甲子寅壬面积三分之二。

第二部分

天文学

谈天（节录）①

1 译序一

天文之学，其源远矣。太古之世，既知稼穑，每观天星以定农时。而近赤道诸牧国，地炎热，多夜放群羊，因以观天间。尝上考诸文字之国，肇有书契即记及天文，如《旧约》中屡言天星，希腊古史亦然，而中国《尧典》亦言中星。历家据以定岁差焉。其后积测累推，至汉太初，三统而立七政、统母诸数，从此代精一代，至郭太史授时术，法已美备。惟测器未精，得数不密，此其缺陷也。中国言天者三家，曰浑天，曰盖天，曰宣夜，然其推历，但言数不言象。而西国则自古及今，恒依象立法。昔多禄某谓地居中心，外包诸天层层硬壳。传其学者，又创立本轮、均轮诸象，法綦繁矣。后代测天之器益精，得数益密，往往与多氏说不合。歌白尼乃更创新法，谓太阳居中，地与诸行星绕之。第谷虽讥其非，然恒得确证，人多信之。至刻白尔推得三例，而歌氏之说始为定论。然刻氏仅言其当然，至奈端更

---

① 选编自：伟烈亚力，李善兰，译. 谈天. 商务印书馆，1934. 本书节录其中的"译序一""译序二""凡例""卷首　例""卷一　论地""卷二　命名""卷五　天图""卷八　动理"。——编者注

推求其所以然,而其说益不可摇矣。夫地球大矣,统四大洲计之,能尽历其面者无几人焉。然地球乃行星之一耳,且非其最大者。计绕太阳有小行星五十余,大行星八,其最大者体中能容地球一千四百倍,其次能容九百倍也。设以五百地球平列,土星之光环能覆之,而诸行星又或有月绕之,总计诸月共二十余。设尽并诸行星及诸月之积,不及太阳积五百分之一。太阳体中能容太阴六千万倍,可谓大之至矣。而恒星天视之亦只一点耳。设人能飞行空中如最速炮子,亦须四百万年方能至最近之恒星,故目能见之恒星最小者可比太阳,其大者或且过太阳数十万倍也。夫恒星多至不可数计,秋冬清朗之夕,昂首九霄,目能见者约三千。设一恒星为一日,各有行星绕之,其行星当不下十五万,况恒星又有双星及三合、四合诸星,则行星之数当更不止于此矣。然此仅论目所能见之恒星耳。古人论天河皆云是气,近代远镜出,知为无数小星,远镜界内所已测见之星,较普天空目所能见者多二万倍。天河一带设皆如远镜所测之一界,其数当有二千零十九万一千。设一星为一日,各有五十行星绕之,则行星之数,当有十亿零九百五十五万,意必俱有动植诸物如我地球。伟哉造物,其力之神、能之巨真不可思议矣。而测以更精之远镜,知天河亦有尽界,非布满虚空也,而其界外别有无数星气。意天河亦为一星气,无数星气实即无数天河。我所居之地球,在本天河中,近故觉其大,在别星气外,远故觉其小耳。星气已测得者三千余,意其中必且有大于我天河者。初人疑星气为未成星之质,至罗斯伯之大远镜成,始知亦为无数小星聚而成,而更别见无数星气,则亦但觉如气不能辨,为星之聚。设异日远镜更精,今所见者俱能辨,恐更见无数远星气仍不能辨也。如是累推,不可思议。动法亦然,月绕行星,行星绕太阳。近代或言太阳率诸行星更绕他恒星,与双星同,然则安知诸双星,不又同绕一星? 而所绕之星,不又绕别星耶? 如是累推,亦不可思议。伟哉! 造物神妙至此,荡荡乎民无能名矣。昔大辟有诗曰:观尔所造之穹苍,又星月之辉光,世人为谁兮,尔垂念之,人子为谁兮,尔眷顾之。夫大辟所见天空理非甚深也,尚欢欣赞叹不能自已,况我人得知天空如此精奇神妙耶! 夫造物主之全智巨力,大至无外,小至无内,罔不莅临,罔不鉴察,故人虽至微,无时不蒙其恩泽。试观地球上万物莫不备具,人生其间,渴饮饥食,夏葛冬裘,何者非造物主之所赐?窃意一切行星,亦必万物备具,生其间者,休养乐利,如我地上。造物主大仁大慈,必当如是也。设他行星之人类,淳朴未雕,与天合一,见我地球,天性尽失,欺伪争乱,厥罪甚大,而造物主犹不弃绝,令爱子降生,舍身代赎,当必赞叹造物主之深仁厚泽,有加无已。而身受者,反不知感激图报,可乎?余与李君同译是书,欲令人知造物主之大能,尤欲令人远察天空,因之近察己躬,谨谨焉修身事天,无失秉彝,以上答宏恩,则善矣。

咸丰己未孟冬之月英国伟烈亚力序于春申浦上。

2 译序二

西士言天者,曰:恒星与日不动,地与五星俱绕日而行。故一岁者,地球绕日一周也。一昼夜者,地球自转一周也。议者曰:以天为静,以地为动,动静倒置,违经叛道,不可信也。西士又曰:地与五星及月之道,俱系椭圆而历时等,则所过面积亦等。议者曰:此假象也,以本轮、均轮推之而合,则设其象为本轮、均轮,以椭圆面积推之而合,则设其象为椭圆面积,其实不过假以推步,非真有此象也。窃谓议者未尝精心考察,而拘牵经义,妄生议论,甚无谓。古今谈天者,莫善于子舆氏"苟求其故"之一语,西士盖善求其故者也。旧法火、木、土皆有岁轮,而金、水二星则有伏见轮。同为行星,何以行法不同?歌白尼求其故,则知地球与五星皆绕日,火、木、土之岁轮,因地绕日而生,金、水之伏见轮,则其本道也。由是五星之行,皆归一例。然其绕日非平行,古人加一本轮推之,不合,则又加一均轮推之,其推月且加至三轮、四轮,然犹不能尽合。刻白尔求其故,则知五星与月之道,皆为椭圆,其行法面积与时恒有比例也。然俱仅知其当然,而未知其所以然。奈端求其故,则以为皆重学之理也。凡二球环行空中,则必共绕其重心,而日之质积甚大,五星与地俱甚微,其重心与日心甚近,故绕重心即绕日也。凡物直行空中,有他力旁加之,则物即绕力之心而行。而物直行之迟速,与旁力之大小,适合平圆率,则绕行之道为平圆,稍不合,则恒为椭圆,惟历时等,所过面积亦等,与平圆同也。今地与五星本直行空中,日之摄力加之,其行与力不能适合平圆,故皆行椭圆也。由是定论如山,不可移矣。又证以距日立方,与周时平方之比例及恒星之光行差,地道半径视差,而地之绕日益信。证以煤坑之坠石,而地之自转益信。证以彗星之轨道,双星之相绕,多合椭圆,而地与五星及日之行椭圆益信。余与伟烈君所译《谈天》一书,皆主地动及椭圆立说。此二者之故不明,则此书不能读,故先详论之。

咸丰己未重阳后八日海宁李善兰序于昆山舟次。

3 凡 例

一、此书原本为侯失勒约翰所撰。约翰昔为英国天学公会之首。其父曰维廉,日尔曼之阿诺威人,迁居英国,专精天学,不假师授,有盛名。维廉有妹曰加罗林,相助测天,功亦不细。约翰有子亦名约翰,乃印度军中之武官,即有博学之名。其次子名亚力,已勤习天学,而今即大学内之一师也。侯失勒氏言天者凡五人,学者勿混为一云。

二、此书原本,咸丰元年刊行,其后测天家屡有新得,今一一附入。如小行星最后,有如同治十年所得者;又有论太阳等事说,非原书所有,而由重刊之本文新译之也。

三、凡年月日时,原本皆用西国法,准伦敦经度,今用中国法,准顺天经度译改,以便读者。如第八百二十三条中,本文为"耶稣降世一千八百四十六年正月三日〇时九分五十三秒"，今译改"道光二十五年十二月初六日戌初三刻十分四十七秒"是也。亦间有用各国本地时者，如第五百九十条中，"午后三小时六分"，若改用中国时，则在夜中不能见日，与下文测见其中体距日心句不合，故仍原文也。

四、中国步天，黄经、赤经皆用度分，西国黄经用度分，赤经用时分，例见第九十一、一百零八、一百零九三条。今间依中法，亦译改度分，如八百二十九条，本文为"十六小时五十一分一秒五"，今译改"二百五十二度四十五分二十二秒五"是也。

五、凡数皆直书，单位下带小数则以·别之，如三百五十条"一·〇一六七九"，其小数即十万分之一千六百七十九也。间有横书者，则因与代数记号相杂，依代数例不便直书也。

六、凡度、里、尺诸数，皆遵数理精蕴，每度二百里，每里一千八百尺。近代西国细测地球，密推赤道径，得英尺四千一百八十四万八千三百八十，赤道周得英尺一亿三千一百四十七万五百六十五，以三百六十度约之，则一度得英尺三十六万五千一百九十六。考一度为中尺三十六万，乃以一度之英尺为一率，一度之中尺为二率，一为三率，求得四率〇·九八五七七，是英国一尺，为中尺九寸八分五厘七毫七丝也。凡原文英尺译改中尺俱准此。又英国一里，得英尺五千二百八十，中国一里得英尺一千八百二十五·九八，依此推得英一里，当中国二里八九一六。凡原文英里译改中里俱准此。

七、中国天图，有新、旧二种，旧图与《步天歌》合，新图与《经天该》合。书中诸星，凡旧图所有者，则云某座第几星，如角宿第一星之类是也；若旧图无而新图有者，则云某座增第几星，如老人增第二之类是者；若二图俱无，则或云近某星，如近外屏第三星之类是也。

4 卷首 例

为学之要,必尽祛其习闻之虚说,而勤求其新得之实事。万事万物以格致真理解之,与目所见者大不同,所以万物相关之理,当合见而学即觉昔之未明。因昔真理多未知,且为习俗旧说所惑也。故初学者,必先去其无据之空意。凡有理依格物而定,虽有旧意不合,然必信其真而求其据。此乃练心之门、博学之阶也。

凡有据之理,即宜信之,虽与常人之意不合,然无可疑。一切学皆如是,而天学乃以此为要道。凡世上无据之意,未考其据,而止凭目所见,与天学之诸端大不同。如人居之地,即世世为最坚房屋之基,以为最静之物,而天学家之意,则谓不静而绕轴而转最速,又同时行于空中亦最速;人见日与月为远体不甚大,天学家则谓之甚大球,月则略配地球,日则甚大于地球;诸行星目见之与恒星略同而较明,而天学家以为大,亦如人居之球,其中或甚大于地球,或小于地球者;人见恒星以为一点光,而天学家谓之最明甚大,乃太阳之类,为无数未见之地球所绕行之中心。故天学家方开发己心,以自心之本力,通其所至之意;又尽己之意与说,造譬语以明宇宙之大,至末四视地球止觉一点之大也,乃绕本太阳诸行星之一,而行星中之大者,有不能见,我地球因其小也,况在恒星乎。

天学之诸端,心中已明。若心中无疑阻即能信之,已信之则固守不失,所以知真理在人心之本力。故此书以为人欲学其真,而不辨其假,学今时之实事,则旧时之虚说不必论。有诚心信此者,即能省多少议论,而为此书之益,且学亦易进,自迩而行远,自卑而登高,为益甚大焉。

此书之法,非纯言当然之理,亦非纯言所以然之理,而并用此二理,因第二理更合于学,故多用之。本意非辨论如胜敌,亦非以假为自未明而考其理,其意以己知而教人。此书不甚繁,每段必略细解说,因人现已熟天学之理也,故不辨而但教为便也。诸学中有新创而不甚定者,常有新理混乱已有之说。但天学则不然,若辨驳已废之理,引学者渐知去其假而信其真,不如说明真理,而使知万物相关之道,所以非不用当然之理。此书不过欲语简而使人易明,不欲因法而阻其学也。

此书以歌白尼之理为真,解说万物之变,考明其理简易,自然不必用辨论,而使学者信为真,即倍根所言凡理之据,依其诸分与全体相合,如一桥环之诸石相靠而成全体也,间有指旧说之繁,而比新理之简,愈发明其新理之胜。

凡学者观此书而得益,应先明算学诸法,又须略知几何平弧三角法及重学之初理,另略知光学,以通造远镜与凡测天之器。此上诸事皆明,则更易进,前所得之学更全备,但大概此书各事欲全说,故不必仗别书。

凡学者此书之外,不观天学书,则不能得天学之全。其意惟引人入格致一角之门,或如高立在宫外,能略见其全,或如助明其房基之图,即知如何而入。欲进密室得学者之心,止有一法,乃熟数学之理,为考究之根。未有此理之人,不能入博学诸技,而于辨论之时,不能自己造意。有此智者与无此智者谈之,不易告明此事,盖无公说使此等人明之也。智者观二例略相同易明,不智者为要而难之题,其据二人见之亦大不同。如此考题不能用心理,而必用譬喻,或已知之事明之。凡不知算理,不能以公论而明之,惟常欲推公论之源,即必由其万物日常之事,所发出之本理,即因事而另造一理。其二法之别如新开未走路之难,与行已走路之易。若必欲人通此理,无有别法,至于使学者不明而信之,则余不用此法,亦劝人不用也。

不用算术,而用譬说论格致之理,虽非常法,然已略知天学者,恐不厌此。譬自此路可到一处,或自彼路亦可到也,其有真理之据,更多更好。如此发明诸式,各人观之,心中各不同,因每二人心意之象不相同,故常有人已熟之题,而可用新势明之,使观之如新式者,或新明从前之不明,或开疑窦,或续链其缺环,所以忽见与他理相合。书中所用之各式,皆余心中生出,而非自别所录者,冀益于学者也。

已知数学者,知重学内常有之事,其数已全,其数理与几何理皆显明其诸力,已算明其线,已度其例,已推过所得者不差,而于心中实有缺。非在凭据,因其事已考,各理俱全,非在其理,因知其为坚固不摇,但在其行运之法有不明。此人已用有理之法推得,但心中所成之象,非万物之实象,若用日常之事发明其理,则忽补其所缺,以其多虚之记号皆为实物,恐有时此意亦不得成,有时其日常之事不足明之。但此意常须勉而为之,如此勉之时余自得者,行星移动最密之事,比算得更明,所以冀人亦如此也。

按上言可知此书之天学不细,论测天诸例与细论推步之诸法,学者观此书之用法恐少。本意不过欲明各事、各论、各法所得之理,免得用多代数与几何之号,令其书帙繁而难阅,即列易明之实事。天学犹经线一条可穿多珠也,所以人观此珠之妙,而不知其内有线之贯之也。此书以示明其经线,即天学之根为主,诸珠即各家推得之理,有时其珠之排列非直而易于从,既不直而不易从,亦非穿珠者之错。其穿珠之人必用心甚广,有时其自己虽极明,不得使人通此理之难,亦不知何法能使人明为最要。故用心之学者,常有谬误之意,而常人言此学法之不明,现解学者之疑,又使常人明天学难,能得与不能得之二事,知二等之人俱有差会处。

5 卷一 论 地

欲知经纬星之大小、远近、方位、轨道及相属之理,必先于地面测之。不明地之理,则所测得之理俱误,故以论地居首。

地为球体,乃行星之一也。第凭目所见则地甚大,行星俱只一点,地无光行,星俱有光,地不觉动,行星刻刻移动,悉皆相反。是以人非大智,闻此说,未有不骇异者。然强分地与行星为二类,则推步诸曜,俱扞格不通矣。故天学入门,当首明此理。

　　假如空中有诸物,欲悉定其方位,必先知我身之或动或静。若我身实动,而误为静,则所定方位,俱不合矣。我身居地面,动静因乎地,故欲定诸曜方位,必先考地之为动为静。此实天学中最要事也。

　　地系行星,故地亦动。地动而所载之物,如山岳、河海、风云之类,莫不随之俱动,故人不能觉。譬如舟不遇风浪,车在坦道,以平速行,所载什物与之俱行,人坐其中,如居安宅,初不觉动,其理一也。

　　以地为不动者,由于未明地之状。盖常人之心,必以地为无限之平面,面之上为虚空,面之下为无穷深,皆土也。果如此,日东出西没,将洞穿坚实之地底而过乎?抑地中有穴自西通东,为日出入之路乎?而日出入之方位,日日不同,且月与诸星,亦每日出入,将地有无数穴如蜂窠乎?必不然矣。故地不能无限广且厚,其体必有尽界,而浮于空中,四周无他物相连。若然,则地不难于动,而返难于静,盖无他物粘连之令不动,则有力加之即动矣,故地动无疑。

　　欲明地之形状,必于大平原或大海面,无林木峰峦碍目之处测之。凡陆登高塔,海居舱顶,升桅末,所见地面、水面必有一定界线,四周成大平圆。界线外不能见,非蒙气遮隔也。登高山顶则界线之周更大,亦成平圆。此事无论何地皆然。凡体无论何方视之,其见界恒成平圆,则必为球体。

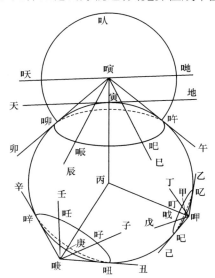

如图,吅啐唧吇球为地,丙为心,呷、唻、嗔为高出地面之三点,正距地面甲、庚、寅三点,远近不同。从嗔作地面之切线寅唧卯,唧为切点,即嗔点所见地面界线内之一点。以嗔寅为轴,将切线旋转一周,必经过嗔唻辰、嗔吧巳、嗔吇午诸切线,切点唧,必形成唧唻吧吇平圆,人在嗔,则平圆内之地面可见,其外不可见,故名地面界线。唧嗔吇为对平圆全径之角(蒙气不论),名测深角,即地之视径度。嗔距寅愈远,则唧唻吧吇圆面愈大,嗔、唧距亦愈远,而唧嗔吇角愈锐,地之视径度愈小。嗔、唻、呷三点,高卑不同,各有地面界线。今但论最高者,以例其余。假设以卯嗔、嗔午为规尺之二股,嗔点为活销,中衔一球,则嗔点愈近球,二股愈开;嗔、寅合为一点,则尺为球面之切线天地。

嗔寅正交地面,于嗔点垂准线,必与嗔寅合,于嗔点作地平线吙呲,必正交嗔寅,而与寅点之切线天地平行。人在嗔点,不仅见天地地平线上之天空,并见吙嗔唧、呲嗔吇二角内之天空。故所见天空,较半球多地吇、天唧一段,其较角地嗔吇,名地面界深度。深度四周皆同,故地面界为平圆无疑。

地面必有平圆界线者,此非为平面而为球面之证,盖界外不见,非目力不能及,乃目之视线直行不能如弧线之弯,故不见也。是以地形大略如球,海陆皆在球面,虽山谷有高深,不过如橘皮之微不平耳。

凡海舶出洋,人在海岸呻望之,未过地面界,虽渐远渐小,然俱见全身。过界吃后,则一若沉入水中而渐不见;至唎,一若船身全入水,仅见桅;至叮,则并桅入水,几全不见矣。若人在高处晒,令地面界展远至叮,

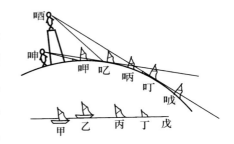

则船至叮时尚全见,过叮而渐不见。然则船非因渐远而不见,乃地面界遮隔而然也。

昔阿尔兰国都伯林之地,有人曰煞特拉,乘气球上升,风吹过海。近威勒士,球忽下坠,将入海,时日已昏黑,急去藤床中之石,复上升至极高,

仍见太阳。行至威勒士,乃下坠至地,再见日入。

乾隆四十八年,法国都城巴黎斯,有人曰查里士,乘轻气球上升,所见与此同。此皆非平面之证也。

设有二峰等高,登此顶仅望见彼顶,若无蒙气差,则测其高及相距,即可推地球大小。

如图,呷、叱二峰,其高相等,为呷甲、叱乙,相距为甲叮乙,叮为中点,呐叮为地半径。设峰高与距俱甚小,则叱乙与叮乙比,若叮乙与倍呐叮比,故测得高与距,即可推地球半径也。以数推之,有二点,高于地面十尺,相距

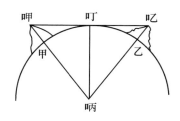

二十二里。无蒙气时,相望与地面界参相直,别得十尺为一百八十分里之一,置二十二折半,得十一,以一百八十乘之,得一千九百八十,则一与一千九百八十比,为高与半距比,同于半距与地径比,故以半距十一里乘一千九百八十,得二万一千七百八十里,为地球径。然地面有蒙气差,此所推断难密合,不过得其大约耳。

山之最高者,不能至十五里,较地径约得一千六百分之一。假如有球径十六寸,其微凸处不及百分寸之一,则其高略如一厚纸耳,故诸高山不过如诸细沙,而高原不过如一薄纸。壑之最深者,不过一里半,此如球面针芒之孔,非显微镜不能见也。而海之最深处,略如山之最高,则仅若点墨之着纸矣。前条以橘皮之凹凸,喻地面之高山深谷犹未确切也。

同治二年七月二十三日,英国格类失与告水勒二人,乘气球上升二十里之高,若非云隔之,则所当见之地面,甚大于古今所曾见之地面也。推算全地球之面,与在此高所当见地面之比例,准弧三角法,凡球面截段与全球比,若截段之厚与球半径比,按此次气球距地面之高,略等于所见地面截段之厚。故全地球面,与所见地面比,若八千与七比,约得全地球面一千一百四十分之一。挨德纳、德内黎非、某纳罗三山最高峰之巅所见之地面,约为全地球面四千分之一。

凡人或乘气球上升,或登高山,去地渐远,气渐轻而薄,呼吸必渐苦。

用风雨表测之,高一千尺,气轻三十分之一;高一万零六百尺,轻三分之一;高一万八千尺,轻二分之一。准此推之,则气愈高愈薄,而无尽界。云最高不过二十九里,测其气重,为海面气重八分之一。故气居地球之外,近地最重,渐上渐轻,离地稍远,已甚薄无迹矣。无论地面何处,离地若干,则气清若干,皆同。故气全包地球,可任分为无数层,逐层以渐而轻也。

或云,气如水,有尽界,亦近理。盖高如地径一百分之一,气已薄极,不能生物。故无论气有尽界与否,但高过地径一百分之一外,作无气论可也。

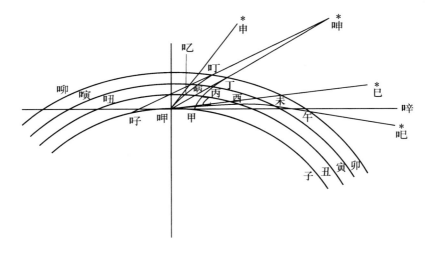

气能变光道,令生差角,所谓蒙气差也。如图,子甲吗为地面,咄丑、嗔寅、唧卯为气之诸层,与地子吗同圆心。人在呷,呻为星,在气之外,若无蒙气差,则人视星其视线之方向,当为呻呷。而准光学理,呻呷光线遇气面于叮,必曲向下,如丁、丙在上气甚薄,曲甚微,渐下气渐厚,曲渐大,故呻呷光线变为呻丁丙乙甲曲线,遇地面不在呷而在甲。另有呻吗光线,无蒙气差,当遇地面于吗,因蒙气变为呻叮呐吃呷曲线,而遇地面于呷。故人目不能由呷呻直线见星,而由甲乙丙丁呻曲线见星。准光学理,光线入目之方向,即目见物之方向,故人见星,不在呷申方向,而在甲呻方向,即呻丁丙乙甲曲线内,甲点之切线也。光线恒曲而下,视线方向恒差而上,故视高度恒大于真高度焉。光线但有上下差,而无旁差,因环人目甲四周,其气皆同故也,故其差角恒在星、地心、人目三点所居之呻呞甲平面内。

蒙气恒映卑为高,故诸曜在地平线时,视之亦有高度。不第此,即在地平下,视之反在地平上。如日在地平下吧点,光线成吧午未酉呷曲线,故人见在地平上巳点,即呷点切线之方向也。

曜在呻,见在申,故必测定其差角申呷呻,以减视高度申呷啐,方得真高度呻呷啐。然测差角最难,其故有三:气渐高渐薄,而渐薄之率未能定,一也;气之厚薄,每因寒暖而变,二也;燥湿亦能变差角,而气之逐层燥湿,未有测法,三也。因此三端,差角未能测定,故天文有数事亦未能定。以近时推步之精言之,虽未定,其差亦甚微,但精益求精,则必思求定耳。列蒙气差角诸例于下:

一、凡天顶点无差角,诸曜至此点,与无蒙气同。

二、渐远天顶,差角渐大,至地平为最大。

三、差角渐大之比,略如视点距天顶度切线渐大之比,此例近天顶则合,近地平则不合,盖切线骤增大,且有气变诸事故也。

四、视点高四十五度差角约一分,而在地平面差角得三十三分,大于日月视径,故人见日月全体初出地平,其真体尚俱在地平下也。

五、凡风雨针,以五十五度为中数,升则差角变大,降则差角变小,升降十分寸之一,差角变三百分之一。

六、凡寒暑针,降则差角变大,升则差角变小,升降一度,差角变四百二十分之一。

蒙气差角表,详列各处。自地平至天顶诸高度之差角,再用风雨、寒暑二针随时校正之,以加减诸视度,可略得诸真度。

准蒙气差角之理,则视日月在地平上之时刻,必大于真时刻,而夜之时刻,小于真时刻。不特此也,日之视体入地平后尚有朦胧影,成晨昏分。此其故,由蒙气回太阳之光返照地面而然也,盖光线遇物即返射,气中有无数细质点,能令光返照。试于暗室中开微隙,日光仅漏入一线,而满室皆明,此其证也。如图,呷吆吶叮为地面,呷点见日在地平,呻嗔光线恰切呷点而过,呻唧、呻唂二光线在呷点之上。三线出蒙气,在吧、咔、味三点。二线入蒙气皆微曲向下,故出蒙气成折势,呻吧嗔折势最大,呻咔唧略小,至呻唂切蒙气界味点而过,不复折。呷嗔线为暗界,吆、吶、叮诸点递远于呷,入暗递深。呷点尚有日之一线真光,又有吧味哂呷一段蒙气回光。吆点日已入地,不能得真光,回光亦少,仅有地平吆味上吧咔味天一段蒙气返射而已。味点回光最盛,渐近已渐微,至吧点而无。吶点则仅有地平吶咔上吧咔人一段回光,更小于吆点。至叮点则无回光而为夜矣。

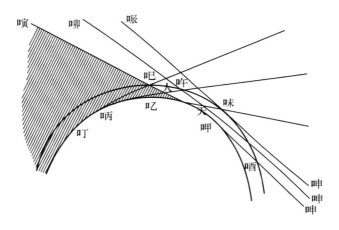

太阳在地平之上,其光照于空气与云之诸点,此诸点将光返照而四面散射,至地面各处,故昼时所有返照之光,与朦胧影时返照之光其理无异。若空气无此返照散射之性,则不在正日光之下,不能有所见。云下之影及房中无日光之处,黑暗如夜,昼能见星也。空气返照之光差,另有能增加之性,即以空气之受日光,各处热度不匀而常成浪动,其不同热度诸段之公界,亦稍有返照与光差,光乃不行直线路而散至四面,为各物所受。故在丁点之后,尚有副朦胧影,即正朦胧影返照四散于空气而重返照所生也。阿非利加洲务比阿国之旷野,空气极清,日落之后仍有光,名曰夜光,即此理也。

凡光线斜入气中,无论自上至下,自下至上,不能直射,必曲向下。故或测星，或测高山，皆有差角，但蒙气差逐层不同，地面之物，仅有下诸层差而无上诸层差，与诸曜异，故名地蒙气差以别之。

蒙气差不独变物之高度，且能变物之形状。如太阳近天顶时，则见为平圆。近地平，则横径大于直径，而见为椭圆。最近地平，则下半更扁于上半，既非平圆，亦不成正椭圆。盖渐近地平，差角渐变大，下差角大于上差角，故直径变小而横径不变也。人视日月近地平时，觉大于近天顶时，此非由蒙气差，亦非目误，乃意会之误。盖近地平有远树相衬而觉大，近天顶无物相衬而觉小。用器测之，则近地平时，日之视径与近天顶时略同；月之视径，非特不变大，且反变小，离人目更远故也。

准上诸条，蒙气界与地面相距线，较之地半径为甚小，天空诸曜，距地俱甚远，不在蒙气内，与地不相涉也。

诸曜距地远近不一，近则见大，远则见小。人视月大小，无异于日者，因远近相悬而然；视日月俱大于恒星亦然。实则日与恒星大小略同，而甚大于月也。

设人不附地，立于空中，尽见上下四周天空诸曜。一若为一大球，诸曜皆在球壳，而己在球心也。人居地面，则不能见地平下诸曜，升最高处，有地面界深度，加蒙气差，所见亦不过二度，且不能了了，蒙气昏浊故也。故若人不远行，星不自移，地球不自转，则地平下半诸曜，永不能见矣。人在地面，略移其处，则所见天空界，亦必略移。譬人背大树而立，树后诸物，俱不能见，环树而转，则尽见四周之物。故人每日向南行，则每夜必见南方新出地平之星，地平界渐移而南，反若天星渐移而北也。观图中呷、吼、吶三点之地平界，理自明。

地球自转，人居地面亦随之而转。然不觉者，因地平上诸物与之俱转，一切山河、林木、房屋俱不变状，大块全动，极安稳故也。而天空诸曜，不与地连，反若刻刻移动，与人绕地球行无异焉。故前图或人不动而地转，人随之自呷至吼至吶，或地不动而人行，自呷至吼至吶，见天空界移换同也。譬人或绕树转，或倚树，树转而人随之转，理无异，所异者，一则能见树全体，一则仅见树之一面也。

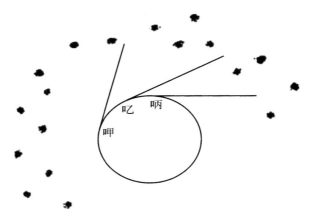

地自转,故地平界之东半向下行,而西半向上行,然其行人不能觉,故反疑诸曜渐移,见地平界吐星,而曰星出地平焉,见地平界掩星,而曰星入地平焉。呜呼亦俱矣!

准重学理,地自转,必有定则二:一、其转不变方向,恒用平速。二、转必有轴,轴之两端,不变方位。或曰,物既自转,则轴未始不可变方位。曰,正体行于空中,不遇他物,亦无他力加之,其轴断无变方位之理也。设自转不用平速或轴变方位,则视天星,必有变行,而自古测诸星周时,载于典籍者,俱与今同。故云地球之转,必依二定则焉。

欲知地球自转之说于理合否,当先考天体左旋,与地球自转,目所见尽同与否。

一、设居赤道北夜观天,则见诸星皆行平圆线,圆之大小各不同,在地平界上之度,多少亦不同。正当地平圈午点之星,才出即入,其度最少。自午点迤东,地平所出诸星,其度渐增,平圆渐大,自出至入,历时亦渐久。出地点在午点东若干度,则入地点在午点西亦若干度。而出卯点者,必入酉点,自出至入,恰得六时。在地平界上之度,恰得半周,其平圆为最大。自卯点迤北,地平所出诸星,其时递增于六时,其度递增于半周,而平圆渐小。至子点之星,则渐降切地平而过,又渐升不复入地。子点上面诸星,则常在地平界之上,平圆俱全见而渐小,至于一点,即北极也。北极无星,而有相近之星,名极星。极星之平圆最小,非细测几疑不动焉。诸星每日皆于本平圆行一匝,而其相距之方位不变。联一切星为诸星座,诸座向地平界之体势,刻刻不同。最甚者,北方诸星座,常见不隐者,其向地平界体势有时相反。然各星座,距极之体势永不变,故无论何时,无论离地平若干度,测各座之形状,亦永不变。然则联周天为一大座,必如一星图,画于球壳,地为球心,球之轴贯北极,斜交地平。

二、冬时澈夜观天,则昏所见没于西方之星,且必见其复出东方;昏所见初出东方之星,且必见其已没西方。故昏所见半球诸星,且已全没,而旦所见半球诸星,乃昏所不见者,然则一夜中已尽见全球之星。故上所云,联周天星为一大星座者,此大星座布满全球也。是则地平上之半天球,恒有星,昼不见者,为日光所夺耳。若用最精远镜,当正午能见最小星;而坐深井或煤洞中,虽无远镜,亦见金、木二星;若知其经纬度,不须远镜,亦不必坐深井,但竭目力察之,亦能见也。又日食既,大星俱见,此尤明证焉。

三、全球之星,虽依次递隐递见,然地平上近北极一段,常见不隐,地平下近南极一段,常隐不见。其常隐段界上之星,每渐升切地平界而过,复渐降,犹之常见段界上之星,每渐降切地平界而过复渐升也。盖球面每点必有正相对之点,地平界既中分球面,则有出地之北极点,即有入地之南极点,绕北极既有常见界中诸点,则绕南极即有常隐界中诸点,一一相对也。

欲观常隐界中之星,必向南行。向南行,则前所见北方诸星,或切地界而过,或并不切地平者,今俱见其入地矣。其初入地即出,渐南则入地渐久。然绕北极如故,北极渐低故也。北极低若干度,则南极于地平下升若干度,故愈南则见常隐界中之星愈多,直至赤道,则二极俱在地平界,而全见天球诸星。此即前绕树而转之理也。

准上诸条,则谓诸星不动,而地球每日自转一周,于理亦合也。

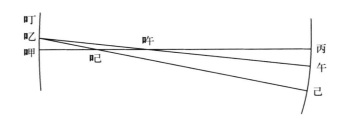

　　假如人定立一处,四望峰峦林屋,远近不一,略移数武,则诸物之近者,方位各大变。如向北行,则初见在正东西者,俱渐退后。一若物之向南行也,初见一线上之物,若相合者,今见其相离;初见其相离者,今适在一线,而见其相合;而远物则但觉微变,如初见在正东者,行三四里仍见在正东也。此何故?盖由人心有一虚空之平圆周,以己目为圆心,人行则此平圆随之而行。设行于呷叮线,在呷时见叱、吁二物,同在一半径线呷丙内,行至叱,则呷叱丙变为叱叱己,呷吁丙变为叱吁午,此二视线以叱、吁为心而旋,而二线遇虚空圆周之点向后而移,叱物近,叱点之移速,吁物远,吁点之移迟,故呷叱叱角大于呷吁叱角,即丙叱己角大于丙吁午角。凡视线渐移,所生视差角,即今视线与原视线之交角也。如人于呷、叱二点望叱物,其视差角为叮叱叱、叮呷叱二角之较。夫叮叱叱为叮呷叱三角形叱角之外角,依三角例,必等于呷、叱二角之和,故叮叱叱、叮呷叱二角之较,等于呷叱叱角也。准此理,则视差角之大小,由于物距、人目之远近,若物甚远,则视差角甚小而不觉,人视之若不变方位也。

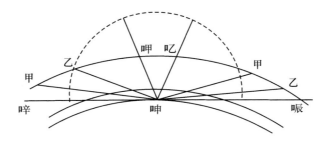

　　星之距地必甚远,否则在天顶时,其视径及星座所占之度,必大于在地平时。以图明之,如甲乙、呷叱、甲乙三弧俱等,人在呻望之,则呷呻乙角必大于甲呻乙角。而星则无论在呷叱、在甲乙,用最精之器测之,不见有差角,任于地面何处测之皆然,故星距地必甚远,以视地半径,盖甚微矣。

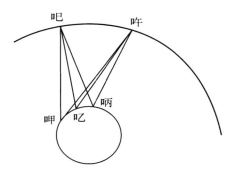

于高平之地,以数百步为径,作大平圆,任取其周呷、叽、呐三点。用象限仪,测地面界上吧、吽二物,成吧呷吽、吧叽吽、吧呐吽三角。目中虽不觉有视差,然察仪器实有微差,物之距目,纵十万倍于平圆径,用最精仪器测之,亦能得其差。而于地球赤道上,用最精器测星,略无微差,故星距地球,必远于十万倍地径也。

假若有人居恒星上,用我所用之仪器,以望我地球,必不能见。又当恒星处,设有体大若地球,我用器望之,亦不能见。故若自我目至恒星作一平面,又于地心作一平面,与之平行,此二面虽永不相遇,然自地望至恒星处,则二面若合为一,不能分也。命地心之平面为真地平,我目之平面为视地平,至极远若合为一处,为天空地平界,则或居地心,依真地平界望星,或居地面,依视地平界望星,俱见在天空地平界上,无纤毫异也。

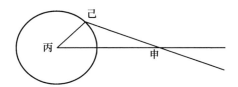

观上诸说,则或人居一处,而星环行,或星不动,而人依正东西线绕地球行,所见无少异也。又或地不动而诸星西转绕地,或诸星不动而地球东转,所见无少异也。

6 卷二 命 名

  古有诸层玻璃天载星而转之说。此于恒星环绕之理，未始不可通，而于日月及诸行星之理，则殊不合。然即以恒星天言之，如此大玻璃球，每日自转一匝，亦大不易，或古人力大，故作此想耳。近已废此说不用，而以歌白尼地球自转之说为定论。既除旧法，必立新名，故此卷专主命名。

  地球以平速向东自转，所绕中心直线为地轴。见某星在地平上某度某分，明日复见其在某度某分，为自转一周。

  地轴之两端为二极，终古不变，近中国者为北极，远中国者为南极。

  平分地为南、北二半球之大圈，为赤道。赤道每点距南、北二极俱等，故赤道所居之平面，必过地心，且正交地轴。

  凡地面任一点，作过两极之大圈，为地子午圈。子午圈所居面为子午面。

  凡地平有真地平、视地平，详前卷。

  各地子午面交地平面之线，名午线，所以定地平圈正南、北二点。

  各地子午圈上距赤道之度，为各地纬度，最小为〇，最大为九十度。在赤道南为南纬，在北为北纬，如顺天府为北纬四十度是也（按纬度之名，初学暂用之，若地之状及天文之理益明，此名当改也）。

  凡地球面，与赤道平行之诸小圈，为赤纬圈。圈之各点，纬度皆同，如顺天府在四十度纬圈上是也。

  历家恒以本国都城之观星台为原点，各地子午圈与原点子午圈交赤道二点之距度，为各地经度，即二经圈之交角度分也。以后凡经度，皆以顺天为原点。

　　纬度分南北,则经度自当分东西,如法兰西都城巴黎斯,或为东经二百四十五度五十一分五十二秒,或为西经一百十四度八分八秒是也。然不若从原点〇度起,至三百六十度,俱向西推更便,故以后但用西经度。经度亦可以时分秒计之,法以一小时代十五度,以一分代十五分,以一秒代十五秒,如巴黎斯为十六时二十三分二十七秒九是也。

　　知各处之经纬度,即可准之作地球仪及地球全图。若作各国图,不过地球面之一段,可以法改球面为平面。盖但欲知本地之经纬度,不必拘定作球形也。余详四卷。

　　赤道南北各约二十三度二十八分之纬度圈,为昼长、昼短圈,二圈上诸点当春秋分时俱见太阳过天顶。

　　距南、北极各约二十三度二十八分之纬度圈,为南、北二寒带圈,其纬度约六十六度三十二分。(此二圈及昼长昼短圈,在地面恒变,故曰约。其变详后。)

　　虚拟一无穷大之球,以定诸星之方位,为天空球,其半径无穷长,地心及人目俱可作球心。

　　地轴所指天空球之点,为天空南、北极。

　　地赤道所居面割天球之线,为天赤道,乃天球之大圈也。

　　展广地平面所割天球之线,为天空地平界,视、真二地平面无异。

　　所居地平面正中点作垂线,上遇天球之点,为天顶点,下遇天球之点,为天底点。

　　凡遇天顶、天底二点之大圈,为垂圈,必正交地平,亦名地平经圈。诸曜在地平上,依此诸线测其高度。高度之余度,为距天顶度。

　　地子午圈所居面割天空球之线,为本处天子午圈。历书凡言每处子午圈者,皆指天子午圈,乃过天空两极之垂圈也,正交地平界于子、午二点。

　　正交子午圈之垂圈,为卯酉圈,必过地平界正东、西二点。

　　诸曜所居垂圈交地平圈之点,距正南、北二点,为地平经度,乃过极、过曜二垂圈之交角也。地平经度,旧从正南、北二点向东、向西计之,例不过一百八十度。今从距极最远点向西计之,自〇至三百六十度,为正度,向东计之,为负度,以免淆乱,便于用代数也。

诸曜在地平上之度,为高度,即为距天顶之余度。知高度及地平经度,即知其所居之点。

凡诸曜距天赤道度,名赤纬度,其余度名距极度。赤纬度以北为正,南为负。距极度从北极起,至一百八十度,无正负,较便于用。

过极正交赤道之圈,为赤经圈,亦名时圈。时圈交赤道之点,一如垂圈交地圈之点也。

凡过某曜及本处天顶二时圈之较度,为本曜之时度,恒从子午圈正向西度之,从〇至三百六十度,与曜之每日视行合也。

凡从春分点至某曜经圈交赤道点,为本曜之赤经度,即春分及本曜时圈之交度也。考定春分点法详后。

凡诸曜之赤经度,从春分点起,以度分秒计之,与地赤经度同例,自〇至三百六十度,或以时分秒计之,自〇至二十四小时。诸曜之视行与地自转相反,故亦向西度之。

用恒星每日向西行计时,名恒星时,从春分点起。春分点虽有变,然甚微,在一周时中不觉,可不论。一周名恒星日,亦分为二十四小时及分秒。凡星台中必用恒星钟表,以分点在午线为针之始,即〇时〇分〇秒也。诸曜之时度,以十五度为一小时,即指距午线若干时也。在午线后为正,在前为负。诸赤经时度,即本曜及分点距午线时之和较也,在前、后同则为较,异则为和。

凡浑天球及全天图,或一段天图,亦仿地球地图法作之,则位置诸星,一一与天合。观其图,如在地心观天也。故不论在地面何处用之,皆与天合,盖此图无天顶、天底二点,亦无地平界及东西方位。而过两极之大圈,与地诸子午圈合,然与地面各处之定子午圈不同,盖地面各点每日必尽经过天之各子午圈也。

历家欲天、地二图通为一理,以天球之赤道与地球之赤道合,而地之诸子午圈在天球名时圈,诸圈于极成角度名时度。此法甚便于用。又有黄道经纬圈,地球所无,惟天球有之,以地与诸行星绕日之轨道为主。二者历家兼用之。

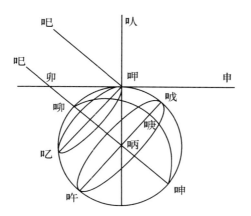

如图,吶为地心,唨吶呻为轴,唨、呻为二极,哦哸为赤道。呷吶为地面呷点上赤纬圈,呷吧与呻吶唨平行,乃人在呷点望天极之视线。呷叺由地半径吶呷引长,乃天顶之垂线。唨呷哦呻为呷点之子午圈。唨喥呻为原点之子午圈,如中国即顺天之子午圈也。喥哦即喥唨哦之弧角,为呷点之经度,哦呷即纬度。唨呻为地面之切面,即视地平面,面之正南、北二点为卯、申,故卯呷申线为呷点之午线。

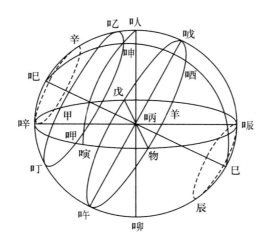

作天球图法,地之大小不论,一若人居地心,准真地平面作之。如图,

呐为人目,叺为天顶,唧为天底,啐呷唝为天空地平界,以叺、唧为二极,吧、巳为南、北二极,啐吧为极出地度,啐吧叺哦唝为子午圈,哦唓吘大圈正交吧巳,为天赤道。设星在呻,准赤道推之,则吧呻唓巳为本星之时圈,羊为春分点,羊唓为呻点之赤经度,唓呻为赤纬度,吧呻为距极度,吃呻叮为每日视绕极之圈。若准叺呻嗔垂圈推之,则唝嗔为呻点之地平经度,嗔呷为高度,叺呻为距天顶度,唝、啐为地平正南、北点,戊、物为正东、西点,啐辛、唝辰为南、北点上二赤纬圈。故啐辛为恒见圈,其内之星,永不入地;唝辰为恒隐圈,其内之星,永不出地。二圈之间任何星如呻,每日视绕极之度,甲吃呷一分在地平上,甲叮呷一分在地平下。余仿此。

天视学为视学之一门,知诸曜体、线、角、动等事之实象,即能知其视象,或先测得其视象,亦可推得实象。仅论天之一小分,与地面同若测天之大分,或测全天球,则与地面不同。地面视法,只有一个视点,乃作画之心,画心至人目之线,正交画面为一点,余直线显于画面,仍为直线。天之视法,各点皆为画心,画心至人目之线,为球之半径,余直线引长之,皆为球之半周。任作若干平行线,方向不论,皆视合于球之相对二点。常视学只用其一点,名曰合点,余一点不用。天球上无论何点,从地望之,皆为本点上半径平行诸线之合点,对面之点为余一合点,而凡球之大圈为本圈平行诸面之合线。

凡云开微隙,日光漏入,成直线数条,此诸线从天之最远处来,可作平行线论。成天球之大圈,有二合点,一在日,一在日对面之点。在日之点,平地可见;而对面之点,必登高山。当日初出或将入时,见此诸线发于东,渐敛于西,或发于西,渐敛于东,成对面合点也。又北晓(俗名天开眼),或云是电气光,其光成诸直线,皆与指南针平行。视之,向地平渐敛,若合于针所指之点;其上皆如天球之大圈,而合于对面之点。又立冬后四、五两夜,诸奔星之方向(详十七卷),若引长之,可汇于一点,故诸奔星大约方向平行。观此诸事,前条之理自明。

准天视学,则南、北二极为地轴诸平行线之合点,顶、底二点为地平面垂线诸平行线之合点也。

天赤道为地赤道诸平行面之合线,天球之地平界,为真地平面诸平行面之合线。

测地面物,能知远近,故目之视差易改。测天空诸曜,不能预知其实体大小,故视差不易知。欲知其方向、远近之真,非精心考察不能,然必先测其实象,方能得其视差。此天学之最要事也。

用弧三角以推诸曜,乃天学之一门,今略论之,为学者入门之法。

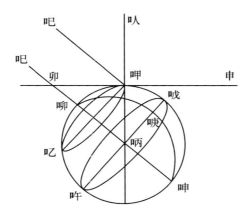

凡各处极出地度,即各处赤道之纬度。如图,极距天顶之角度吧呷叭,即唧呐呷,而叭呷卯与唧呐哦皆为直角,则极出地度吧呷卯,必等于赤道纬度呷呐哦也。故居地之北极则以天之北极为顶点,向南行,则北极出地度渐小;至赤道,则二极皆在地平面;再南行,则北极入地,南极出地;至南极,则天之南极为顶点。

诸星每日绕地复至本所,为十二恒星时,其绕地用平速,故至本处之时同。星过二子午圈之时较,为二地经度较率;二星过子午圈之时较,为二星经度较率。

赤道交地平面在正东、西二点,其交子午圈点之高度,为极出地度之余度。天之南、北极,为赤道之二极,各处地平东、西二点,为子午圈之二极。南、北二点,为卯酉圈之二极天顶、天底二点,为地平圈之二极。诸曜皆以至子午圈为最高度,蒙气最小,最便于测。

诸曜在恒见圈中,日两次至子午圈,一在极上,一在极下。

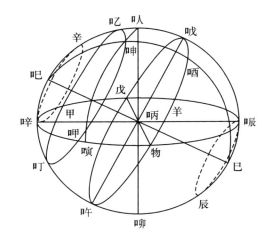

凡推天星诸题,皆用弧三角推其钝正锐形,而弧三角依大圈之二极布算较便,故用距极度,便于赤纬度,用距天顶度,便于高度。知此则推星较易矣。若但求一星之位置,可仿下推之。如图,叺吧呻三角形,叺为天顶,吧为出地之极,呻为星。此形有极出地吧崒之余度吧叺,即天顶赤纬之余度;有星赤纬之余度吧呻,即星距极度有星距天顶度叺呻,即星余高度。若吧呻大于九十度,则星必赤道下;若叺呻大于九十度,则星必在地平下。又有叺吧呻角,为距午度;有吧叺呻角,为地平经度呻叺唉之余度;有吧叺呻角,因无大用,不立名。故有五事:一天顶赤纬余度,一星距极度,一星距天顶度,一距午度,一地平经余度。不论何题,任有五事之三,则余二事亦可推。假如有赤道经度,有距极度,求其出入时。凡见星初出地平,实尚在地平下三十四分。此由于蒙气差,故有叺呻边为九十度三十四分。又有距极度吧呻、天顶赤纬余度叺吧,则已有三角形之三边,求得叺吧呻距午角,以减赤经度,得出时;以加赤经度,得入时。此系恒星时。欲知太阳时,依表变之。

凡星在子午圈两边,其高度相等之时,测其距时若干,即知其地之恒星时及赤道纬度。凡高度等,其距午亦等,故测其两边相距度,半之,即本时距午度也。此三角形有距午时度叺吧呻角,有星距极度吧呻,有高余度叺呻,故可求赤纬余度吧叺。又若已知距午度、赤经度,即知此时之分点距地平度,故亦知此时之本地恒星时。是为求新地纬度之要术。

7 卷五 天 图

　　测定天空诸曜相距之方向并远近,作图或球显其象,作表详其度分,较作地球图表尤易。

　　天空诸星俱可取为本点,而用三角形求他星相距之度,与地面之理同。推蒙气差求得真度,方可著于图表。又与地面之山岭城郭同,而安坐一处,可尽测半球,则较测地面更易也。又有简法,因地球自转,测各星过本地子午圈,而准赤道推其经纬度,即能一一定某星在天球某点,甚密也。盖天球每一点之经纬度,与地球每一处之经纬度,理无异。知星之经纬度,能定其星于天球面,犹之知某城之经纬度,即能定其城于地球面也。而用子午圈测星,较弧三角法,其便有四:各星至子午圈,高弧最大,蒙气最轻,一也;测器为子午仪、子午环,器差最微,二也;无论角之锐钝,俱甚便,三也;用此法测得之数,即可著于表,不似三角法须推算,四也。故今天文家恒用此法。

　　欲知星之经度,但用子午仪测其过子午圈,验恒星钟表之时刻,即得。地面可任取一处,为经度所起,则作天图;亦可任取一星,为原点,不必从春分起也。准原点以测时角,有时之较,即知他星之经度测诸较有微差,当正之,方得真经度。法详后。

　　欲知星之纬度,有二法:一用墙环或子午环,测星过子午圈时之高弧,准本地纬度,即知星之纬度;一用墙环测星之距极数(见卷三),与九十度相减,即星之纬度。去其蒙气差,方得真纬度。既得诸曜之经纬度,即可作图与球。

　　天空诸曜,有时时变其处者,月之变最速,其次为日,其次为诸行星。而恒星则相与之方位恒不变。然详考历代测望簿,亦有数星小变其处,是谓恒星之自动,然其动甚迟,作不动论亦可。故诸曜分为二类:恒星类不变,日、月、行星、彗星皆归行星类。时时变作天图者,于图或球识天空诸曜之处;又识天球之极,为天之不动处,即地轴诸平行线之合点;又识二分点及赤道之处,极点、分点及赤道为虚点、虚圈,非有星显之也。地轴变,则亦随之变,凭之测最便,故作球与图恒识之。最妙者,造同心大小数天球,最外者识诸心于上,余识便测望之诸点与圈。当知此诸球任相磨而转,因地轴或他故缓缓变,则此诸点及圈,与历代所测之星簿皆合,而星之小变不足异,其故可考矣。

天空中人人能知者,为天河。天河约略成天空大圈一带,中分为二道,后复合为一。自古至今,其形状不变。近代用远镜测之,见为无数小星相聚而成。

黄道十二宫之星,为日、月、诸行星之所经,故当论列之。设欲于诸星中测日、月与诸行星之道,当屡测各曜与诸星相近之度,作线联之,即成本星道。一似航海者,日作海中所行之路图也。日道为球上一大圈,即黄道也,与赤道相交于二点,即春、秋分点,其交角为二十三度二十八分。太阳自南向北之点,为春分;自北向南之点,为秋分也。诸行星之道,亦周于天球,但不若日道之为大圈,而成螺线之一种,又易其处,即易其速率。与日同者,惟皆自西而东也。诸行星道恒在黄道两边,最远不过八九度(火、木二道间,有数小星不在此例,然其体甚微,故不论),又恒变。自古至今黄道相近一带中,各点俱曾经过,故其道不能著于图。行星之动法最繁,因我所居之地亦动故也。设居日面观诸行星,则不若是之繁矣。盖居日面观诸行星动,与居地面观日动无异也。是以测日躔为最要,其益非一事而已也。考定其行法,准之,即可考诸星之行法。

黄道为日之视道,见日行黄道一周为一岁。岁实三百六十五日六小时九分九秒六,此太阳时之数;若恒星时,则为三百六十六日六小时九分九秒六。二时之异,盖由每日见太阳与星皆向西行,而一年见太阳于黄道,则向东行,即如太阳西行迟于诸星,每日约一度,历一年,则见太阳绕地较诸星少一周,而太阳时较恒星时少一日也。故恒星时与太阳时之比,若一·〇〇二七三七九一与一之比。以此二数测时,犹之以二国之尺度物,既有定率,则便于用也。

考古今测望簿,知黄道有小变,其故详后卷。但其变甚缓,若数百年中,作不变论可也。

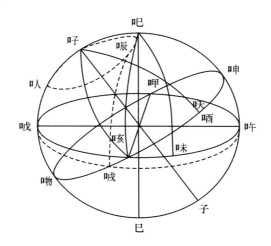

黄道之二极,为球上相对二点,距黄道四面俱九十度。黄、赤二极相距,如黄、赤交角,亦二十三度二十八分,名曰黄斜度。如图,吧、巳为南、北二极(凡单言极,皆指赤极。后仿此),哦呷咋咳为赤道,呼、子为二黄极,咳呻呷呦为黄道,咋咳呻角与吧呼、呻咋二弧度俱相等,为黄斜度,咳为春分点,呷为秋分点,呻、呦俱为黄道距赤道最远点,名二至点,呻在黄道最北为夏至,呦在最南为冬至也。过黄、赤两极之大圈哦呼吧咋子巳,名二至经圈;过二分之子午圈吧咳巳呷,名二分经圈。准从黄极过诸星之线,亦可推诸星之方位,理与赤道同。此诸线名曰黄经圈,黄经圈上星距黄道度分,名黄纬度,本经圈距春分度分,名黄经度。如前图,哜为星,吧哜味为过星之赤经圈,呼哜晒为过星之黄经圈,咳味为星之赤经度,味哜为赤纬度,咳晒为星之黄经度,晒哜为黄纬度。黄道在天球,如赤道在地球,黄道在诸星中间,方位永不变,如赤道在地面,方位永不变也(详见后卷)。

知星之赤道经纬度,即可推得黄道经纬度,反之亦然。如上图,哦呼吧咋为二至经圈,距春分咳俱九十度,咳点即为二至圈之极。故若知赤经度咳味,则亦知哦味,即哦吧味角,亦即呼吧呋角。今设有弧三角形呼吧呋,已知吧呼弧,即黄斜度,亦知吧呋弧,即星距极,亦即赤纬味呋之余度。又知呼吧呋角,依三角法可推得余边呼呋及呼、呋二角。夫呼呋弧即黄纬哂呋之余度,而吧呼呋角即呻呼哂角,为黄经哂咳之余度,是知赤经纬,即可推黄经纬也。若先知黄经纬,亦可反推之。此题在天文中,其用最广。

设欲知某时黄道交地平之二点及黄平象限,即高弧最大之点也。及此点距分点之度,当准天顶及黄、赤二极所成之弧三角形推之。如图,叺为天顶,即地平之极,吧为赤极,哦为黄极。设有恒星时,又有黄极赤经度十八时,即亦知叺吧哦时角,推黄道所在。取叺吧哦三角形,有吧叺弧,即天顶赤纬余度;有吧哦弧,即黄、赤二极距度二

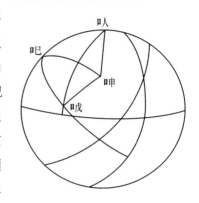

十三度二十八分;有叺吧哦角,即黄极距午度也。依三角法推得叺哦弧,等于黄平象限之高弧。又得吧叺哦角,为黄极地平经度,以加减九十度,即得黄道交地平二点之地平经度。又推得吧哦叺角,其余度即黄平象限之黄经度。设欲知星之黄、赤二经交角,以呻为星,用吧呻哦三角形推之,已有吧呻、吧哦二弧,亦有呻吧哦角,为星之赤经与二至经线之交角,依法可推得吧呻哦角,即所求之角也。

既测得诸星中间之黄道,亦可知此时春分点咳（见黄道之二极条之图）所在。此点为赤道经度所起,为最要点。考历代测簿,知此点时时移动,以平速行于黄道,自东至西。以诸曜每日西行言之,则分点恒速于星;以东行言之,则分点每岁退行五十秒一,名岁差。虽甚微,然积久则大,亦天学中一不便事,因星表恒须改造故也。最古之星表,与今星表相较,二分点退至三十度,今推得二万五千八百六十八年,行于黄道一周。

因有岁差,故恒星、行星经度,俱以平速渐变。盖春分点为黄、赤经度所起,此点退后,则无论恒星、行星,经度必俱变也。一若天球自转于黄道极,其一周与每日绕赤道极一周相似,诸星经度之变,非星自动,由原点（即

春分点)退行而然也。若任取一恒星为原点,则无此变矣。置分点不论,但观赤极屡变其处,其故自明。无论何时,用子午环或墙环,任测三星,用三角形推之,能知赤极所在。黄道及他圈俱不论。细考之,虽二时甚相近,其变不能觉,然据理一定有变。赤极之变法有多端,其一略近平速,岁差所由生;又有诸不平速,章动(详后)所由生。此二事本于一根,俱因地球自转而生也。岁差之动,以平速绕行黄极,所行平圆之半径为二十三度二十八分,自东而西,一年行五十秒一,历二万五千八百六十八年而一周。观极有如是行法,即明岁差之故矣。如图,赤极吧绕黄极呀,行于小圈吧喴叺,赤极至喴,则赤道哦咳咋变成哦哦咋,距新极喴皆九十度,而黄、赤交点即春分,

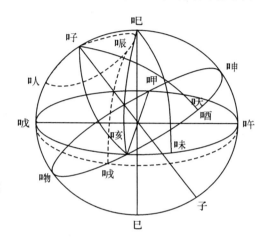

自咳西行至哦,是岁差之理。由于赤极绕黄极,行于诸星间,成小圈,故天球之转,日日生变,而古今所见天球之极,恒易其处。夫极为地轴诸平行线之合点,极既见有如是之行,则地轴必有尖锥形动法,其端恒指极所行之小圈,地轴变,全地球与之同变。盖地轴一如铁条贯地球,其两端在地面,永不变方位。故从太古至今,地面之纬度永不变,而海潮升降,亦略无少异。此轴与球同变之明证也。

准岁差理,诸恒星与极有渐近者,有渐远者。今之极星,昔非恒近于极,后亦非恒近于极。考最古之星表,此星距极十二度,今一度二十四分,后必近至半度,再后必复渐远。而他星为极星,后一万二千年,织女大星必为极星,最近时距极五度。

埃及峇塞之地,有石筑四方大尖堆九,其筑时迄今约四千年。尔时诸星之经度,较今少五十五度四十五分。推赤极当近右枢,相距三度四十四分二十五秒。尔时近极诸星中,此为最明,则必为极星。考峇塞地北极出

地三十度,故此星下过喀塞子午圈,其高度为二十六度十五分三十五秒。近有西士外仕者,开此诸尖堆验之,其大者六,俱有隧道斜下,与地平交角略同:一为二十六度四十一分,一为二十五度五十五分,一为二十六度二分,一为二十七度,一为二十七度十二分,一为二十八度,约得中数为二十六度四十七分。又阿婆媳地二尖堆,其隧道与地平交角,一为二十七度五分,一为二十六度。当时坐诸隧道底,能见极星下过子午圈,则此诸尖堆,盖为测极星而设,非漫然筑之也。

地轴除岁差外,别有摇旋之动,十九年一周,名章动。若无岁差,则十九年中,赤极必行成一小椭圆,长径十八秒五,短径十三秒七四,长径恒向黄极。地轴有此动,故天空诸星,十九年中与赤极必乍近乍远,而分点在黄道,必乍进乍退,诸星之黄、赤二经度,必乍加乍减。

地轴兼有此二动,章动椭圆之长径,一章中依岁差之动,绕黄极行于小圈,过若干分,此若干分与圈之比,若一章与岁差周时之比,乃十九倍五十秒一。以真数计之,设小圈径为二十三度二十八分,则得六分二十秒。赤极依此二动而行,故其道非正圆,亦非椭圆,而成浪纹之圈(图见后)。天空诸曜,无论或动或定,皆有此二差,故不能不云地轴之动。盖若惟恒星有此二差,则可云恒星天如硬壳,以黄极为心而转,二万五千八百六十八年而一周,又有小动,十九年而一终。今日、月、行星俱有此二差,则其故含地轴之动,不能解之矣。

天空诸曜,因上二动,其方位时时生变,故凡言诸曜之经纬度,必当云在某年,又当分别平赤经度、真赤经度。真赤经度者,从春分实在之点起算也。凡推步皆用一定之元,或用正月初一日,或用每十年之第一年,或用每百年之第一年,皆推其时之岁差及章动而定其赤经纬度。其推法即前用黄经纬求赤经纬也。试依简平仪法作图,呼为黄极,吧为赤极,吷为星。已有呼吧为黄、赤大距,呼吷为星之黄纬余度,吧呼吷角为星之黄经余度,呼吷不变,余二数俱因岁差、章动而微变。用所变弧角,求吧吷边及呼吧吷角,即可定赤经纬度。盖吧吷即赤纬余度,而呼吧吷角乃赤经加象限也。

岁差之经度与积时比,若五十秒一与一年比,而无纬度差,故黄、赤大距不变。章动则兼有经纬度差,其数即地轴所行小椭圆之诸纵横线也。

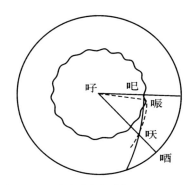

天算家所用之恒星时,以春分点过子午圈为时之始,而春分点因章动而变,则时有加减不平矣。章动之差,已推得除去之,而时仍不平。盖太阳一年中向西之行,比恒星少一日,而分点因逆行,二万五千八百六十八年中多一日,故有平恒星时、真恒星时、平太阳时、真太阳时。

岁差章动,令诸曜同变,而相与之方位不变。譬若舟在中流摇动,视岸上物俱生变,而相与之方位如故也。

诸曜又有光行差,因地球绕日行甚速,而诸曜之光亦有行法,故人视之,俱生微差。譬如无风时人立雨中,雨俱直下,仅着笠而不湿身;若疾行向前,则必着面,一若雨斜入笠下也。

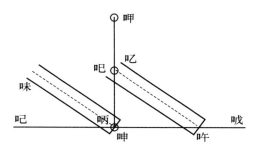

又譬如有球从呷下坠,斜置呮咋筒,筒口在吆承之,若筒不动,则着呮边。若球至吆时,筒向呻行,筒底自咋至呻,与球自吆至唒,其速率恰相合,则球虽直下,人视之一若斜行于筒之轴线也。远镜与人目亦然,无论光或如浪之来,或为无数细点相联直射,过物镜未至聚光点时,若镜中之交线横移,而聚光点不变,则与交点不能合。又过目明角罩未至聚光点时,若目中之脑筋衣横移,而聚光点不变,则与目底之中点不能合。故视物之处不真,即光行差也。今地球绕日行于椭圆道,每秒约五十五里,其方向刻刻不同,而光行每秒约五十五万五千里,此二速率之比例虽甚大,然非无穷,乃若二十秒五之正切与半径比也。如前图,呷为星,呷呮呻为星之光线,呮咋为远镜筒,斜置之,令物镜之聚光点恰遇铜线交点,则呮呻与呻咋比,必若光速率与地速率比,即若半径与二十秒五正切之比也。故呻呮咋角(即呮呻味角），为远镜视轴方向与星真方向之交角，必为二十秒五。若地行方向与星真方向非正交，理亦合。如图，呻叱为星之真方向，呷呐为远镜斜置方向，则叱呐与叱呷比，若光速率与地速率比，亦若半径与二十秒五正切比。准三角理，叱呐与叱呷比，若叱呷呐之正弦与呷呐叱（即呐叱吧）之正弦比。夫呷呐叱即光行差角也，光行差之正弦与地道及视线交角之正弦有比例，故视线与地道正交，则光行差最大。此事本当详于后卷，因与天图之理有关，故先论之。

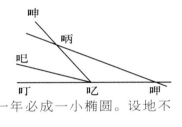

　　光行差令诸曜之度俱微移，共向天空一点，即本时地行方向诸平行线之合点也。地球行于黄道，则此点必居黄道面，在地球所在经度前九十度，即太阳后九十度。故此点刻刻变，一年周于黄道。若每星论其差，则一年必成一小椭圆。设地不动，必见星在椭圆之中心。

　　诸星之视赤经纬，岁差、章动外，又有此光行差。西士白西勒已造表，故求赤道之真经纬，甚便也。

　　凡物发光入我目，我方见物，然我所见之光，非我见时所发之光，乃未见前所发之光。其光自物至我目，中间所行之时，即我见物距物发光之时。准地球速率，推得光行差而改正之，得恒星之真方向。然此方向，非发光时地球至星之一直线，乃光到时，地球至星之一直线也。故凡步行星，当以星、地之距推光行若干时始至地，此若干时中，地当行若干路，星当行若干路，乃能得星视行度之全差。此差令星行之方向与视行之方向不符，其故有二：一为光行差，即上条地行与光行相合而生；一为光道差，乃因光行之时星亦行而生（光道差恒并入光行差而合推之）。

　　凡用器测天，所得之数有五差，须改正之，方可著于图或球：一蒙气差，二视差，三光行差，四岁差，五章动差。以蒙气差改之，则知无蒙气时星当在何处；以视差改之，则知从地心视星当在何处；以光行差改之，则知地不动，视星当在何处；以岁差、章动差改之，令天空屡变之赤道，改为一定之赤道。凡测天所得，无此五改，则不能作图与球，故今一一论之。

蒙气差已详前(一卷),今不论。

视差之理,如本当从地心视之,今乃从地面视之,则有地半径差。又如本当从日心视之,今乃从地视之,则有黄道半径差。用视差推之,即得从地心或日心所见诸曜之方位。

凡已知星、地相距,即可知地半径差。若已知地半径差,亦可知星、地相距。如呻为星,呐为地心,呷为地面测星处,叭呷呐为地面呷点之垂线,从呷视星之方向为呷呻,距天顶为叭呷呻角,从呐视星之方向为呐呻,距天顶为叭呐呻角。二角之较,为呷呻呐,即地半径差也。准三角法,呐呻与呐呷比,若呐呷呻正弦,即叭呷呻正弦与呷呻呐正弦比,故地半径呐呷乘星距天顶度叭呷呻正弦,以星、地距呐呻约之,即得视差角之正弦。是地半径差与星距天顶度有正比例,故诸曜在地平时,视差最大。欲知诸曜在各高度时之视差,以其距天顶正弦乘地平视差,即得。呷呐呻恒小于叭呷呻,故以视差改正之,距天顶度恒变小,与蒙气差之改相反。

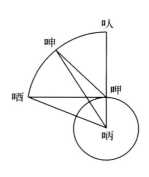

地半径差,起于天顶点,黄道半径差,起于冲日点,其差角在过星、日、地三心之面内,改后星距此点之角恒变小,即距日之角变大。其推法,星、日距与地、日距比,若所见星、日距度正弦与黄道半径差正弦比。

诸改法分为二类:其一,令诸曜相与之方位俱变,为实改;其二,相与之方位不变,为法改。蒙气差、光行差、视差之改,皆实改也。岁差、章动差之改,皆法改也。

凡实改者,诸曜之差皆共向一点,如蒙气差令诸曜皆向天顶点,地半径差令皆向天底点,黄道半径差令皆向太阳心点,光行差令皆向地行方向诸平行线之合点。改之,皆令向对面一点。

地半径差、黄道半径差、光行差大小之比,皆若距所向点度分正弦之比。蒙气差之理较繁重,其比例略近于正切;而距所向点九十度,其差最大,则三者皆同。

其改依理之次序,一蒙气差,二光行差,三地半径差,四黄道半径差,五章动差,六岁差。然光行差、章动差俱甚小,并入岁差而最后改之为便。

8 卷八 动 理

地绕日,月绕地,已知之无可疑矣。而地何以绕日,月何以绕地,且俱终古不停也? 今特推阐其理。

凡物在空中,必依地面之垂线下坠,其下坠必有力使之,名曰摄力(一名地心力)。摄力之方向,恒对地心。若物斜抛空中,则下坠时不正对地心,然地心之方向,仍寓于中不灭也(理详动重学)。若正向上抛,则抛力与摄力相消,消至相等,则下坠至地面,而抛力消尽。凡斜抛物,其方向本直,摄力令渐变方向,故下弯成曲线,名曰抛物线。抛物线有最高点,如月道焉。此曲线至地面时,其方向斜交地平,与发时方向交地平之角等。物在其线,无一处向地心者,乌知其向地心? 乌知此线非极长椭圆道? 地心为其一心,若无他质隔碍,乌知物不回至本处? 果尔,则抛物行曲线,与月绕地,乃一理也。

以索之一端系石,手持一端而旋舞之,石必生离心力。拉索令紧,而索力必有限,旋太急,拉索力大过其限,则索绝而石飞,恰如限则不绝。知索力之限,即能推当用若干速率。设以索联地心与地面之重物而旋之,令速率所离心力恰如索力,则物必绕地心行,而有摄力令物恒向地心,与索力等,用以代索,则物仍绕地心行不变。月之绕地,亦此理也。而摄力小,何以知之? 准动重学法,以地半径推得地面重物,欲令绕地心行不停,其速率当为一小时二十三分二十二秒绕地一周。若摄力加于月体,与地面同,则推其速率,当十小时四十五分三十秒而绕地一周。今月绕地一周,为二十七日七小时四十三分,故知地心摄力加于月,较加于地面物小也,推其比例，若一与三千六百。设二物一在月道，一在地面，同下坠，地面物当速于月道物三千六百倍也。月距地心约六十倍地半径，三千六百与一比，即六十与一之二平方数比。盖摄力渐远地心，则渐杀，其比例若距地心线平方之反比例也。此与光热渐杀之理同。与噏铁、电气二力，虽证据未多，然其理亦必同也。

奈端言天空诸有质物，各点俱互相摄引，其力与质之多少有正比例，而与相距之平方有反比例。凡一体中各点相摄，所受摄力各不等，当推体之形状，法甚繁，而地与月俱为球体，奈端云球体之摄力，与球质俱收聚于心点而发摄力无异，故凡球皆如一点也。地虽非正球，然其差甚微，可不论。

奈端又言偏虚空界摄力无不到。设有二球体，本各行直线道，因摄力互相引，必成曲线道，或彼体绕此体，或二体共绕一公重心，其道必为圆锥诸曲线之一，视其速率、方向及相距远近而异。所绕之心，乃曲线一心。除平圆外，不在中点，又距心线及速率刻刻不同，恒成反比例。而距心线所过之面积同，则历时亦同。观地绕日、月绕地，皆与此理合，其道皆为椭圆，而两心差不同，则其说信而有征也。以日、地两心距及地绕日一周之时（卷五条），推得地之离心力。又设一与地等质积之物，距地如日、地距，推得其恰当地球摄力之离心力，则地绕日之离心力，大于所设物离心力三十五万四千九百三十六倍，即知日之摄力，大于地之摄力三十五万四千九百三十六倍。盖日之质，与三十五万四千九百三十六个地球质相等故也。而日之体积，大于地一百三十八万四千四百七十二倍，则日质较地质疏而轻。设取等大之积衡其轻重，则地为一，日为〇·二五四三。夫日之摄力甚大，则四面之压力甚重，而质反如此轻，疑日中有猛火，或大热，故受甚大压力，而不被挤小也。

凡球通体之摄力，与全质收聚于心点而发摄力无异，而摄力与球质积有正比例，与距心之平方有反比例。若论球面之摄力，则距心数乃球之半径也。如法推得日、地二球面之摄力，如二十七·九与一之比，地面一斤重，移至日面当重二十七斤九也，故日面当用地面抵力约二十八倍，方与摄力相当也。地面之人若至日面,必不能行动,因摄力大而增重,不能自胜其体也。

观上诸条,益知地球率月绕日,而日不动。盖日质甚大,地、月之摄力甚微,加之不觉也。与前所云公重心甚近日心,非地面所能测之说合。故地或绕日心,或绕重心,无须分别也。

地与月共绕其公重心,而又同行于黄道以绕太阳。此如大、小二球联于杆,以索系于重心而旋舞空中,而二球又共绕其重心。是行于绕日之椭圆道者,非地非月,乃地、月之公重心也。准此,则地上视日又有小差,每月一周,凡推日度当加减此差。又月绕日之道,似十二曲线合成,其曲线俱凹向日,名次摆线,每月二次交地道,一由内出外,一由外入内。然月、地二心距,不能过四百分地道半径之一,则出入于地道亦甚微。设画于纸,非用至精之规度之,不能觉也。

月若仅依地球之摄力绕地行,则必为真椭圆道,行一周仍至本处,且在一面内。今又受日之摄力,故有交点逆行、椭圆长径顺行及椭圆变形诸差也。譬如以二石相并,于高处同下坠,摄力相等而渐增,二石之速亦必同增,而相偕至地。设一石受摄力微大,则增速亦更大,必先至地,而生相属之动。日、地距大于月、地距约四百倍,故朔、望月距日差二百分之一。如图,呻为日,哦为地,嗊呗为白道。朔时月在嗊,受日之摄力大于地;望时月在呗,受日之摄力小于地。在白道各点,受日之摄力比地各不同,摄力之方向亦不同。设地与月受日之摄力大小与方向俱不变,则月绕地之行亦不变。今既俱变,故生差力,其方向斜交地、月之联线。令月或速于椭圆行,或迟于椭圆行,且或令地离月,或令月离地,又白道斜交黄道面,而日之摄月力非与黄道平行,故恒令月欲离白道面,则生交点行等差也。此名摄动差。其详见后卷,恐人因此疑摄力之公理有时不合,故先略言于此,以释其疑。

第三部分

物理学

重学(节录)①

1　跋（钱熙辅）

《汉志》曰：权与物钧而生衡，衡运生规，规圆生矩，矩方生绳，绳直生准。是规矩准绳皆本于权衡矣，乃方圆平直之理。《九章》诸书言之綦详，而独不及于重学，岂久而失传耶？西人重学远有师承，近百余年间愈入愈深，且用以步天而知七政之行，由地球与诸曜之互相摄引，故其迟疾时时不等，遂于小轮不同心天之外别开门户。胡君（威立），英国之精于重学者也，著书十七卷，分别动、静两大支。其静重学，先求重心以得其相定之理，定理既明，乃可以用动力。而轮轴、滑车诸器，或分或合，或复或单，均能以小力运大重，是即动重学之根矣。其动重学，有平速、渐加速之分，而地心下引之力为渐加速，速之比例用股而不用弦，故物自上而下，弧线长于圆径，圆径长于通弦，而其时刻无不同者，此皆理势之自然。中土诸人习焉不察，一经拈出，妙义环生，且因此而知一分中月行弧线之矢同于一

---

①　选编自：艾约瑟，李善兰，译．重学．上海：墨海书馆，1866．本书节录其中的"跋（钱熙辅）""译序""卷一""卷二""卷五""卷十五""卷十九""卷二十"。——编者注

秒中重物下行之路,盖月之右旋即如重物行于弧线,而地之引力加于月者仅得地面三千六百分之一也。艾君(约瑟)谓:言天学者必自重学始。因偕海宁李君(善兰)同译是书。余得而读之,谓可以补算术之阙文,导步天之先路。而用定质、流质为生动之力,以人巧补天工,尤为宇宙有用之学。爰商之同邑顾君(观光)、南汇张君(文虎),详校而付之梓。书中多以代数立说,中土虽无其术,而西人《代微积拾级》一书,上海已有刊本,且与中法天元大略相似,故不复详释,读者以意会之可也。抑又闻佛兰西拉白拉瑟著有《天文重学大成》,其立法之奇妙,义蕴之奥衍,当必有进于是书者。李君倘能译而传之,余亦乐为之刊行也。刊《重学》成因书其后,以询李君。咸丰己未冬十一月,金山钱熙辅鼎卿氏识。

2 译 序

岁壬子,余游沪上,将继徐文定公之业,续译《几何原本》。西士艾君约瑟语余曰:"君知重学乎?"余曰:"何谓重学?"曰:"几何者,度量之学也;重学者,权衡之学也。昔我西国以权衡之学制器,以度量之学考天,今则制器、考天皆用重学矣,故重学不可不知也。我西国言重学者,其书充栋,而以胡君威立所著者为最善,约而该也。先生亦有意译之乎?"余曰:"诺。"于是朝译《几何》,暮译《重学》,阅二年同卒业。韩君绿卿既任刻《几何》,钱君鼎卿亦请以《重学》付手民,同时上板,皆印行,无几,同毁于兵。今湘乡相国为重刊《几何》,而制军肃毅伯亦为重刊《重学》,又同时得复行于世。自明万历迄今,畴人子弟皆能通几何矣,顾未知重学。重学分二科,一曰静重学。凡以小重测大重,如衡之类,静重学也;凡以小力引大重,如盘车、辘轳之类,静重学也。一曰动重学。推其暂,如飞炮击敌,动重学也;推其久,如五星绕太阳、月绕地,动重学也。静重学之器凡七:杆也,轮轴也,齿轮也,滑车也,斜面也,螺旋也,劈也。而其理维二:轮轴、齿轮、滑车,皆杆理也;螺旋、劈,皆斜面理也。动重学之率凡三:曰力,曰质,曰速。力同,则质小者速大,质大者速小;质同,则力小者速小,力大者速大。静重学所推者,力相定,或二力方向同定于一线,或二力方向异定于一点。动重学所推者,力生速,凡物不能自动,力加之而动;若动后不复加力则以平速动,若动后恒加力则以渐加速动。而其理之最要者有二,曰分力、并力,曰重心,则静、动二学之所共者也。凡二力加于一体,令之静,必定于并力线,令之动,必行于并力线,且物之定必定于重心,物之动必行于重心线,并力线必经过重心也。又凡物旋动,必环重心,地动是也。二物相连而相绕,必环公重心,月、地相摄而动是也。故分力、并力及重心为重学最要之理也。胡氏所著凡十七卷,益以流质重学三卷,都为二十卷,制器、考天之理皆寓于其中矣。呜呼!今欧罗巴各国日益强盛,为中国边患,推原其故,制器精也。推原制器之精,算学明也。曾、李二公有见于此,亟以此付梓。上好之,下必有甚焉者。异日人人习算,制器日精,以威海外各国,令震慑,奉朝贡,则是书之刻,其功岂浅鲜哉?同治五年九月李善兰序。

3 卷 一

论 杆

杆以铁或坚木为之,所以衡重、任重、起重者也。有直杆,有曲杆。杆之理为线,上有定点,有重点,有力点,杆两端升降时,三点总在一个平面上,所加重力,亦与杆同在一个平面上(凡重力,恒在杆两端升降所成之面;凡杆不论所重)。

公论一

凡相等重力直加于杆之两端(重力方向与杆成直角,谓之直加),离中心等,力重各有令杆动之能,因适相等,必令杆定。盖二力在两端,一切俱等,不能共令杆动,亦不能各令杆动,所以杆必定。

如有两相等力,在定点两边直加于杆,令杆不动,则两力点离定点必等;不如是,离定点远者必令杆动。如有两力离定点等,直加于杆,令杆不动,则两力必等;不如是,力大者必令杆动。如有重加于直杆,杆有两定点,离重点等,则两定点之抵力必等。如有相等两重加于杆上,杆有两定点,离两重点各等,则两定点之抵力必等。

公论二

若有相等两重,直加于杆,令杆定,则不论杆之长短,定点之抵力,必等于两重和。

公论三

若有相等两重,直加于杆之两端,而杆有两定点,离两端俱等,则两定点之抵力和,必等于两重和(因抵力全用以载全重,抵力必等于全重,全重必等于诸分重之和。知此,则二、三公论之理自明。两重不相等,抵力亦必等于两重和。今但论相等者,取其易明也)。

设一重加于杆,杆有二定点,则二定点抵力之和必等于重。抵力自下而上,以敌自上而下之力。公论言重向下,抵力向上敌之,亦同。推之,各方向力为对面力所敌,亦同。本力方向或自上而下,或自下而上,为抵力所敌,理总无二。二力相等,故谓之抵力。

第一款 两个相等重,或分加直杆之两端,或并加直杆之中心,其能力必等。

如图,庚、辛两相等重,加于杆之丙、丁二点,令杆定,甲、乙二定点共抵力,必等于庚、辛二重和;甲、乙各抵力,必等于二重和之半。设以庚、辛并加中心戊

点,甲、乙各抵力,仍等于庚、辛和之半,因共抵力等于庚、辛和,故各抵力等于庚、辛和之半(公论三)。所以无论分加、并加,杆俱定,甲、乙之各抵力俱同也。设有质重圆杆,平于地平,质重通体均平如一,令其质重或收在中心,或散作杆体,其能力俱同,因此,杆体质重,可分为无数两两等重,离中心两两相等。此无数等重,或分加两边,或并加中心,能力俱同,故全杆之理亦同。

第二款 有大、小二重,直加于杆,两个重定距线,与二重成反比例。

如图,壬、癸为二重,甲乙为有质重圆杆,其重等于二重之和,甲乙杆分于丁点,令甲丁与丁乙比,如壬重与癸重比,则甲丁质重同于壬,乙丁质重同于癸,而甲乙杆必定于中心丙点。取

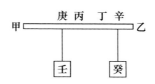

甲丁中心庚,取乙丁中心辛。准前论,甲丁质重,或收于庚点,或散于甲丁;乙丁质重,或收于辛点,或散于乙丁,理俱同。设甲乙不为有质重之杆,而为一线,于此线上加甲丁之重于庚,加乙丁之重于辛,二重仍定于丙点。如此,则又加壬重于庚,加癸重于辛,仍定于丙点也。丁庚为甲丁之半,丁辛为乙丁之半,故辛庚为甲乙之半,丙庚为甲丙少甲庚,丁辛为辛庚少丁庚,皆即甲乙之半少甲丁之半也。有等数及比例如下:

丙庚＝丁辛

丁庚＝丙辛

一率	二率	三率	四率
丙庚	丙辛	丁辛	丁庚
		棹乙	丁甲
		癸重	壬重

设壬、癸相定于丙点,则壬、癸两重,与丙庚、丙辛必有反比例。取试己重,令壬、己之比,如丙辛、丙庚之比,代癸重加于辛点,则壬、己必相定。如此,癸、己二重加于辛点,其能力同,故其重相等。丙点抵力,即壬、癸两重之和。因壬、癸两重压于丙点,与杆重压于丙点,其力等,若将杆重收于

丙点,其力亦等。

第三款 如有二力,以对面方向直加于杆,在定点之一边,二力与两个力定距线成反比例,则杆必定。

如图,乙为定点,子、壬为二力,方向对面,子加于己,壬加于甲。子力与壬力比,如甲乙与己乙比,则杆必定。设乙点有丁力,其方向平行于壬甲,令丁、壬之比,如己甲、己乙之比。设己为定点,则丁、壬必定于己,己点抵力必等于丁、壬和。设己不作定点,但于此点对面加力,等于丁、壬二力和,与定点理同。故子力等于丁、壬二力和,此三力必令杆定。又比例如下,亦令杆定:

一率	二率	三率	四率
丁力	壬力	己甲	己乙
丁、壬二力和	壬力	己甲、己乙和	己乙

又比例如下,则子壬必定于乙点:

一率	二率	三率	四率
子力	壬力	乙甲	乙己

乙点抵力等于子、壬之较,故丁等于子少壬,其方向与壬力同,等数如下:

$$乙抵力＝子力 - 壬力$$

$$丁力＝子力 - 壬力$$

用杆有三式:一、定点在力、重二点之间,如剪之类,力点在尾,重点在口,定点在中枢是也。二、重点在定、力二点之间,如舟中橹之类,力点在柄,定点在水,重点在舟尾是也。三、力点在定、重二点之间,如冶工钳之类,枢即定点在内,钳物处即重点在外,力点在中间是也(前二式能助力,后一式不能助力,此非为助力计,为加力及远计也)。

假如有庚辛杆长三尺,加壬重一百斤于庚,离定点丙二寸又九分寸之二,求辛点癸重若干。列等数于下:

$$二寸 \perp \frac{二}{九} = 三尺 \top (二尺七寸 \perp \frac{七}{九})$$

$$庚丙 = 二寸 \perp \frac{二}{九}$$

$$辛丙 = 二尺七寸 \perp \frac{七}{九}$$

通分纳子,得下式

$$二寸 \perp \frac{二}{九} = 二〇$$

$$二尺七寸 \perp \frac{七}{九} = 二五〇$$

乃以四率比例推之:

一率	二率	三率	四率
二五	〇二	一百斤	八斤

求得癸重八斤。

假如有午戌无重之杆,丙为定点,午丙、丙未、未申、申酉各等分,丑重进退于丙戌间,求丑在未申各点时,午点之子重若干。

观等数式自明(丙午等于丙未,即天平理也)。

午丙未申酉　戌

子　丑

$$丑在未 = 丑在午$$

$$丑在申 = 二丑在午$$

$$丑在酉 = 三丑在午$$

故　　$$丑在未　　子 = 丑$$

$$丑在申　　子 = 二丑$$

$$丑在酉　　子 = 三丑$$

假如有伪天平,定点在丙,丙午、丙未不等,在午有子重,在未有丑重,递与天重定于丙,欲求天真重若干。有比例如下:

一率	二率	三率	四率
丙未	丙午	子	天
丙午	丙未	丑	天
丙午乘丙未	丙午乘丙未	子乘丑	天平方

一率等于二率,则三率必等于四率,然则子乘丑必等于天平方,故以子、丑二重相乘开平方,即得天真重。

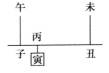

假如有寅重,加于直杆子、丑二定点中间之丙点,求二定点抵力各若干。两抵力与两定重距有反比例,如下(设用午、未二能力代定点,抵力不改):

一率	二率	三率	四率
子丑(即午未)	丑丙(即未丙)	寅重	子抵力(即午力)
子丙(即午丙)	子丑	丑抵力(即未力)	寅重
子丙	丑丙	丑抵力	子抵力

第四款 有二力直加于曲杆,令两个力定距与二力成反比例,则曲杆必定。

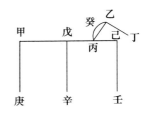

如图,甲丙乙为曲杆,丙为定点,丁力直加于乙,庚力直加于甲,令庚与丁比,如乙丙与甲丙比,则杆必定。试引长甲丙线至己,令丙己与丙乙等,取壬力,等于丁力,直加于己,取丙戊,等于丙己,而于戊点加辛力,等于丁力,则辛、丁二力必定于丙点,因两力等,两力定距亦等,且俱直加故也,即辛壬亦必定于丙点,因丙戊、丙己等故也,所以丁、壬二力加于杆上,虽曲直异而理实同也。比例如下:

一率	二率	三率	四率
丁力	庚力	丙甲	丙乙
壬力	庚力	丙甲	丙己

观比例,知壬、庚必定于直杆,所以丁、庚必定于曲杆。

设杆之一端屈曲如丙癸乙,理亦同。何则?丙癸乙为不可动之杆,可名坚线。试作丙乙直线,成丙癸乙,而设丙癸乙为坚面,以代丙癸乙坚线,其用同。此面上去丙乙诸平行线或丙癸乙诸平行线(面乃积线所成),仅剩丙乙或丙癸乙坚线,其用仍同也。

第五款 有二力斜加于杆(或直或曲)之两端,从定点出二线,与二力方向成直角,令二力与二线成反比例,则杆必定。

如图,甲乙为杆,戊为定点,庚力斜加于甲,辛力斜加于乙,从戊点出二线,一与甲庚方向成直角于丙,一与乙辛方向成直角于丁,令庚、辛之比,同于戊丁、戊丙之比,杆必定。以前款证之,甲丙、丙戊当作竖线,则庚力之加于甲,或为戊甲

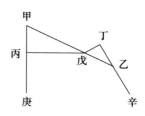

丙曲杆,或为戊丙直杆,理俱同。辛力加于乙,与加于丁同。惟庚、辛两力与戊丁、戊丙有比例,则庚、辛加于丙、丁,必定于戊。所以加于甲、乙,亦必定于戊也。有等数如下:

庚×戊丙＝辛×戊丁

庚×戊甲×甲正弦＝辛×戊乙×乙正弦

戊甲、戊乙任成何角,理俱同,即角等于无,亦然,戊甲、戊乙为一线亦然。如庚、辛二力以甲庚、乙辛方向加于直杆甲、乙二点,设二力与定点上直交本方向之二线成反比例,则杆必定。设有二力对面斜加于杆之一点,两个令杆动之能,与定点上直交本方向之二线成反比例,杆必定。

假如有庚重九十九斤,辛重一百斤,有戊甲九尺,戊乙五尺,有戊甲庚角三十度,求戊乙丁角若干度分。有等数如下:

庚×戊甲×甲正弦＝辛×戊乙×乙正弦

庚×甲戊＝八九一

辛×乙戊＝五〇〇

三十度正弦＝〇五〇〇〇〇〇

乃以四率比例推之:

一率	二率	三率	四率
五〇〇	八九一	〇五〇〇〇〇〇	〇八九一〇〇〇〇

检正弦表,得六十三度,即戊乙丁角。

假如庚、辛二重,加于甲乙杆,若平于地平时既相定,则无论何方向,

亦必相定。

如图,甲乙为杆之无定方向,丙戊丁为地平线,丙甲庚、乙丁辛为二垂线,若甲乙杆当平于地平时庚、辛二重既相定,则庚、辛之比,必同于戊乙、戊甲之比。以等势三角形言之,戊乙、戊甲与戊丁、戊丙同比例,故庚、辛与戊丁、戊丙亦同比例,所以在无定方向亦定于戊点。

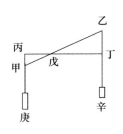

假如庚、辛两重加于甲戊乙无重曲杆上,已知戊甲、戊乙二长,亦知庚、辛二重,亦知甲戊乙角,求甲乙杆定于何方向。法于戊点上作平于地平线,与庚、辛二重垂线成直角于丙、于丁,有等数如下:

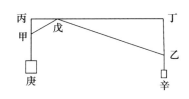

$$丁戊乙角 = 半周 - (甲戊乙 \perp 甲戊丙)$$

$$庚 \times 甲戊 \times 甲戊丙余弦 = 辛 \times 乙戊 \times 乙戊丁余弦$$

$$= 辛 \times 乙戊 \times (半周 - (甲戊乙 \perp 丙戊甲))余弦$$

$$= -辛 \times 乙戊 \times (甲戊乙 \perp 甲戊丙)余弦$$

$$= -辛 \times 乙戊 \times (甲戊乙余弦 \times 甲戊丙余弦 - 甲戊乙正弦 \times$$
$$甲戊丙正弦)$$

$$(庚 \times 甲戊 \perp 辛 \times 乙戊 \times 甲戊乙余弦)甲戊丙余弦$$

$$= 辛 \times 乙戊 \times 甲戊乙正弦 \times 甲戊丙正弦$$

$$\therefore \quad 甲戊丙正切 = \frac{庚 \times 甲戊 \perp 辛 \times 乙戊 \times 甲戊乙余弦}{辛 \times 乙戊 \times 甲戊乙正弦}$$

假如庚、辛两重加于甲戊乙曲杆,令甲戊平于地平。已知戊甲、戊乙二长及甲戊乙角,有庚重,求辛重。如此,无甲戊丙角,故等数如下:

$$\frac{庚 \times 甲戊 \perp 辛 \times 乙戊 \times 甲戊乙余弦}{辛 \times 乙戊 \times 甲戊乙正弦} = \bigcirc$$

$$\therefore \quad 辛 = -\frac{庚 \times 甲戊}{乙戊 \times 甲戊乙余弦}$$

甲戊乙角必大于直角,则余弦为负,辛为正,不然题不可推。

善兰案:甲戊乙为锐角,则余弦为正;若为钝角,则余弦为负。辛为正,则乘正得正,乘负得负;辛为负,则乘正得负,乘负得正。以加减庚乘甲戊,辛在等数两边,正负变;余弦在等数两边,正负不变。前题与此题,俱同此例。

假如有载重车,车全重并于轮轴戊点,轮周甲点为物所阻,过此甲点,当用力若干?

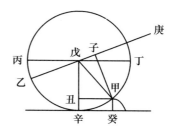

如图,丁甲乙丙为车轮,甲点为物甲癸所阻,车重并于轮轴戊点,戊辛为车重垂线,即名重线。人力加于庚,以庚戊为力线,辛重、庚力定于甲点时,有比例及等数如下:

一率	二率	三率	四率
辛重	庚力	甲子	甲丑
		甲戊子正弦	甲戊丑正弦

$$庚力 = \frac{辛 \times 甲戊丑正弦}{甲戊子正弦}$$

庚戊甲角正弦愈大,庚力愈小,若庚戊甲为象限角,则庚力最小。比例等数如下:

一率	二率	三率	四率
辛重	庚力	半径	甲戊丑正弦

$$庚力 = \frac{辛 \times 甲戊丑正弦}{半径}$$

设轮愈大,甲癸不变,则丑辛亦不变(等于甲癸故)。甲戊辛角愈小,而用力亦愈少也。

第六款 **无数力重,两边加于无数同心杆上,以各力重乘各离心直角线,令两边之和数等,则诸杆俱定。**

如图,天、地、人、物四杆,同以丙为心,有申、酉与未、午四力两边加之,自丙心作丙辰、丙卯、丙子、丙丑,与四力方向线各成直角,令申乘丙辰加酉乘丙卯,等于未乘丙丑加午乘丙子,则四杆必定于丙点。试于丙点作庚寅线，取土、己诸重直加于庚，取戌、亥诸重直加于寅，令土乘丙庚等于午乘丙子，己乘丙庚等于未乘丙丑，又戌乘丙寅等于申乘丙辰，亥乘丙寅等于酉乘丙卯，则有等数：

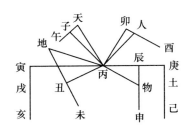

$$土×丙庚⊥己×丙庚⊥\cdots=午×丙子⊥未×丙丑⊥\cdots$$
$$戌×丙寅⊥亥×丙寅⊥\cdots=申×丙辰⊥酉×丙卯⊥\cdots$$
$$\therefore\quad 午×丙子⊥未×丙丑⊥\cdots=申×丙辰⊥酉×丙卯⊥\cdots$$
$$\therefore\quad 土×丙庚⊥己×丙庚⊥\cdots=戌×丙寅⊥亥×丙寅⊥\cdots$$
$$\therefore\quad (土⊥己⊥\cdots)×丙庚=(戌⊥亥⊥\cdots)×丙寅$$

观等数而知，午、未、申、酉诸力，一如在寅、庚两点定于丙点也。惟土乘丙庚等于午乘丙子，且土、午二力定于丙点。己、未二力亦定于丙点。推之戌与申、亥与酉，莫不定于丙点。故并午、未诸力，又并土、己诸力，仍定于丙点也。惟戌、亥诸重与土、己诸重皆定于丙点，所以午、未诸力，其用与戌、亥诸重同。戌、亥诸重，与申、酉诸力定于丙点。故午、未诸力，与申、酉诸力，亦定于丙点也。反言之，若有无数力重，加于无数杆上，定于各杆之心，则各力重乘各离心直角线，两边之和必等。如前图，午、未诸力与土、己诸力定于丙点，申、酉诸力与戌、亥诸力亦定于丙点，因午、未、申、酉诸力定于丙点，故土、己、戌、亥诸力亦定于丙点。等数如下：

$$(土⊥己⊥\cdots)丙庚=(戌⊥亥⊥\cdots)丙寅$$
$$\therefore\quad (土⊥己⊥\cdots)丙庚=土×丙庚⊥己×丙庚⊥\cdots$$
$$=午×丙子⊥未×丙丑⊥\cdots$$
$$(戌⊥亥⊥\cdots)丙寅=戌×丙寅⊥亥×丙寅⊥\cdots$$
$$=申×丙辰⊥酉×丙卯⊥\cdots$$
$$\therefore\quad 午×丙子⊥未×丙丑⊥\cdots=申×丙辰⊥酉×丙卯⊥\cdots$$

如图，有子、丑、寅、卯各重加于地平直杆上甲、乙、丙、丁，戊为定点。设子乘甲戊加寅乘丙戊，等于丑乘乙戊加卯乘丁戊，则杆定。若子乘甲戊加寅乘丙戊，大于丑乘乙戊加卯乘丁戊，则杆之甲端必向下，乙端必向上，而杆不定矣。故各力乘各线,为力能率;各力乘各线之和,为一边全能率。

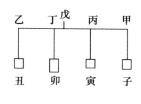

假如前图子为三斤,寅为五斤,丑为九斤,卯为七斤,甲丙、丙丁、丁乙各一尺,求定点戊距甲点若干。

用代数推之,命甲戊为天,有等数如下:

丙戊＝天⊥甲丙

丁戊＝二丙甲⊤天

乙戊＝三丙甲⊤天

∴ 　三天⊥五(天⊤甲丙)＝七(二甲丙⊤天)⊥九(三甲丙⊤天)

$$天＝\frac{五甲丙⊥七×二甲丙⊥九×三甲丙}{三⊥五⊥七⊥九}$$

$$＝\frac{四六甲丙}{二四}＝\frac{二三甲丙}{一二}$$

求得甲戊一尺又十二分尺之十一。

以天元入之,草曰:立天元一为甲戊,以甲丙减之,得Ⅳ元,为丙戊。以甲丙加丙丁,以天元减之,得Ⅲ元,为丁戊。置全杆三尺,以天元减之,得Ⅲ元,为乙戊。以子乘甲戊,得〇Ⅲ元,以寅乘丙戊,得ⅢⅢ元,并之得ⅢⅡ元(寄左),乃以丑乘乙戊,得ⅡⅢ元,以卯乘丁戊,得ⅢⅡ元,并之得ⅢⅡ元,为同数,与左相消,得ⅢⅢ,上实下法,得一尺又十二分尺之十一,即甲戊也。

善兰案:此书立术俱用代数法,向未翻入中土,恐读之卒难明晰,故间入天元一二条,欲学者因此而通彼也。

造衡法。如图,甲乙有重,杆为衡,丑为权,子为重,戊为定点。子重递大,则丑递远戊点;子重递小,则丑递近戊点,以令杆定。若知丙戊等距

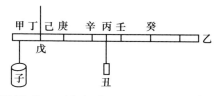

线若干,便知子递重若干也。乙戊长于甲戊,乙端必向下。设二重未加时,但加丑重于丁点,恰令杆平于地平,乃取戊己,等于戊丁,则甲乙全杆之能,等于丑重在己点之能,因各与丑在丁相定故也。设如前题,子在甲,

丑在丙,定于戊点,是丑在丙加全杆之能,与子在甲定于戊点,即丑在丙加丑在己之能,与子在甲定于戊点也。故有等数:

$$子 × 戊甲 = 丑 × 戊己 ⊥ 丑 × 戊丙$$

$$子 × 戊甲 = 丑 × 戊丙 ⊥ 丑 × 戊丁 = 丑 × 丙丁$$

乃取丁庚,与戊甲等,取丁辛,与两个戊甲等,取丁壬,与三个戊甲等,取丁癸,与四个戊甲等,则丑在庚,子与丑等,丑在辛,子与两个丑等,丑在壬,子与三个丑等,丑在癸,子与四个丑等。设在庚为一斤,则在辛为二斤,在壬为三斤,在癸为四斤也。

设多杆不在一个面上,任加于正交动轴之诸面,若力方向线亦在此诸面上,仍可以本卷之理推之,但不用杆之两端,而用正交动轴之诸线。

4 卷 二

论并力、分力

前卷言杆,此卷言并力、分力。杆论诸能力加于一线之理,并力、分力论诸能力加于一点之理。

如图,己、庚二能力,分加于戊点,其能与中间之甲力等,则甲为并力,己、庚为分力。譬如二斤、三斤力并一线加于戊点,则共五斤力,俱有用,渐分则力渐减。至对面加于戊点,如寅、子,则二力相减,如己力三斤,庚力二斤,相减得一斤,是有用之力一斤而已(一斤有用力在三斤一边)。

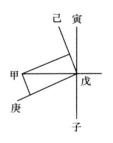

第一款 凡分力线上补成平行四边形,则并力线即对角线,两边为二

分力方向大小率,对角线为并力方向率。

如图,子、丑为二能力,加于甲点,方向线为甲子、甲丑,二力大小率为甲寅、甲卯。作寅乙、卯乙线,补成平行四边形,再作乙丙、乙丁两线,与二方向线成直角。设甲乙为杆,乙为定点,子、丑两力加于杆上,有乙丁卯、乙丙寅两等势句股形,乙卯丁角等于寅甲卯角,亦等于乙寅丙角,故乙丙与乙丁之比,同于乙寅与乙卯之

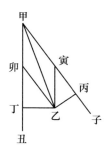

比,亦同于甲卯与甲寅之比,又同于丑与子之比,故丑、子两重加于直杆上,能使杆定,即并子、丑两力为一力,亦必能使杆定,然不离甲乙线上。若离甲乙线,则杆必不定。所以甲乙为子、丑并力之线,即对角线也。若子、丑两力之并等于乙力,则乙力必为对角线。若有三力定于一点,则每力线必为余二力之对角线。

第二款 若有两力加于一点,分力大小方向率为平行四边形之两边,则并力大小率为对角线。

如图,甲寅、甲卯为分力大小方向线,补成甲寅乙卯平行四边形,甲寅、甲卯两力必定于乙甲方向线上之力。取甲己为此力之大小率,补成甲卯午己平行四边形,因甲寅、甲卯、甲己三线定于甲点,故甲寅可作甲己、甲卯之并力,而甲寅方向同于甲卯午己四

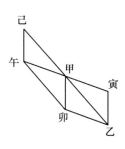

边形之对角线午甲,故午甲寅为一直线,而午甲己、寅甲乙为两等势三角形,午甲己与寅甲乙等,午己甲与甲乙寅等,因午己与乙寅平行故也。寅乙等于甲卯(平行故),亦等于己午,故甲乙为甲己力之大小率。又甲己为甲寅、甲卯之对并力率,其二分力甲寅、甲卯之并力甲乙即对甲己之力,故甲乙为甲寅、甲卯并力大小率。

第三款 凡线平行于力之方向,线之长短与力之大小有比例,则线可为力之率(因平行于力之方向,与力之本方向无二也)。

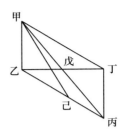

如图,甲丁、甲乙两线,借作丁、乙两力,欲求并力。当平分丁乙于戊,作甲戊线,倍之,为甲丙,即并力也。盖平行四边形两对角线至交点各平分,故甲丙为甲戊之倍。若有三角形三边,以次为三力大小方向之线,加于一点,点必定。如甲乙丙三角形,甲乙、乙丙之并力即甲丙(甲丁与乙丙等,故甲丁可为乙丙之率,甲丁、甲乙并力线为甲丙,故甲丙亦为甲乙、乙丙之并力线),所以甲乙、乙丙、丙甲之能力,等于甲丙、丙甲之能力,故甲乙、乙丙、丙甲三力,定于甲点。若有三角形之三边为三力之方向,而又定于甲点,则三边即为三力之大小率。若乙丙改为乙己,即甲乙、乙己之能力,等于甲己之能力,而不能令丙甲方向之能力定于甲点矣。凡三个相定能力,知其方向,即知其大小。其法作三角形,令三边平行于三力之方向,则三边之长短,即三力大小之率。

如有三力定于一体,作三线与三力方向线等势,两两相交,成三等角,此三线所成三角形,其三边必为三力大小率。

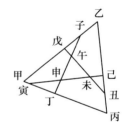

如图,甲乙、乙丙、丙甲为三力之方向线,作子丁、丑戊、寅己三线,交于三方向线。令甲丁子、乙戊丑、丙己寅三角等,三线相交成午未申三角形。午戊子、甲丁子二形内,戊子午角即甲子丁角,而午戊子角等于甲丁子角,亦即乙戊丑角,即知他角俱等矣。子午戊角等于未午申角,亦等于子甲丁角,午未申角等于甲乙丙角,未申午角等于乙丙甲角,是午未申、甲乙丙为等势三角形。故午未与未申之比,同于甲乙与乙丙之比,即同于甲乙能力与乙丙能力之比。申午之理亦然。由此观之,若午未为甲乙方向力之率,未申、申午即为乙丙、丙甲方向二力之率。若有三个力定于甲点,各力与余二力方向线所成角正弦有比例。

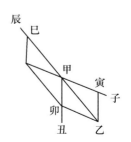

如图,子、丑、辰三力定于甲点,其方向线甲寅、甲卯、甲巳,引甲巳线至乙,作卯乙线与甲寅平行,则甲卯、卯乙、乙甲,即三力率也。是有比例:

一率	二率	三率	四率
丑力	子力	甲卯	卯乙
		甲乙卯正弦	卯甲乙正弦
		寅甲乙正弦	卯甲乙正弦
		寅甲巳正弦	卯甲巳正弦

辰、子两能力之比如卯甲寅角、巳甲卯角两正弦之比,理亦同。丑、辰两力亦然。

两力方向线之间,角愈小,并力愈大,角愈大,并力愈小。

如图,甲午、甲未两能力加于午甲未角之甲点,因午子与甲未等,亦平行,故甲子为并力线。又甲午、甲丑两能力加于午甲丑角之甲点,因午寅与甲丑等,亦平行,故甲寅为并力线。午寅与午子等,而午甲丑角小于午甲未角,则甲午寅角大于甲午子角,所以甲寅大于甲子。

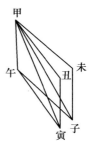

假如有船用缆系住,与风、水两能力相对,缆即为并力,风与水即二分力。设风、水方向相交成直角,一力四十八斤,一力二十斤,求并力大小、方向。

法曰:别得风、水力为句、股,缆力为弦。以一力四八自乘得二三〇四,为股方。又以一力二〇自乘得四〇〇,为句方。两力并之,得二七〇四,为弦方(寄左)。乃以并力为天,自乘得〇元一,为同数,相消得二七〇四〇〤,开平方得五十二斤,即并力也。

$$四八^{-} \perp 二〇^{-} = 天^{-}$$

乃以五十二斤与半径之比,同于二十斤与所求角正弦(〇三八四六一五四)之比。检表得二十二度三十七分,即四十八斤方向与并力线所成之角。

假如以绳引物于平地,绳交地平角四十五度,用力十七斤(其力半有用半无用),二分力相等,一向地心,一平行于地平,十七斤与二力同能,求二力若干。

法曰:以分力为天,自乘倍之,得 天^{-} ⊥ 天^{-}。又以十七斤自乘,得一七^二,为同数,相消得下式,开平方得十二斤强,即分力也。

$$天^二 \perp 天^二 = 一七斤^二$$

$$天 = \sqrt{\dfrac{一七^二}{二}}$$

第四款 有诸能力在一个面上加于一点,求并力。

如图,甲乙、甲丑、甲寅、甲卯诸能力,在一

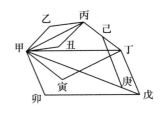

个平面上加于甲点,补成三个平行四边形,一甲
乙丙丑,一甲丙丁寅,一甲丁戊卯。又作甲丙、
甲丁、甲戊三对角线,甲乙、甲丑二力之并为甲
丙,所以甲乙、甲丑、甲寅三力之并为甲丙、甲
寅,即并为甲丁。而甲乙、甲丑、甲寅、甲卯四力之并为甲丁、甲卯,即并为
甲戊。故甲戊为众力之并。设诸能力依次以诸边形各边为率,则甲乙、乙
丙、丙丁、丁戊末一线甲戊,即为诸力之并线。

若有诸边形各边,依次为诸能力之率,如甲乙、乙丙、丙丁、丁戊、戊
甲,共加于甲点,必能令甲点定。因甲乙、乙丙、丙丁、丁戊之并力为甲戊,
所以甲乙、乙丙、丙丁、丁戊、戊甲之并力为甲戊、戊甲,两等力相对,而令
甲点定也。

准前所论,三力方向线与三角边平行,且定于一点,即大小有比例,此
惟三力为然,边多即不合,盖大小变,方向可不变,方向变,大小可不变。
试与丁戊平行,作己庚线,如有诸力与甲乙、乙丙、丙己、己庚、庚甲比例
同,加于甲点,甲点仍定也。

第五款 有诸能力不在一个平面上加于一点,求
并力。

如图,甲乙、甲丙、甲丁三力,不在一个平面,加于

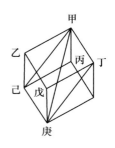

甲点。先作丁乙、乙丙、丙丁三面,又作乙庚、丙庚、丁
庚三个平行面,成平行诸边体。此体之诸面,皆平行四

边形。作甲己、丁庚二线，成丁庚己甲平行四边形，作甲庚对角线。准前甲乙、甲丙之并力为甲己，则甲乙、甲丙、甲丁三力之并为甲己、甲丁，即并为甲庚。由此观之，诸边平行体若同角之边线为分力，对角线为并力也。若有甲乙、乙戊、戊庚为分力，则甲庚为并力。若有四力加于一点，任意作四边形，四边依次为四力之率，点即定。

假如有甲乙线平于地平，甲丙、乙丙二线结于丙，丙下悬重寅，令丙点定，求丙甲、丙乙二线能力。须知二力定于丙点，所定之力有三，其方向线即丙甲、丙乙、丙寅，将丙寅引长之成丁丙垂线，任自垂线申点作申午、申未二线，与丙乙、丙甲平行。三力既

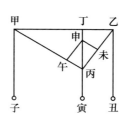

定于丙点，则丙甲、丙乙之并力，必在丙申线上，又必与寅重等。而丙甲、丙乙二力之比，必同于丙午、丙未之比，因此并力之率为丙申。故丙申为寅重之率，而丙午、丙未为丙甲、丙乙二线能力之率。法曰：命丙甲力为庚，丙乙力为辛，推得诸等数如下：

$$\frac{庚}{寅}=\frac{丙午}{丙申}=\frac{丙申午正弦}{丙午申正弦}=\frac{申丙未正弦}{午丙未正弦}=\frac{丁丙乙正弦}{甲丙乙正弦}$$

准此推之，辛为实，寅为法，等于丁丙甲正弦为实，甲丙乙正弦为法，理亦同。设甲、乙点为二滑车，子、丑二重悬于二滑车之下，若二重等于丙甲、丙乙二索力，则仍与寅重定于丙点。

假如甲、乙为二滑车，有子重线过甲滑车，有丑重线过乙滑车，结于丙，丙下悬重寅，甲乙线平于地平，子丑等重，三重定于丙点，求丙点离甲乙线上丁点若干。

法曰：如前图作诸线，丁为丙寅垂线引长与甲乙线相遇之点，寅、子、丑三力之比，同于丙申、丙午、丙未三线之比。丙午等于丙未，因子、丑等重故也。丙午亦等于午申，所以午丙申、午申丙、申丙未、丙申未四角俱等，甲丙丁、乙丙丁两形亦等，而甲丁等于丁乙，丁点平分甲乙线，故丙寅垂线引长之，必至丁点。乃作午未线，交于丙申线之酉点，午酉丙、甲丁丙

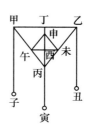

俱系直角,即有比例如下:

一率	二率	三率	四率
子力	寅力	丙午	丙甲
		丙午	倍丙酉
		丙甲	倍丙丁

命甲丁为巳,丙丁为天,求得等数如下:

$$丙甲 = (巳^{二} \perp 天^{二})^{\frac{}{}}$$

$$\frac{子}{寅} = \frac{(巳^{二} \perp 天^{二})^{\frac{}{}}}{二天}$$

$$\frac{四子^{二}}{寅^{二}}天^{二} = 巳^{二} \perp 天^{二}$$

$$\frac{四子^{二} \top 寅^{二}}{寅^{二}}天^{二} = 巳^{二}$$

$$天 = \frac{寅巳}{(四子^{二} \top 寅^{二})^{\frac{}{}}}$$

如法求得天,即丙点离丁点之数,如四子^{二} $\top$ 寅^{二}此数为正,则天可求,如为负,则不可求,所以寅方必小于四个子方,而寅必小于倍子。若寅等于倍子,或大于倍子,则寅必屡下,子丑必屡上,而无定处。

$$\bigcirc = \frac{寅巳}{(四子^{二} \top 寅^{二})^{\frac{}{}}}$$

如欲甲丙乙线平于地平,必令天为无,其等数为上式。等数如此,必寅为无穷小,或子为无穷大,大小苟非无穷,子、丑之力任几何大,牵寅上行,必不能令甲丙乙为地平直线也。设线体有重,理亦同。

假如子、丑两重线过甲、乙滑车,与寅重定于丙点,甲乙线不平于地平,求丙点定于何处。

法曰:寅丙引长之,成丙申垂线,与甲丙平行作申未线,与丙乙平行作午申线,则子、丑、寅三力之比,同于丙午、午申、申丙三线之比。丙午申三角形已知三边,求丙、申两角。列诸等数于下:

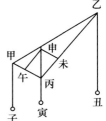

$$乙甲丙角 = 乙甲子角 \bot 丙甲子角 = 乙甲子角 \bot 午丙申角$$

$$甲乙丙角 = 甲乙丑角 \bot 丙乙丑角 = 甲乙丑角 \bot 未丙申角$$

$$= 甲乙丑角 \bot 丙申午角$$

　　准右等数,则知甲、乙两点,即可知乙甲子、甲乙丑两角,亦可知乙甲丙、甲乙丙两角。而甲乙丙三角内,已知甲乙线,即可知丙点所在也。

　　假如有重物,已知重若干,加于甲丙、乙丙两足架上,甲乙平于地平,已知两足长短及相离数,求两足抵力若干。

　　法曰:于丙丁垂线上任取丙申,为重之率,作申午线,平行于乙丙,则丙午、午申即为两足抵力之率。又法曰:取甲丙、乙丙方向线上两足之对力,命为子丑,将子力分为二:一平于地平,为甲丁;一垂线,为丙丁。列等数于下:

$$\frac{甲丁}{甲丙} = 甲余弦$$

$$\frac{丁丙}{甲丙} = 甲正弦$$

$$甲丙平力 = 子力甲余弦$$

$$甲丙垂力 = 子力甲正弦$$

　　亦将丑力分为二:一平于地平,为乙丁;一垂线,亦即丙丁。因两能力同载一重物,故两个平于地平之力等,对力相消也。命重物为寅,两个垂力并之等于寅。故有等数如下:

$$子甲余弦 = 丑乙余弦$$

$$子甲正弦 \bot 丑乙正弦 = 寅$$

$$丑 = 子\frac{甲余弦}{乙余弦}$$

$$子甲正弦 \bot 子\frac{甲余弦}{乙余弦}乙正弦 = 寅$$

$$子(甲正弦乙余弦 \bot 甲余弦乙正弦) = 寅乙余弦$$

$$子(甲 \bot 乙)正弦 = 寅乙余弦$$

$$子丙正弦 = 寅乙余弦$$

$$子=寅\frac{乙余弦}{丙正弦}$$

依次亦可推明子、丑对力大小,子、丑两力,即甲丙、乙丙两足抵力也。又甲丙、乙丙两足上丙点抵力,与甲、乙两点分抵力等,甲、乙两力亦可各分为垂线、地平两力。列等数于下:

$$甲垂力=寅\frac{乙余弦甲正弦}{丙正弦}$$

$$乙垂力=寅\frac{甲余弦乙正弦}{丙正弦}$$

此两垂线力并之等于甲乙面之对力。

$$甲平力=寅\frac{乙余弦甲余弦}{丙正弦}$$

$$乙平力=寅\frac{甲余弦乙余弦}{丙正弦}$$

准此,则知甲、乙两点欲对面行于平面,令甲丙、乙丙两足渐辟,必以物阻之,或面阻力亦能阻之。

假如有重物载于子甲、子乙、子丙三足架上之子点,甲、乙、丙三点在地平面上,已知三足长短及相距,求抵力若干。

法曰:先作子庚垂线,与地平成直角,次作甲庚线,引长至辛,次作子辛线,三足各以本方向线之抵力,并载重物,生抵力于垂线庚子方向上。试去乙子、丙子二力,用其并力代之,甲子如故,则并力与甲力所出抵力,仍在垂线上。而并力在甲子辛面,亦在乙子丙面,如此,必在子辛线上,然则重物一如加于子甲、子辛两足架上,可以前题之法推之。列等数于下:

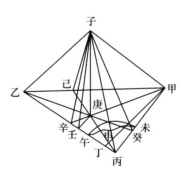

$$\frac{甲子力}{重}=\frac{甲辛子余弦}{甲子辛正弦}$$

$$\frac{乙子力}{重}=\frac{乙癸子余弦}{乙子癸正弦}$$

$$\frac{\text{丙子力}}{\text{重}}=\frac{\text{丙己子余弦}}{\text{丙子己正弦}}$$

因子庚与甲辛成直角,故又有等数如下:

$$\text{甲辛子余弦}=\frac{\text{庚辛}}{\text{辛子}}$$

$$\text{甲子辛正弦}=\frac{\text{甲辛}}{\text{辛子}}\text{辛甲子正弦}=\frac{\text{甲辛}}{\text{辛子}}\frac{\text{庚子}}{\text{甲子}}$$

$$\text{甲子力}=\text{子力}\frac{\text{庚辛}}{\text{辛子}}\frac{\text{辛子}}{\text{甲辛}}\frac{\text{甲子}}{\text{庚子}}=\text{子力}\frac{\text{庚辛}}{\text{甲辛}}\frac{\text{甲子}}{\text{庚子}}$$

丙、乙两足亦然。作甲丁、庚壬二线,俱成直角于乙丙,即有等数:

$$\frac{\text{庚辛}}{\text{甲辛}}=\frac{\text{庚壬}}{\text{甲丁}}$$

$$\frac{\text{甲子力}}{\text{子力}}=\frac{\text{庚壬}}{\text{甲丁}}\frac{\text{甲子}}{\text{庚子}}=\frac{\text{庚壬}}{\text{庚子}}\frac{\text{甲子}}{\text{甲丁}}=\frac{一}{\text{庚壬子正切}}\frac{\text{甲子}}{\text{甲丁}}$$

乙子、丙子亦然。子壬线必成直角于乙丙,庚壬子角系丙乙甲、丙乙子两面所成之角。设如有球半径为一,丙点为心,剖作尖锥体,成午未申弧三角形,午角等于庚壬子角。若已知丙甲、丙乙、丙子所成之角,亦知午未、未申、申午三边,即可推午角。

甲、乙、丙三平力,以庚甲、庚乙、庚丙为方向线,列等数于下:

$$\text{庚甲平力}=\frac{\text{甲子力庚甲}}{\text{甲子}}=\text{子力}\frac{\text{庚辛庚甲}}{\text{甲辛庚子}}$$

$$\text{庚乙平力}=\frac{\text{乙子力乙庚}}{\text{乙子}}=\text{子力}\frac{\text{庚癸庚乙}}{\text{乙癸庚子}}$$

$$\text{庚丙平力}=\frac{\text{丙子力庚丙}}{\text{丙子}}=\text{子力}\frac{\text{庚己庚丙}}{\text{丙己庚子}}$$

若庚点不在甲乙丙三角形内,则不能载子重。

5 卷 五

论重心

无论一体、合体,必有重心,地力加之,诸点任何方向,必定于此点。何以知有重心?如后款中无论何合体,俱可推测此心所在,故知必有重心,且知此心只有一个而无第二个。各体无论或断或联,此心俱可推测。

卷中有数条不论地力,但论体大小,或但论平行能力,亦可推测其心。因不言重,故名大小体心,或名平行能力心。若有线或面过合体重心,将此线或面举起,合体必定于此线此面,因重心既定,不论何方向,合体俱定故也。

第一款 凡合质体,无论以何方向,定于一线,重心必在此线上。

设合无数质点为一体,定于直线,则两边各质点重距积之和必等(重距积者,直交重心面之线乘本重所得之积也)。设欲求每质点重距积若干,法分其力为二,第一力方向平行于线轴(即过重心线),第二力在直交线轴之面上,第一力不用,已知线轴之方向,第二力与点之全质恒有比例,与点距过轴垂面亦有比例。若云重心或不在合体所定之线内,试将合体易方向置之,令所定之线与重心不在一个垂面内。合体在此方向时,设所定之线渐移,平行于本线经过重心,则线轴一边质点渐多,各点距垂面之线亦加大,一边质点渐少,各点距垂面之线亦减小,而合体定。然则线未移时,合体必不定,盖一边之势必偏向下,因质点多,距线大,兼此二者故也。若合体亦定,无是理矣。如此,则任何方向,合体不能定于重心不在之线上,线必过重心,方能令合体定,而合体任何方向定于一线,不可云此线不过重心也。合体不能有二重心,所以任何方向,合体定于二线,重心必在此二线之交点。若合体用一个方向,定于一线,重心必在经过此线之垂面内。若云重心不在此面内,可作一线,经过重心,则合体必定于此线,是合体可定于两个不同垂面之线矣,必无是理。

第二款 有子、丑二质点,求重心。

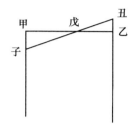

法作子丑联线,则子丑一如加于直杆,比例如下:

一率	二率	三率	四率
子加丑	子	子丑线	戊丑线
丑	子	戊子	戊丑

求得戊点,必为重心,乃作甲戊乙地平线,直交于两垂线,则有比例:

一率	二率	三率	四率
子	丑	戊丑	戊子
		戊乙	戊甲

子乘戊甲等于丑乘戊乙,所以子丑不论何方向,必定于戊点,故戊点为重心。子、丑二重加于甲、乙与加于子、丑同,盖加于甲、乙,戊点抵力等于子加丑,则子丑不论在何方向,戊点上抵力,恒等于二重之和也。

设有无数质点,欲求重心。

如图,子丑作直杆论。令子丑与子己比,如子、丑二重和与丑重比,则准前论,子丑任在何方向,恒定于己点,己点抵力,恒等于子、丑和。作己寅线,其比例如下:

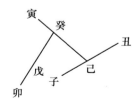

一率	二率	三率	四率
己寅	己癸	子、丑、寅和重	寅重
癸寅	己癸	子、丑和重	寅重
		己抵力	寅抵力

则己、寅二力任在何方向,恒定于癸点,故癸点为子、丑、寅重心,癸点抵力等于子、丑、寅三重和。作癸卯线,其比例如下:

一率	二率	三率	四率
癸卯	癸戊	子、丑、寅、卯和重	卯重
戊卯	戊癸	子、丑、寅和重	卯重
		癸抵力	卯抵力

则癸、卯二力任在何方向,恒定于戊点,故戊点为子、丑、寅、卯之重心,戊点抵力等于子、丑、寅、卯四重和。不论多少点,理俱同。诸质点不在一个平面上,亦同。设无数质点定于一点,不依次序推测重心,其理无异。将重心举起,抵力等于合体之全重。令诸点力相抵,如前例,诸点必相连,然即令诸点不相连,且动而不定,亦有此重心,可推测也。设非地力,而有他平速力,以平行线加于合体,欲推测其心,理同。

第三款 设有诸质点在一直线上,求重心。

如图,甲卯线平于地平时,设戊为诸点之定点,则戊必为重心。欲求戊点,先取甲点,因子、丑、寅、卯诸点相定,即有等数:

$$子×子戊+丑×丑戊=寅×寅戊+卯×卯戊$$

$$子(甲戊+甲子)+丑(甲戊+甲丑)=寅(甲寅+甲戊)+卯(甲卯+甲戊)$$

$$子×甲戊+子×甲子+丑×甲戊+丑×甲丑=寅×甲寅+寅×甲戊+卯×甲卯+卯×甲戊$$

$$子×甲戊⊥丑×甲戊⊥寅×甲戊⊥卯×甲戊=子×甲子⊥丑×甲丑⊥寅×甲寅⊥卯×甲卯$$

∴ $$甲戊=\frac{子×甲子⊥丑×甲丑⊥寅×甲寅⊥卯×甲卯}{子⊥丑⊥寅⊥卯}$$

已知甲戊,即知戊点,质点任多少,理俱同。若重心戊不在丑寅间,而在子丑间,则等数之左边"丑×(甲戊┬甲丑)"变为"丑×(甲丑┬甲戊)"。设在右边,理同。设有质点在甲点之左,如辰点,则为负数,在等数式中不为"辰×(甲戊┬甲辰)",而变为"辰×(甲戊⊥甲辰)",即"辰×甲戊⊥辰×甲辰"。

第四款　诸质点在一个平面上,求重心。

如图,用第二款理,推得戊为重心,乃于本面上任作甲木线,次作子金、丑木、寅水、卯火诸线,又作己天、癸地、戊辛诸线,俱直交于此面,又作午己未线平行于甲木,直交子金、丑木二线于午、于未。因子己午、丑己未为两个等势三角形,故有等数如下:

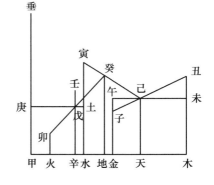

$$\frac{子午}{丑未}=\frac{子己}{丑己}=\frac{丑}{子}$$

∴ 　　子×子午＝丑×丑未

　　　子×(金午┬金子)＝丑×(木丑┬木未)

　　　金午＝木未＝己天

∴ 　　(子⊥丑)×己天＝子×子金⊥丑×丑木

准第二款,等数中子、丑和乘己癸,等于寅乘寅癸,故又有等数:

　　(子⊥丑⊥寅)×癸地＝(子⊥丑)×己天⊥寅×寅水

　　　　＝子×子金⊥丑×丑木⊥寅×寅水

　　(子⊥丑⊥寅⊥卯)×戊辛＝(子⊥丑⊥寅)×癸地⊥卯×卯火

　　　　＝子×子金⊥丑×丑木⊥寅×寅水⊥卯×卯火

任有若干质点,皆依此推之,等数如下:

$$(子 \perp 丑 \perp 寅 \perp \cdots) \times 戊辛 = 子 \times 子金 \perp 丑 \times 丑木 \perp 寅 \times 寅水 \perp \cdots$$

$$戊辛 = \frac{子 \times 子金 \perp 丑 \times 丑木 \perp \cdots}{子 \perp 丑 \perp \cdots}$$

设依戊辛距线作庚土线,平行于甲木,重心必在此线上,若再作甲庚垂线,即可推戊庚之距若干。乃依此距作壬辛线,平行于甲庚,则壬辛、庚土二线之交点为重心。设子金、丑木、戊辛诸平行线不直交于甲木,戊辛重心距之等数仍同。

第五款　有诸质点不在一个平面上,求重心。

如图,作木甲金面,次作子午、丑未诸线,俱直交于此面,次从子、丑重心己点,子、丑、寅重心庚点,作己癸、庚壬诸线,亦直交于此面,又从合体重心戊点作戊辛线,亦直交于此面,因子午、丑未、己癸三线在一个平面上,俱与午未成直角,又己癸、庚壬、寅申三线在一个平面上,俱与癸申成直角,故有等数如下:

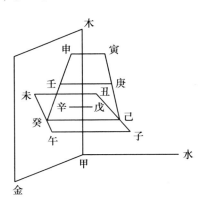

$$(子 \perp 丑) \times 己癸 = 子 \times 子午 \perp 丑 \times 丑未$$

$$(子 \perp 丑 \perp 寅) \times 庚壬 = (子 \perp 丑) \times 己癸 \perp 寅 \times 寅申$$

$$= 子 \times 子午 \perp 丑 \times 丑未 \perp 寅 \times 寅申$$

无论若干质点,皆依此法推之,等数如下:

$$(子 \perp 丑 \perp 寅 \perp \cdots) \times 戊辛 = 子 \times 子午 \perp 丑 \times 丑未 \perp 寅 \times 寅申 \perp \cdots$$

$$\therefore \quad 戊辛 = \frac{子 \times 子午 \perp 丑 \times 丑未 \perp 寅 \times 寅丑 \perp \cdots}{子 \perp 丑 \perp 寅 \perp \cdots}$$

乃以戊辛为距,与木甲金面平行再作一面,则重心戊点必在此面上。设木甲金外另作金甲水及水甲木二面,求得重心离二面若干,取为距,与二面平行再作二面,则重心必在二平行面上,所以重心必在三平行面之交点。

第六款 诸质点之能，或散而相定，或收于重心而相定，其理无异。

如二款图，取甲乙线，或取一点，为诸质点所定。设有垂面经过此线此点，子、丑、寅、卯诸质点，高下不同，作子金、丑木诸线，各直交于垂面，并子乘子金、丑乘丑木，诸力能率为全能率（见卷一六款）。此率不变，诸质点相定之势亦不变。诸质点之能若收于重心戊点，则戊点全力，等于子、丑、寅、卯诸质点之和乘戊辛，为全能率。此一点之全能率，与诸点之全能率等。任有若干质点，其能散而载于重心，与并而收于重心，重心之抵力恒同。设子、丑、寅、卯为各质体，则一如各质体之诸点能力收于重心，而题可推。

假如有一直线，厚薄阔狭停匀，求重心在何点。此线既停匀，必定于中点，中点即重心。

假如有平行四边形面，求重心在何点。

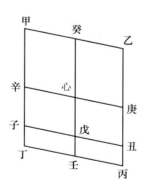

如图，甲丙为平行四边形面，平分甲乙、丁丙二线于癸、于壬，亦平分甲丁、乙丙二线于辛、于庚，次作壬癸、庚辛二线，交于心点，心点即重心也。四边形一如子丑等多线平行于甲乙，积而成此面，子戊与甲癸、癸乙、戊丑俱等。任作线俱如子丑，不论在面上何处，俱定于壬癸，所以全面亦定于壬癸。庚辛之理，亦如壬癸俱为重心线。故二线相交之心点，必为重心。

假如有三角形，求重心在何点。

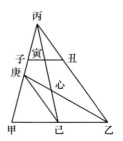

如图，甲乙丙三角面，平分甲乙于己，亦平分甲丙于庚。作己丙、庚乙二对角线，相交于心点，心点即重心也。三角面一如子丑等平增减线（自丙向甲乙则平增，自甲乙向丙则平减），平行于甲乙，积而成此面，即有比例：

一率	二率	三率	四率
子寅	甲己	寅丙	己丙
		寅丑	己乙

惟甲己等于己乙,故子寅亦等于寅丑,故诸平行线皆定于丙己,而全面亦定于丙己也。平行于甲丙诸线,定于乙庚亦然。故丙己、乙庚俱为重心线,交点在心,故全面必定于心也。又试作庚己线,因甲己为甲乙之半,甲庚为甲丙之半,故己庚必平行于乙丙。因甲己庚与甲乙丙为等势三角形,又己庚心与丙乙心亦为等势三角形,故有比例及等数:

一率	二率	三率	四率
己庚	乙丙	甲己	甲乙
己心	心丙	己庚	乙丙
		一	二

$$心丙 = 二己心$$

$$\therefore \quad 心丙 = 三己心$$

$$己心 = \frac{己丙}{三}$$

$$心丙 = \frac{二}{三}己丙$$

$$己丙^{二} = \frac{二乙丙^{二} + 二甲丙^{二} - 甲乙^{二}}{四}$$

$$心丙 = \frac{\{二(乙丙^{二} + 甲丙^{二}) - 甲乙^{二}\}三}{三}$$

以三边求丙心线,等数如下:

$$心丙 = \frac{二}{三}己丙$$

$$\therefore \quad 三心丙 = \{二(乙丙^{二} + 甲丙^{二}) - 甲乙^{二}\}三$$

$$\therefore \quad 九心丙^{二} = 二丙乙^{二} + 二甲丙^{二} - 甲乙^{二}$$

$$九心甲^{二} = 二甲丙^{二} + 二甲乙^{二} - 丙乙^{二}$$

$$九心乙^{二} = 二乙甲^{二} + 二丙乙^{二} - 甲丙^{二}$$

$$九(心甲^{二} + 心乙^{二} + 心丙^{二}) = 三(乙丙^{二} + 甲丙^{二} + 甲乙^{二})$$

三(心甲^二⊥心乙^二⊥心丙^二)＝乙丙^二⊥甲丙^二⊥甲乙^二

设有三个质点,置于三角面之三角,则三体之重心,即三角面之重心。

设有诸边面,欲求重心。法分诸边面为诸三角面,先求诸三角面之重心,一如诸三角面之能各收于重心,乃依前诸质点求重心法,即得诸边面之重心(诸边面即多边形面)。

假如有四边面,夹相对二角之边,两两相等,求重心。

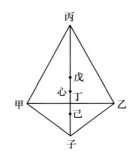

如图,丙甲子乙四边面,甲丙与乙丙等,甲子与乙子等,作甲乙对角线,分本面为甲乙丙、甲乙子两三角形,作丙子,必直交于甲乙,亦必平分甲乙于丁。先求得甲乙丙面之重心在戊,甲乙子面之重心在己,次求本面之重心心点。有比例如下:

一率	二率	三率	四率
甲乙丙面	甲乙子面	己心	戊心
丁丙	丁子		
丙子	丁子	戊己	戊心

则心点即四边面之重心也。

假如有四边面,两边平行,求重心。

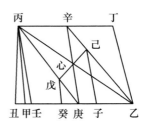

如图,甲乙丁丙四边面,甲乙、丙丁二边平行,试平分甲乙于庚,平分丙丁于辛,作庚辛线,则平行于甲乙诸线,皆定于此线(说见第二题),故重心必在此线上。次作乙丙、丙庚、乙辛三线。取戊丙,为丙庚三分之二,取乙己,为乙辛三分之二,则戊、己二点,为甲乙丙、丙丁乙两个三角面之重心。两个三角面之能,一如收于二重心。作戊癸、己子二线,平行于辛庚。作己戊,交庚辛于心点,心点即本面之重心。有比例如下:

一率	二率	三率	四率
心庚	一	甲乙丙面乘戊癸加乙丙丁面乘子己	甲乙丙、丙乙丁两面和

再作壬丙线,平行于庚辛,作丙丑线,直交于甲乙,因丙壬庚、戊癸庚两三角形等势,又辛庚乙、己子乙亦等势,故有比例及等数如下:

一率	二率	三率	四率
戊癸	丙壬	庚戊	庚丙
		一	三
己子	庚辛	乙己	乙辛
		二	三

$$戊癸 = \frac{二}{三}丙壬 = \frac{二}{三}辛庚$$

$$己子 = \frac{一}{三}辛庚$$

$$心庚 = \frac{\dfrac{二}{三}甲乙×丙丑×\dfrac{二}{三}庚辛 \perp \dfrac{二}{三}丙丁×丙丑×\dfrac{一}{三}庚辛}{\dfrac{二}{三}甲乙×丙丑 \perp \dfrac{二}{三}丙丁×丙丑}$$

$$= \frac{甲乙×庚辛 \perp 二丙丁×庚辛}{三(甲乙 \perp 丙丁)}$$

设丙丁为无,则心庚等于庚辛三分之一,而四边形变为三角形。

假如有三角锥体,求重心。

如图,卯甲乙丙三角锥体,甲乙丙为底面,卯为顶点。试平分乙丙线于丁,作甲丁、卯丁二线,取丁戊,为甲丁三分之一,取丁己,为丁卯三分之一,次作卯戊、己甲二线,相交于心点,心点即立锥体之重心也。此立锥体,一如子丑寅诸平增减三边面(自顶点向底则平增,自底向顶点则平减),平行于甲乙丙面,积叠而成,亦如平行于

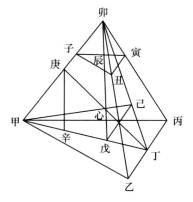

卯乙丙诸面,积叠而成。戊点为甲乙丙面重心,戊卯线交子丑寅面于辰点,辰点即为子丑寅面重心。诸平行面重心,皆在此线上,即皆定于此线,故全体亦定于此线。推之全体亦必定于己甲线,己甲、戊卯俱为重心线。

二重心线相交之点，必为重心，所以心点为全体之重心也。作戊己线，成丁戊己、丁甲卯两等势三角形，又成心戊己、心卯甲两等势三角形，故有比例：

一率	二率	三率	四率
戊己	甲卯	戊丁	甲丁
戊心	心卯	戊己	甲卯
		一	三

故心卯等于三个戊心，戊心等于戊卯四分之一，心卯等于戊卯四分之三。平分甲卯于庚，作庚辛线，平行于戊卯，成庚辛甲、卯戊甲两等势三角形，甲庚为甲卯二分之一，故甲辛为甲戊二分之一，即等于丁戊，故丁辛等于倍丁戊。又庚辛为戊卯二分之一，心戊为戊卯四分之一，故庚辛等于倍心戊，则有比例：

一率	二率	三率	四率
丁戊	丁辛	心戊	庚辛

观此比例，而知庚、心、丁联成一线，必为直线，且必平分于心点（丁戊心、丁辛庚为等势三角形，庚辛等于倍心戊，故庚丁等于倍丁心也），所以凡三角锥体，任取不相遇之二边，平分之，于两个平分点上作联线，又将联线平分于一点，此点即重心也。求卯心线等数如下：

$$卯戊 = \frac{六卯丁^{二} \perp 三卯甲^{二} \top 二甲丁^{二}}{九}$$

$$甲丁 = \frac{二丙甲^{二} \perp 二甲乙^{二} \top 乙丙^{二}}{四}$$

$$卯丁 = \frac{二卯乙^{二} \perp 二卯丙^{二} \top 乙丙^{二}}{四}$$

$$卯戊 = \frac{三(甲卯^{二} \perp 乙卯^{二} \perp 丙卯^{二}) \top (甲丙^{二} \perp 乙丙^{二} \perp 甲乙^{二})}{九}$$

$$卯心 = \frac{三}{四}卯戊$$

$$= \frac{二}{四}\left\{三(甲卯^{二} \perp 乙卯^{二} \perp 丙卯^{二}) \top (甲丙^{二} \perp 乙丙^{二} \perp 甲乙^{二})\right\}^{三}$$

假如有多边立椎体,求重心。

如图,卯甲丙为多边立锥体,甲乙丙丁戊为底面,卯为顶点。作丁乙、乙戊二线,从此二线以平面割至顶点,分为诸三角锥体。又用前法取四分体高之一为距,作平行于底面之面,则诸三角锥体之重心俱在此面上,所以全体重心亦必在此面上。乃从甲乙丙丁戊底面重心己点作线至卯,重心必在此线上(见前款),所以重心必在所作面与卯己线相交之点。等数如下:

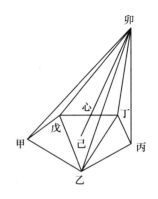

$$己心 = \frac{一}{四}己卯$$

$$卯心 = \frac{三}{四}己卯$$

设立锥体之底边多至无穷,法无异。若多边变为圆周,底为圆面,亦同。故凡立锥体求重心,法自底面重心点至顶点作联线,此线上四分之一处即重心也。设有立锥体截积,上下二面平行,求重心。法于上下二面之重心点作联线,重心必在此线上,命为轴线,上下二面为等势形。设甲、乙为上下相当之边,有等数如下:

$$重心距面 = \frac{轴}{四} \times \frac{甲^二 + 二甲乙 + 三乙^二}{甲^二 + 甲乙 + 乙^二}$$

圆锥体截积,上下二面俱为平圆,以甲、乙两半径代相当之边,理同。诸质点内取一点,与每点作联线,各点乘联线方,并之为和。所取点愈近重心点,其和愈少,若即为重心点,则其和最少。

如图,戊为所取点,心为重心,作戊心联线,次作甲子、乙丑、丙寅、丁卯诸线,直交于戊心线,再作甲心、乙心、丙心、丁心诸线,再作甲戊、乙戊、丙戊、丁戊诸线,即有等数:

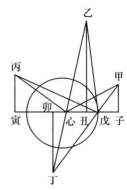

$$甲戊^二 = 甲心^二 + 心戊^二 + 二心戊 \times 心子$$

乙戊⁼ = 乙心⁼ ⊥ 心戊⁼ ⊤ 二心戊 × 心丑

丙戊⁼ = 丙心⁼ ⊥ 心戊⁼ ⊥ 二心戊 × 心寅

丁戊⁼ = 丁心⁼ ⊥ 心戊⁼ ⊥ 二心戊 × 心卯

甲 × 甲戊⁼ ⊥ 乙 × 乙戊⁼ ⊥ … = 甲 × 甲心⁼ ⊥ 乙 × 乙心⁼ ⊥ …

　　⊥ 甲 × 心戊⁼ ⊥ 乙 × 心戊⁼ ⊥ … ⊤ 二甲 × 心戊 × 心子

　　⊤ 二乙 × 心戊 × 心丑 ⊥ 二丙 × 心戊 × 心寅 ⊥ 二丁 × 心戊 × 心卯

　　= 甲 × 甲心⁼ ⊥ 乙 × 乙心⁼ ⊥ 丙 × 丙心⁼ ⊥ 丁 × 丁心⁼

　　⊥ (甲 ⊥ 乙 ⊥ 丙 ⊥ 丁) 心戊⁼ ⊤ 二戊心(甲 × 心子

　　⊥ 乙 × 心丑 ⊤ 丙 × 心寅 ⊤ 丁 × 心卯)

以重心之本理证之，等数如下：

　　甲 × 心子 ⊥ 乙 × 心丑 ⊤ 丙 × 心寅 ⊤ 丁 × 心卯 = ○

∴　　甲 × 甲戊⁼ ⊥ 乙 × 乙戊⁼ ⊥ 丁 × 丁戊⁼ ⊥ 丙 × 丙戊⁼

　　= 甲 × 甲心⁼ ⊥ 乙 × 乙心⁼ ⊥ 丙 × 丙心⁼ ⊥ 丁 × 丁心⁼

　　⊥ (甲 ⊥ 乙 ⊥ 丙 ⊥ 丁) 戊心⁼

观此而知，等数左边之大小以戊心为准，戊心愈小，则左边之数亦愈小。设戊、心合为一点，则左边之数最小矣。设以心为心，以戊为界，旋成圆周，戊任在圆周何点，各点乘距戊线方之和恒同，因戊、心相距恒同也。

第七款　设有两重定于一器，微动之，重心恒定。

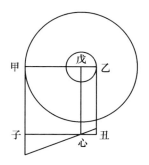

设器为杆，则定点为重心，两重任上下，重心不动。

又设器为轮轴，如图，戊为轮轴心，子重在轮轴甲点垂线上，丑重在轴周乙点垂线上,重心心点在轮轴心戊点垂线上。子、丑任上下,重心不动,盖子、心、丑联线,一如杆也。

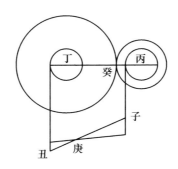

又设器为齿轮,如图,子、丑二重在丙、丁齿轮轴垂线上,癸为二轮相切点,则重心庚点必在子、丑联线上。比例如下:

一率	二率	三率	四率
子庚	丑庚	丁癸(大轮半径)	丙癸(小轮半径)

所以子、丑任上下,庚点不动。

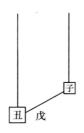

又设器为滑车,如三卷滑车诸图,子力、丑重以线联之,设取戊点,有比例如下:

一率	二率	三率	四率
子戊	丑戊	丑	子

则戊点即为重心,故有力降重升之比例:

一率	二率	三率	四率
力降线	重升线	重	力
		子戊	丑戊

所以子、丑任上下,戊点不动。

又设器为斜面,如图,甲丙乙为斜面,子为重,丑为力,方向子丑,平于地平。若丑力降至卯,子重升至寅,子寅等于丑卯。作寅卯线,交子丑于心点,作寅丁线,直交于子丑,成寅丁心、卯丑心两等势三角形,则有比例:

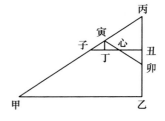

一率	二率	三率	四率
寅心	卯心	寅丁	丑卯
		寅丁	子寅
		乙丙	甲丙
		丑力	子重

故心点为寅卯重心,行于子丑地平线方向,不升降也。劈与螺旋动时,论迟速,不论地心力。若欲论地心力,以平线垂线求之,亦可得重心也。

6 卷十五

论动面阻力(此卷斤、尺、里等,俱用英制)

凡二动体相击相磨,其中必有面阻力,能减动速,故用若干力,当生之动必减小,欲生若干动,当用之力必加大。

如载物器,或有轮或无轮,行时面上皆有面阻力。轮之绕行定轴,轴上亦有面阻力。又物之有枢纽者,如运水器内之舌,亦有面阻力,其理一也。面阻力有三等:一、相磨阻力。如载物器行于平面,不为辊动而为直动(无轮车行于雪,或光滑之石以平面行于冰,面阻力俱极小,不在此例),又如轴转于小孔内,又如圆面转于定点,此等历时既久,面阻力皆能令物动渐迟而静,欲令长动,必频加力。二、辊动阻力。如圆柱体转于地平面,此阻力较小于相磨阻力,以其由两面相合而生,非相磨而生也。圆柱转时,阻力之比,如抵力之比,亦如圆柱全径之反比。即此可见,轮愈大,则动愈速也。三、轮转阻力。轮辊于路,轴磨于孔,轮轴两周均有阻力,任减其一,全阻力亦减小,故或平厥路,或膏厥轴,其速略相等也。凡面阻力,必等于物动方向对面减速之抵力,欲消除之,当加抵力于本力方向。静重学不言力生动加减速,但言力令物定,然能令物平动之力,等于能消阻动之力,盖物有质阻率,而无偏动、偏静之性,若阻动力或能抵平,或尽消去,物必以平速前行(观本卷诸款自明)。由此而知,令物平动之力,可用静重学之理并动理第一例推之。

第一款　用等于面阻力之力,令物行于地平面上,速必恒平。

因阻力与推力为对面相等二力,所生之加减速相消恰尽。物之前行,一似无力加之,故仍以本速平动。假如物行于地平面,面阻力为物重三分之一,用抵力亦如物重三分之一,加于物行方向,则物以平速行。令物以平速行之力,名曰牵力。车轮大小异,牵力亦异;路之质性异,牵力亦异。今测得牵力之率,石路物重二千斤,牵力小者三十二斤,大者三十九斤,路极不平处至四十八斤;火石路(英国或用火石铺路)物重千斤,牵力六十四斤;平铁轨路牵力或为物重二百四十分之一,或为三百分之一;平石路为七十分之一;石子路为十五分之一。

第二款　物行时,面阻力与迟速无涉,即有涉,亦甚微。

近有人用大于牵力之力,引物于平面试之,知物有平加速,然则令物动之力,必为长加力,故生动之抵力,亦为长抵力。盖生动之抵力,恒等于牵力、面阻力之较,因彼力不变,故此力亦不变也。又动初之面阻力,大于动时之面阻力,或云加倍,或云若九与二,即动以后,此阻力永不变也。若软质之物行于平面,则行愈速,阻力愈大。

第三款 车行于路,若以同比例率减小路之最大斜面,令面阻力减小,则当用之牵力亦减小。

斜面角正弦减小之比,同于牵力减小之比,在斜面上令重定之力等于股为实弦为法。假如斜面二丈,最高一尺,面阻力不论,令重定之力为重二十分之一,此力等于令车以平速动之牵力,牵力或恰抵消,或更加大。斜面阻力可作平面阻力论,因抵力略相似也,如平面阻力等于一为实十二为法,斜面最大阻力等于一为实二十为法,则常牵力为 $\frac{一}{一二}$,最大牵力为加 $\frac{一}{二〇}$,即等于 $\frac{二}{一五}$ 也(又测得车行最大牵力为二,常牵力又三分之二,存参)。若减小面阻力,至等于一为实六十为法,而斜面不变,则常牵力为 $\frac{一}{六〇}$,最大牵力为加 $\frac{一}{二〇}$,即等于 $\frac{一}{一五}$,为四倍常牵力也。然则常牵力减至五分之一,最大牵力减至二分之一,无此牵力,即不能令车行于此路。设减小斜面最大阻力,等于一为实四十五为法,则最大牵力为 $\frac{一}{六〇}$,加 $\frac{一}{四五}$,即 $\frac{七}{一八〇}$,为倍常牵力又三分之一,较前所得最大牵力 $\frac{二}{一五}$,为二十四分之七也。设铁轨路面阻力为重二百四十分之一,斜面上令重定之力为重二十分之一,动初牵力为 $\frac{一}{二四〇}$,加 $\frac{一}{二〇}$,即 $\frac{一三}{二四〇}$,即斜面上牵力大于平面十三倍,然则路有最大斜面,虽能减小阻力,如铁轨路,亦无益,因斜面加牵力太大故也。设减小铁轨路斜面,令阻力等于一为实三百为法,则牵力为 $\frac{一}{二四〇}$,加 $\frac{一}{三〇〇}$,即 $\frac{三}{四〇〇}$,较前所得最大牵力 $\frac{一三}{二四〇}$,为六十五分之九。由此观之,设欲平治道路,令重车可驾一马而行,必减小斜面,不然虽光滑无益,必用二马也。

凡用速小,则水路利于陆路;用速大,则陆路利于水路。盖行水路时,必以水阻力为牵力,而水阻力渐大比例,较大于速方渐大比例。若陆路,则无论速之大小,面阻力恒同也。故车或五小时行十里,或一小时行十里,牵力无异。而舟则一小时行十里,较五小时行十里者,牵力须加至二十五倍。

近有人测两船并重四万七千零四十斤,一船一小时行二里半,用牵力七十七斤,一船一小时行几四里,用牵力三百零八斤,然则速之比例若五与八,则水阻力之比例若一与四也,速方之比为二十五与六十四,以较水阻力之比,则水阻力大矣。设有车无论一乘连乘,与船等重,陆路面阻力为寅分重之一,以此面阻力作水阻力,变大变小,与速方变大变小比例恒同,重四万七千零四十斤,水行四里,水阻力三百零八斤,约为一百五十二分重之一。若使水阻力变大变小之比,若速方变大变小之比,设一小时内用庚速行水路,有等数如下:

$$水阻力 = \frac{庚^二重}{一六 \times 一五三}$$

$$陆阻力 = \frac{重}{寅}$$

寅乘庚方若小于二千四百三十二(即十六与一百五十二相乘之数),则水阻力小于陆阻力。设寅为已知数,必有某速令水阻力等于陆阻力,渐小于此速,水阻力亦渐小,渐大于此速,水阻力亦渐大,如陆阻力为七十二分重之一,速方小于三十三,则水路利于陆路。盖凡水速必在一小时六里以内,方为便利,再大则不及陆路矣。舟行速至一小时八里以外,水阻力增率甚缓,与算理不合。或云因船太速,高出水面故也;或云生动于水,处处不同。水、陆二路,又有载重之较,铁轨路极光滑,车轮抵力不过七千零七十斤,石路极光滑,车轮抵力不过四千五百斤,惟水路抵力,视船与水之大小,船重并货重,等于舟腹入水之等体水重(详见流质重学)。

7 卷十九

论轻流质

前卷中论流质抵力及物入流质中,所言流质,不分轻重,因地力所加,理无异也。然轻流质之理,有与地力无涉,而为诸质点互推力所生者,今详论之。诸流质中,凡属气类,非水类,即有互推力,此力乃成风之根。故诸质点互相加力之理,与定质异,并与重流质异。定质中诸点之力,互相拥挤,令诸点各居本处,不能移动;重流质中诸点之力,仅能令诸点于各平面互相往来,一无阻碍。惟轻流质中诸点之力,能令诸点四面散行,直至遇物阻拦而止。故器内有气,必加抵力于器之四面。然则气之定时,必有外来之力,抵定诸点,若诸点之推力,与外来之力稍不相等,即不能定矣。此抵定之力,名气涨力,与地心力无涉,故气可作无轻重论。而凡气闭于器中,必生抵力于四周。曰:设于器上开小穴,当穴处无抵定涨力之面,如此,气动乎?外气入乎?内气出乎?抑内外俱不动乎?曰:内外气轻重、冷热等,则俱不动,内外二力相抵定;若轻重冷热异,则不能相抵定而动矣,其动依大力之方向。

论涨力

凡气之冷热不变,则涨力大小,与所处空体之大小,恒有反比例。此理英国鲍以勒始发之,凡气涨力与抵力恒等。试用长空圆柱,其两端一塞一通,以通之一端倒入水中,渐下,则柱中气所处空体,为水逼渐小,故令柱下行之力,必渐加大,而令柱下行之力,即柱口与气涨力相抵之力,亦即气之涨力。所处空体愈小,涨力愈大,故空体与涨力恒有反比例也。用推机进退空柱中,理同。若寒暑表热度加大,涨力亦加大,则比例又不同。

又测法如图,甲乙丙玻璃管,自甲渐以水银入之,能挤乙丙之气,令渐小,缩入丙丁空体内,水银愈增,丙丁之空体愈小,甲戊中水银重,即为丙丁中气涨力之率。如法验之,与上空柱入水所测合。不论何气,其体质厚薄,与空体大小恒有反比例。何谓厚薄?体质多而密为厚,质少而疏为薄。所处空体愈小,则愈厚;愈大,则愈薄。涨力大小,与体质厚薄有正比例,与空体有反比例。

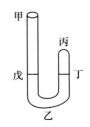

玻璃罩内之气,用气机管出之,气渐出,所留者复涨大,仍充满罩中,故渐薄。每推机进退一次,气必递薄一次,而涨力必递小。至涨力小极时,不能开掩机,则气不能复出矣。故气机管不能出尽罩内之气也。又有倒气机管,其用与气机管相反,能令气挤入器中,愈入愈厚,涨力亦愈大,至涨力大极时,外面之气不能复挤入,谓之定限。前所言体质厚薄,与涨力大小有正比例者,用此器测而知之。风枪即此理,枪内有小空体,挤气令渐入,体质愈多愈厚,涨力愈大,发铅子猛烈,与火药等。

恒升车内用气匣,最易显气之涨力。古时恒升车,不能令水常流不息,近加气匣,内有气与外不通,先挤水入此匣内,然后上升,则常流不息矣。盖水入时,能挤小匣内之气,以生涨力,令水由小管上升,小管与恒升车所举水同高,故能不息也。气匣之用甚广,火轮器用之,可免炸裂之患,可免霎时机停令器坏之患,又能令全器相切之诸面历久不坏。救火之水龙亦用之。而用之最大者,莫如引水桶。于一小房中用火机及气匣以引水,而一大城中数十万烟户,无出汲之劳,并不必蓄水高处,省人工无数。器之利用,无过于此者。

流质涨力之妙用,莫如大抵力火机。凡水热至寒暑表二百十二度,水必化气,其涨力与寻常气涨力等,若再增热度,则水气涨力极大,虽至坚之器不能当之,故热度大于二百十二度,谓之大抵力火机,其涨力非寻常气涨力可比。此力为诸巧机之根,用之造器,历数十世,不能尽其巧法。

论各种气分合之理

包地球外之气,非一种也,乃各种气相和而成,可以法分之合之,俱有精理,而与地心力无涉。试以二瓶,一贮水母气,一贮炭气,水母气最轻,炭气最重。以轻者居上,重者居下,各启瓶口,对合之,须臾水母气下降,炭气上升,和洽极匀。设贮气之器,有隙通外气,则内气必出,外气必入,内外相和,其出入处方向对面而不相碍。

英国达尔敦尝细察此理,知轻流质本有互相推荡之理。若轻流质为两种气,即无此理。盖两轻流质,彼此互视,俱如空体,故此气质点流入他气质点中,不相阻碍,但有点与点相击之微细阻碍,一如水入沙中,亦如风透薄纱也。凡二气,此气涨大时,他气诸点之质阻率,能减小此气诸点之动速。迨二气和洽后,则诸点仅能加抵力于本气之诸点。此论能解难解之理。盖屡测轻流质相合时,恒与地力之理相反,如炭气重于水母气二十二倍,轻者居上,重者居下,能相和洽。此理最难解者,得此论,始释然矣。近人复以法考之,用水和烧酒,以器盛之,置玻璃罩内,以气机管渐出罩内之气,令薄,则二物必俱渐化为气以补之。至罩内气质复厚,涨力复原,则二物不复化气。乃以石灰入罩内,水所化气,必与石灰合,气之体质复薄,水复化气,而罩内有石灰,所化气复与之合。如此,可使器内之水尽化气,与石灰合,至仅存烧酒而止。然则水气足,即能阻水之化气;烧酒气足,即能阻烧酒之化气。去一气,留一气,则一无阻之者,故复化气,一有阻之者,故不复化气。盖二物各有化气之能,各不相杂,此可证达尔敦所言之理甚确也。

论地球外有风气包之

地球外有气四围包裹。何以知之?地面处处有云浮行空中,且处处有风;又仰观最高山顶,亦有云有风,云外蔚蓝无际,此气厚之证。试观深水,澄碧一色,同此理也。若无气,仰视空中,必纯黑无色,而昼夜俱能见星矣。包地球之气,不论何地,不论何时,亦不论高卑,为诸气和洽而成恒同。诸气中淡、养二气为多,他气俱甚微。加于气之力有二,一诸点互相撼动推荡之力,一地心力,令诸点相定。

论气抵力

地心力加于气,所生抵力,以轻重论,与重流质之理同,抵力大小与深浅有正比例是也。自地平面至气尽界,气之积最深,故最重;地渐高则气渐浅,亦渐轻也。明崇祯十三年,伽离略始测定气之重,其门人据此以发明恒升车水升之理,测气之器,即风雨表也。其法用玻璃管,长英尺三十二寸,两端一通一塞,满贮水银,倒植水银器中,管中水银必降下,最卑至二十八寸、最高至三十一寸而定,升降逐时不同。管之内径不得小于八分寸之一,其水银必极净。又必择最精者,凡用法作空,此管之空最真。玻璃管高不至二十九寸,水银必升至顶而无空。若管高过二十九寸,即有空。欲求其故,试置风雨表于玻璃罩内,以气机管出其气,则水银必渐降,再放气入,则水银必渐升。观此,可知水银定于管中者,因气之重挤之,令不能降也。既明此理,即可用水银柱高,为气之重率。

如图,甲乙玻璃管,倒置丙丑丁器中,丙丁为器中水银面,子为管中水银面,子戊为气重力所挤不能降之水银柱。设柱径为八分寸之一,以丙丁面分作与柱底相等之若干小面,则各小面向上之抵力,必等于子戊水银柱向下之抵力。各小面上之气向下抵力,必与向上抵力等,故气柱径八分寸之一,其重与戊子水银柱等,彼此可互为轻重之率。

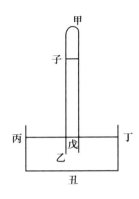

风雨表可当作水银平准,前所论烧酒平准,止能于同平面高卑处用之。若非同平面高卑,则当以大平原为高卑之准;而以海面为准者,更精更确,此必以风雨表测之。如在海面,水银高二十九寸九分二厘二毫,至山上,水银必降,盖即上所论气浅而轻故也。深壑中水银必升,气深而重故也。约略高九百英尺,水银降一寸;山高一万八千尺,水银柱高十四寸九分六厘一毫;山高三万六千尺,水银柱高七寸四分八厘〇一。依此用连比例,任若干高,俱可推也。

论气若逐层等质当若干高

前论因气为流质,不论在何点,抵力与柱长恒有比例。又气为轻流质,其厚薄与抵力亦恒有比例。然则地面抵力最大,气之质最厚,渐高则抵力渐小,质亦渐薄矣。气质厚薄,上下逐层不同,故高卑不可测。设上面之气挤紧,令厚薄皆与地面等,则依法推之,其高约得五里(英国每里五千二百八十英尺,约等中国三里有奇,故以抵力论之。若气质逐层等,则其高约得中国十五里)。

一率	二率	三率	四率
气厚薄	水银高	水银厚薄	气高

气之质,厚薄恒有小变,故抵力亦恒有小变,必以中数为准。用大小不同径之水银柱比较知之,有方寸面水银柱,即知方寸面气抵力,凡水银方寸体积,重七两八钱五分,三十二寸,重二百五十一两二钱,即十五斤十分斤之七,为方寸面气抵力之率。计人之身,有气三万斤重压之,而人不觉者,因通体互相抵定故也。其抵定之理有二:一、流质通抵力,处处如一。二、气涨力与质之厚薄,恒有正比例;与所处空体,恒有反比例。人身外边气抵力四面拥挤,与身内气之涨力相抵定。设外抵力略大,身之所处空体必略小,内之涨力必略大,内外二力,仍相抵定。如海底采珠者,入水十六尺,外抵力加半倍,三十二尺,加一倍,身体挤小,内之涨力亦加大半倍、一倍,故不害也。医者为病人打火罐,罐中有火时,气因热涨大而质薄,打后火灭而冷,气质不能变厚,涨力小,不能与身内之涨力相抵定,故罐口皮肉俱肿涨。

寒暑表水沸时热度,以气抵力为准。若无气,水沸时热度必甚小。气抵力时有小变,故水沸热度亦时有小变。

论倒器口风气抵力

倒器中能令水倒悬不出者,因器口有气抵力抵定故也。试以有底之管,贮水于中,以底向上倒悬之,水必不出。若以法令水面不动,各点俱定,则无论器大小,俱可倒悬,水必不出。试用玻璃碗,满贮水,贴纸于碗口,徐倒之,纸下有气抵力,必能令上面之水不出。盖用纸贴之,能令水面诸小点不移动故也。若以此器平覆几上,去其纸,水犹不出,微举离几,水即尽出于几上。

据此可明吸酒管之理。吸酒管内两边倒悬之水,俱欲下行,在顶点有两分之意,而顶点无空,势不能分,其不能有空者,因气力挤之,若顶点高三十二英尺（英国以十二寸为一尺，中国一尺约抵英尺十四寸），即空矣。故极大之吸水管，高不得过三十二英尺。此器中有二抵力，一在长端之口，一在又一端之水面。二水柱，一自长端口至顶点，一自水面至顶点，长短不齐，两端水皆满，水柱长者重，必令短者倒流而上，遂流转不息，而吸管中水恒满也。盖吸管中水动之力，因气加于所吸之水面而生，若吸管中水不满，必有中分之处，而因气抵力挤之，令水恒满，不能中分也。故水之过吸管，其理一如极光滑之铁索悬于一点，两端不齐，自能滑过卸下也。若两端齐，即不动；一端略长，短者必随长者而动矣。水在吸管中亦然。令两边水柱等长，水必不断，亦不动，故若令一端之水面与一端之口在一个地平面上，水必不流转也。

论气层层包裹之理

观前论流质相定之理，即可明气层层包裹之理。气之中间，不论何点，其质之厚薄，与抵力大小恒有正比例。以此推之，离地面渐高必渐薄，其外疑有尽界，其尽界必略如球面，然则其尽界之面，必与洋面平行。故太空之气，与大洋之水，俱为流质海，其旋转及地心力摄引之理俱同。所以气之尽界，必为平球面。地球面至气之尽界，自内至外，逐层分为无数球面，气定时，其抵力，其厚薄，其冷热，每面上必处处相同。试于一面上任取二点，二点之抵力同，厚薄、冷热亦同，则气必定。气球为无数同心球面，自小至大包叠而成，逐层球面，自内至外，厚薄由渐而变，层层不同。言光差之理者，以先明无数球面之理为最要事。

论　风

上论相定，言其理耳。气球为流质大海，必无处处相定之时，盖气之本性最易流动，故若一点略有撼动，即传之各处，俱不能定，而成风矣。风之起，其最大之因，为太阳昼夜往来感动之故，其他所因俱甚小。盖气定时，逐层之面，冷热俱同。太阳能乱其冷热，十二时中，从太阳中所来之热气刻刻不同，而冷热又有因于地势而变者，而气遂不能定矣。各处纬度异，冷热亦因之而异，盖向日之正斜不同也。赤道之地，太阳常过天顶，两极之地,半年有日,半年无日,若于二地取相等二小面,其受热气多寡悬绝矣。正居日下,热气正射,则热多,若斜射,则热少,愈斜则愈少。赤道北纬四十五度之地,冬与夏所受热气,其较甚大,非冬远日而夏近日也,日之正射、斜射异也。故离赤道渐南、渐北之地,一年中热气中率,必以渐而变,俱可推定。或有不合,必因地势之故。而合者居多。赤道之地,一年热气中率,寒暑表八十四度。伦敦小寒、大寒时,三十六度,小暑至处暑,六十一度,一年中中率五十度。距赤道北七十六度四十五分之地,中率十八度。七十八度之地,中率十六度。准此推之,北极之地,中率约四度,然则近赤道一带之气,较他处必甚热,故体积加多,盖热度增,体必涨大故也。而因涨大,则必轻于他处之气,故必上升,而其下两旁之冷气来补之。复受热气涨大上升,两旁复有冷气来补之。于是赤道上升之气,如流之不断,南北来补之气,亦如流之不断。遂生上下二潮,上自赤道流向二极,下自二极流向赤道,而名之曰风。地球面有常风,上潮若无他故,则北半球恒南风,南半球恒北风;下潮若无他故,则北半球恒北风,南半球恒南风。而因地球每日自转,风亦随之而转。下潮近赤道,地球纬度之速渐大,风不能追及,一若退行,故北半球变东北风,南半球变东南风。赤道左右三十度内,常常如此,海舶最易行。至近赤道,风从东来之路,渐消而尽,盖已得地球之速,故一若无风,或仅正南北风。

上潮有时降行地面,亦成常风,在北温道外,恒为西南风,在南温道外,恒为西北风。此一因于地球自转,一因于上潮方向也。盖上潮有向东之速,乃地球赤道上自转所生。故北温道外,上潮向东之速,大于北方诸地面向东之速。迨热气消尽,必下降至地面,而所得赤道之速尚未消尽,仍大于各地面之本速,故既至地面,即为大西南风也。在南半球,则为大西北风。

考验上潮,有二据。大西洋海中有高山,名德内黎非,山巅与山脚之风,方向恰对面。又海中火山,顶喷烟焰,方向与海面之风亦对面。盖烟焰初出山顶,在气之下潮中,其力甚猛,直上不动,及入上潮,力渐衰,乃随风之方向而横行也。准此,测得上潮之行甚速,或云,海中常有飓风,其故亦因于此。盖上下方向对面,遂成回旋之风也。窃意东南、东北二常风,久之其力定能减小地球自转之速,虽小阻力,积久能成大也。幸上潮时时降行地面,消去其阻力,故不变也。盖地球面上,恒有此类相等诸能力,虽时地不同,而无加减也。又中国东海之风,夏常西南,冬常东北,亦即此理。因太阳纬度而异也,其大略可类推。

论气之尽界

包地球外之气,若无尽界,日月诸行星,亦兼包于内,则太阳居气球之中,亦仍与地球外气球理同。然以意度之,而知气有尽界,不兼包日月诸行星也。何则? 盖气之涨力,能推诸点向外行,令渐远地心,其方向与地心力恰对面,渐高则涨力必渐小,直至涨力与地心力相等之处,则气之诸点不能复相推,而有尽界矣。涨力渐小,又因渐高、渐冷之故。以此二理推之,气之尽界,当不及一百五十里(近时格致家言气,或有尽界,或无尽界,未有确据,未可强定)。

论气球合诸气而成

包地之气,合诸气而成,乃化学家之理也。计百分气中,有养气二十分或二十一分,淡气七十九分或八十分,二气和洽而成,非变化而成。故气在化学中独异,非若他物,合诸质体变化而成也。气中又有炭气、水气,然俱甚微。诸气和洽而成包地之气,故气球中,有养气球、淡气球、炭气球、水气球,尚有他气,考验未明。诸气球各自充满,各不相碍。设去其一,余仍如故也(各气视他气,皆若质之视空,此理甚微妙,不易解也)。

8 卷二十

论流质之动

凡流质之动,与定质理无异。设有流质一段,不连他物,空中下坠,必与定质同,如雨点及贮流质器下坠,是其证也。故如有气一段,四面俱空,不连他气,坠地时必铿然与石无异。又流质摆动,亦与定质同,故摆锤中多有用水银者。若曲玻璃管满水其中,摆动时一如定质,其二端之动比,若二管长短平方根之比。于此益可信重学之动理。

论流质出口迟速

凡器中流质,出器口,入气中,行成柱体,若无物阻之,其柱之面恒不变。当出口时,各质点之速,等于空中下坠已过若干路所当得之速。用此理推得二事:一、出口时速之大小,由于口离流质面之深浅,不由于本质之厚薄,故诸流质空中下坠,俱同速也。如水与水银出口时,若口之离面深浅同,其速之大小亦同,然当口处,水银下压之力甚大于水。设口离面三十二英尺,水上面所加之抵力,等于地面之气常抵力,而水银十三倍之。二、同流质出口,速之大小比,若经过之高平方根之大小比。盖各物空中下坠,每秒中速之比,若经过之高平方根之比故也。如有贮水器一百尺高,旁开二口,一离水面一尺,一离水面一百尺,则流出之速,下口必十倍于上口。若于二口中间离水面四尺、九尺、十六尺、二十五尺等处,又开各口,其流出之速,必二倍、三倍、四倍、五倍于离面一尺之口。然用此理测量流出之速,必略减,不能恰合,盖尚有面阻力。上所论之理,与面阻力无涉。若欲知其定速,必细测面阻力所减若干。已测定一口,则余口可推算而知也。

出口之速,与多有定比例,如一秒中,下口较上口,其流出之多加若干倍,则其速亦必加若干倍,故实程之工,等于当口处抵力大小当程之工也。此凡与水同类不能缩之物,皆然。若能缩之物,则不然。又流质之上面,若气之常抵力外,又另有抵力,令流质之面与口,气之抵力不同,则加高器中流质柱推之。盖流质自器中出,入气中,其上面必有抵力传于口,传于口之力,与口外气阻出口之抵力同。故流质自器泻入气中,无异于在真空中下坠(如玻璃罩内抽出气,即成真空)。若流质上面,别加抵力,如以砧迫之之类,则出口处必增速与多。欲知增若干,其比例当以同轻重加高之流质柱为率,若上面抵力减少,小于口外气抵力,则流质出口不易。海舶中水桶必有二口,一在上面,一在下旁,水出时必有气在器中水面,其涨力加水柱重之力,必略大于口外气抵力。若略小,水必不出,所以上面必有通气之口也。

论流质出口形状

凡流质出口,在器底,必直向下行,在器旁,必依抛物线行,皆作柱状而渐缩。设口为径寸之平圆,则所作柱状,近口处亦必径寸,渐远渐缩,最小至八分寸之五,谓之小平圆截面。流质各点出口时,俱欲向此截面。此面距口有一定远近,过此面,则柱之形状不变矣。其故盖由出口之流质,处处迟速不同之故。设流质各点,用同速行,其方向皆平行于柱轴,则自出口至地,形状如一矣。乃器中之水,必用无数方向流至口,故出口有倒尖锥之理。锥尖在口外,即当小平圆截面之处,流质各点,俱欲向锥尖之点,故挤成小截面也。无论在器底在器旁,皆然。尖锥形状,视口之形状及截面距口远近而异。截流柱为无数截面,口为平圆,则诸截面皆为平圆。口为正方,则诸截面形状不一,略远,口诸角俱无;再远,则为八角形,有四大边、四小边,俱相等;再远,则为八等边形,而诸边微曲,渐近平圆;再远,则为四曲边形,凹面向外。若口为他形状,则流柱之变状又不同,其故皆生于各点在器中趋口之方向。测流质出口多少,不用口面积,而用截面积,约为口八分之五。

论助口管

接小管于口外,能令流质出口加多,管之形状,可任意为之。若圆柱形,与口大小同,加于器底,方向为垂。先将流质充满其中,则出口视前较多;若不先充满,则流柱仍如前,渐远渐缩,不能着管之边,而管为无用。最妙者,用二尖锥形管,以二尖相连,近口之锥,与流柱形状同,外锥加长,其底口与原口等。流质至小平圆截面处,遇外锥,流柱必由小而渐大。用此管,流质之出多于前,若十五与十之比,此助口管之妙用也。盖外锥加长,则下面各点之速,大于上面各点。又有相分之势,则中有空处,各点不拥挤,故流出加速。又口外每有气之挤力阻之,用此管,能去此病也。

论流质阻力

凡物行于流质中,必生阻力,阻力之大小,视流质之厚薄及行之迟速。若用小速行于薄流质中,阻力几等于无;若速大,如炮子之类,则阻力亦大,必能减速。又物缓行水中,阻力极小,渐速,阻力亦渐大。如船初行一小时一里,继二里,继三里,水之阻力必渐大。其渐大之比,若速方渐大之比。故一小时船行二里之阻力,必四倍一小时行一里之阻力;而一小时行三里,则阻力必九倍也。物之面,有受阻力多者,有受阻力少者,欲求阻力最少之面,理有多端。如船尾当作若何形状,离船首当若干远,船腹当作若何形状,今考验尚未明也。

物行流质中,推其阻力,不同者有二:一、物或全在水中,或半在水中;二、或行于阔处,或行于狭处,俱不同也。故上所论水阻力渐大之理,有时竟不合者。如一小时行四五里有常阻力,与上论合;若于狭处,一小时行十二里至十四里,阻力反变小,或几等于无,则不合矣。又舟载人约七十五至九十,用二马牵之,一小时行十里,马不病;若一小时行六里,马必毙,阻力反大也。且一小时行十五里,较易于六里,其故由于船头激生之浪,其动法因迟速而异,愈速,则船出水愈高,故阻力愈小。又水面大小与船大小,亦有一定比例。

凡气加于阔面,其阻力可以轻气球下坠时用伞之理明之。轻气球下必缀以伞,下坠时为气所阻,故几秒后不复增速,伞与人俱用平速而下。又鸟之飞,亦借此阻力,阻力加于翅,尾如舟柁以正方向。

论流质动之功用

流质以动加于定质,与以定质击定质无异。故必生动于定质,可以定质受击之理论之,其击力之大小,视流质之动率大小。最大之浪击船,有时能令锚索绝。风一小时行六里,人几不觉,行八十里至一百里,则能拔木发屋。凡风帆、风碓轮、水碓轮之作,皆本此理也。

流质之动,有时忽止,所生之变,其比例若止动时分之反比例,与定质理同。然流、定二质,转动之理不同。流质忽然不动,所生之变,必转传于各处。如用多管通于积水处,一管开,令水出,不论用何速,若骤令水停,所生之变,各管俱知。面积等则生等变,脆薄处必破裂。西国各城,用转水管,若大管中水忽停流,数里外小管,一时俱裂。用此理,可激水上射至极高处。

论川中水流

水流于川,迟速不同,其故多端。底有高卑,边有曲直,又有面阻力及他故,俱能减流速,且令改方向,开港。若高卑同,且甚直,流速最易推。凡水流,上面速于下面,中流速于两边,因底及两岸有面阻力,且多曲处故也。通水管中流速不同,亦然。用面阻力推之,能知一小时管中过若干水。凡港之湾,凸边之流,速于凹边,此生于各点互离心力,能令水积于凸边故也。水之上下面,非但速不同,或方向亦异,甚至方向对面亦有之。如通海之港,潮来时,咸水从下入,淡水从上出是也。咸在下、淡在上者,轻重异故也。故油入水必上浮,热水入冷水亦必上浮。凡大川入海,离口若干里,海面之水俱淡,然下必咸也。

论　浪

浪乃略高之水,行于水面。凡一浪行于水面,各小面以次相传,俱生高卑动。立海岸观浪,一若水向海边流,然水行未必依此方向,水在浪中,仅有向上或坠下之方向。其本方向,或与浪同,或与浪对面,水与浪之方向,各不相涉。故舟在水面,日经过数千浪,或不行,或因风前行,或因水前行,全不关浪也。又浮木水面,浪虽推击,木不行。然则浪不能动水面之物,故水不因浪行,浪自行,水自行也。浪涨浪落,水不过向上向下行,初未尝横行。人见水面浪行方向,以为水行者,误矣。

深潭止水,投小石必撼动水面,叠生圆浪,经过水之通面。若投二石,各为浪心,生二圆浪,必相遇,遇时各不变方向,无相阻力也。凡叠浪,先生者必高于后生者,如是递卑,至于无浪。遇物阻,浪不能向前,则阻物复为浪心,生半圆回浪,回浪遇本浪,与二石所生二浪相遇无异也。浪速之比例亦可推,如水边距投石处十尺,自浪心行二秒至水边,则一秒行五尺,即浪速。

浪每因风而生,浪之高,根于水之深。水阔二三百尺,深三四尺,浪高不过二三寸;水深二三十尺,高约尺半。地中海浪,低于大洋浪,大洋浪最高时,二船虽甚近,亦能遮隔不相见。故可以浪高低为海深浅率,今推测尚未能定也。浪速因高卑而异,亦因形状而异,形状刻刻变换,故浪速难推。大洋之水,每日升降二次,海边之地有潮来去,因此也。近有推得浪速者,大西洋一小时约行七百英里,近海岸或一百八十里,或六十里,或三十五里;通潮小川中不过十三里,川愈深,潮入愈难,而愈缓。

论测潮

测潮有二法:一、常测一处;二、遍测各处而比较之。

测一处者,逐日测其早晚高卑,而知由于日月经纬及远近之故。仅测数日,仅测数地,必有大不合理不可解处,须常测遍测,然后知不合理者,皆合理也。当考者,有六事:一、各地月过中线差。潮涨在月过中线后若干时刻,日日不同,大率此差宜用朔望为准,然亦须用多日之中数,以定中差。二、半月差。月过中线差,因月距日又生差,须以日月赤道纬度及地心差之中数考之。此差半月而复,故名半月差。此差各地当相同,然亦须测之,或变或不变,未能定也。上潮时刻,须以半月差为准。三、潮距朔望差。潮期后于朔望,或一日,或二日,或三日,故大汛潮不在朔望一日半中,而在其后一日半中。上潮距月过中线差平数时,不在朔望一日半之中,而在其后一日半中。朔望时刻距月过中线差平数时刻,即潮距朔望时刻也。四、潮日差。一日二潮,高卑不同。某月早潮高,某月晚潮高。须于各地测之。五、潮随地不同。或有地两潮,从两路来,或无日差,或二潮合为一潮,十二时只一次,所生之差又异。六、日月地心差不同,赤道纬度不同,俱能变潮之高卑及时刻,测验须久且精,方密而确。

测潮须测水涨至极高之时刻及水之高卑。然有浪,测之难准,须用木或锡作长管,立海中,旁开诸小孔以通水。管中水面,浮以小木,随水上下。木上立一细表,密刻分秒。用此法,即确知水之涨落若干高下也。

水涨极高时,用最准时表查其时刻,与历书中月过上下中线时刻相减,得每日月过中线差。

各处同测而比较之者,欲知潮顶及所向之路也。潮顶即水最高处。潮顶至处,即水涨极高时。设各地同时水涨极高,于地球图中作一线,名各地同潮线,朔、望二日,每隔十五度,作各地同潮二十四线,为大地同潮图。此图可考潮路方向。欲作同潮线,须先知各地月过中线差,或测而知,或比较而知。欲测每地月过中线差,须用逐日所测水涨极高时真时刻。除朔、望二日外,又须加减半月差。一法,欲知同潮线,但以各地同时同潮比较而得,更便捷,不必用中线诸差也。如半日内于各地测潮,用其时刻相比较,即知各地潮之早晚。此时刻较数,视推算所得时刻更真也。测潮之人,必居海滨,每日细测月过中线差、半月差、距朔望差、每日高下差等事,与各地比较,即知一月中潮有改变与否。

潮顶之行,与海水之行,须详细分别其方向,盖潮自行,水自行,不相涉也。如桅上旗,因风生绮浪,其方向与旗行方向不同也。有多地,潮自涨落,水亦自行,各自有方向。

潮涨时水进口,潮落时水出口,理之常也。然惟海边、海湾则然。有多地,潮之涨落与水之进出,时不相应。又两端通海之川,潮涨至极高后二三时,水方不动,其前水仍进口也。潮落至极卑后二三时,水仍出口也。

有诸海港合而复分,水道变方向与前又异,有时成环绕之行,半日中水道历尽罗经各方向,或东南西北,或东北西南,水道变,迟速亦变。故测潮须兼测水道,其法先测有进退之水道否,若有,须测潮涨落后历若干时,水方复本道。设有环绕水道,其变方向更须细测之。

第四部分

植物学

植物学(节录)①

1 译 序

　　《植物学》八卷,前七卷,余与韦君廉臣所译,未卒业,韦君因病返国;其第八卷,则与艾君约瑟续成之。凡为目十四,为图约二百,于内体、外体之精微,内长、外长、上长、通长、寄生之部类,梗概略具。中国格致士,能依法考察,举一反三,异日克臻赅备不难焉。韦、艾二君,皆泰西耶稣教士,事上帝甚勤,而顾以余暇译此书者,盖动植诸物,皆上帝所造。验器用之精,则知工匠之巧;见田野之治,则识农夫之勤;察植物之精美微妙,则可见上帝之聪明睿智。然则二君之汲汲译此书也固宜,学者读此书,恍然悟上帝之必有,因之寅畏恐惧,而内以治其身心,外以修其孝悌忠信,惴惴焉,惟恐逆上帝之意,则此书之译,其益人岂浅鲜哉?咸丰八年二月五日,刊既竣,书此。海宁李善兰。

---

① 选编自:韦廉臣,艾约瑟,李善兰,译. 植物学. 上海:墨海书馆,1858. 本书节录其中的"译序""卷一　总论""卷二　论内体""卷三　论外体""卷七　察理之法""卷八　分科"。——编者注

2 卷一 总 论

植物之为用大矣哉。五谷以养生,百果以适口,药材以治疾,材木以作宫室、舟车、器具。草木之性各不同,能详知之,则各知其所宜用,亦各知植之宜何地及培拥粪溉之法。故知草木之性,为植物学第一要事。

凡植物、动物及诸石类,皆合诸元质而成。石无生命,其元质之合由化工。动植诸物有生命,其元质之合皆由生命。化工、生命二者,所以能合元质之故,乃造物主之妙用,非人所得而知也。

动植诸物之全体,皆合诸细胞体而成。凡一切五官、四肢、脏腑、枝叶、花果,皆若器焉。生命用以取元质,养身、生子皆赖焉,故动植诸物,名曰有器之体;石仅有诸面体,无生命,亦无细胞体及养身、生子之器,故诸石名曰无器之体。

动物食植物,亦互相食,植物食石中之元质,故三者互相资赖焉。

动植二物,大异而小同,有数端焉。

一、动物恒能行动,而亦有不能行动者。水中有物,其身定于一处,不能动,而有长足,能攫取食物,生淡水中者名海特,生咸水中者名阿低泥亚是也。

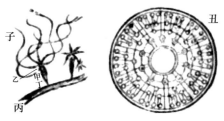

此阿低泥亚向上一面图,中为口,诸小孔中有长足,出取食物。孔之位置,有次序不乱,以十为本,第一、第二圈俱十孔,第三圈二十孔,第四圈四十孔。或有以六为本者如图,子为海特,生淡水中近草处,甲为胃,乙为口,口之四周生长足,于水中捞摸食物。偶有小虫触其一足,诸足即群聚,擒而送入口中。丙为他物,或石或草。丁为虫尾,与物相吸附甚牢固。丑为阿低泥亚,生咸水中,与海特同。

植物恒不动,而亦有能动者。有草生于水底,作花时能自浮出(图见五卷)。又冬虫夏草,当春夏时,草也;秋后草枯,根变为虫,深入土中。又有草,俗名仙桃草,春夏之交,结实大如桐子,其壳状若桃,剖之,中无子,有一虫。实初结,其虫无翅足而尾连于壳,芒种后,翅足俱全,破壳飞去。秋后钻入土中,至春,其尾生苗,而虫变为根。江南野中处处有之,则合动植为一矣。

二、植物任取一枝插土中,即能生,动物则必胎卵而生,不能分身也。然珊瑚系无数细虫合成,任斫一枝插海底,斫断之虫,俱能补全而生。又海特(图见前),断其足,能复生,碎其体为数十分,即一分变成一全体。或取二虫相合,即并为一而有二口。或翻其胃,即以内为外,以外为内,仍不死,则亦如植物矣。

三、植物无胃,而有一种树,叶生二物,若蛤壳,自能开合,飞虫集其内,则合而消化之(图见四卷),则亦似胃矣。

四、植物无论枝干果叶,内皆有浆;动物体内,则无浆而有脂。此事动植二物之绝不相同者,遇动植难分之物,以此别之。

五、植物之根在土中吸土汁,叶在气中吸炭质,以养身,所吸者,流质或轻流质而已,不及定质。动物并食定质,此其相异焉。

六、动物知痛痒,植物不知痛痒,然紫薇花、含羞草之类(图见四卷),搔之即动,触之即缩,则亦知痛痒矣。

动植二物,其生之例,有若符节之合者。如图,甲为植物之一种,由种子生茎,茎生诸叶,各有一定位置。叶吸炭气渐长,顶作一花,旁作一花,至结子而萎。乙为动植之合物,由卵生茎,茎生诸芽,亦各有一定位置。芽长,成诸活物,有胃能食,而其蒂仍附于茎。物各有须,顶物须分生,余皆总生。又旁有二物同蒂者,其一形独异,此与顶物皆若植物之花也。此

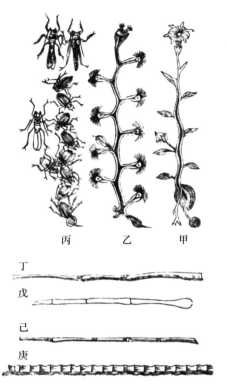

丙　乙　甲

丁

戊

己

庚

物中有生卵者,生卵后乃萎。丙为动物,于春时由卵生一虫,蜕而变为他虫。递蜕递变,至末变为二,有雌雄,乃不复变。交而生卵。诸虫中惟末二虫及第八虫有翅,亦如植物之花。丁为榛叶之茎。戊为一种猴之指骨。己为竹身。庚为一种蛇之脊骨,其有节皆同。观此见动植之源,本一也。

欲明植物因何而生,造法若何,上帝生之造之作何用,须遍察地球之植物,乃能明之。

拉弗来写

维多利亚

植物生于土者,自苔藓之微以至椰树之大;生于水者,自浮萍之微以至维多利亚花之大。维多利亚者,英女王名。此花生于亚美利加,古无知者,至今女王即位,始觅得之,故即以女王之名名焉。其花与叶俱似莲而甚大,叶之径五丈,其周十五丈,花之径约一丈,其周三丈,不独大极,且艳冠群芳,真花中之王,牡丹当逊位矣。此外又有寄生一类,最微者生于动物肺上,人兽皆有之,有则必病。最大者名曰拉弗来写,生于爪哇,花之径约二丈五尺,其周七丈五尺。褐色,花心有若胃者,容水十二升。以上特举最大、最小者,其中间品类实繁,几及千万,不能尽述焉。

植物种类如此之繁,一一不同,然各有功用,且互相资赖。姑以最微之石藓言之。凡海中新涌出小岛,纯石也,石藓即生其上。根入石外皮,雨露濡之,积湿不散,石外皮因之而烂。久之,石烂者,石藓枯萎者,杂糅而成泥,风吹草种入焉;而草生,根入石益深,石益烂,复与草之枯萎者糅成泥。如是千百年,泥益深,而百谷果木生焉。大东洋诸岛之初皆然。故石藓实为诸植物之先路焉。又火山喷石及流出石汁冷而复凝之地,一望皆石,亦必先生石藓,久而生草木。故造物主所生之物,虽至微,有大用焉。

植物周遍地球,无论膏腴荒瘠,高山深谷,海底海面,江湖池沼,赤道热沙,两极积雪,皆生焉。海底草木,浸深水中,与气中之草木异,而花亦丽。近极处终岁积雪,则生于雪面。人初至其地,望雪面色红,不知何物。近视乃无数细苔,不绿而红。故不论何地,必生草木。

白乎白

地当赤道,草木甚盛,迤南迤北则渐杀,各种草木皆有定界。赤道南

北十五度界内,多椰树、大棕榈、大芭蕉。有树名白乎白,生阿非利加西边,在赤道北十五度界内,本干径二十五尺,围七十五尺。又有榕树,印度最多,其树枝间生条下垂,着土即复生根(图见卷三)。又有石仙桃、鹤子草,皆寄生类之绝大者也。凡花之最盛,果之最美,树胶之最香者,皆丛生于十五度界内。此界内花之种类甚繁,奇芳绝艳,冠于他方。故其地之风气,甚香而和。然少雨,久不雨,草木皆枯,一经雨即复苏,且骤长,茂密更甚焉。自十五度至三十四度,热渐杀,草木渐小而疏,则有波罗树、甘蔗、咖啡、大枣、木棉、香橼、佛手、橄榄、桂、无花果、葡萄、杏、梅、桃、李、胡桃、橘、柚、扁柏、机木、水浮木生焉。三十四度至四十五度,橡及松、杉之类最多,始有经冬不凋诸木。四十五度至五十八度,亦多橡及松、杉诸木,皆在东半球。又有沙榆、椎树之类。五十八度至七十二度,则有槭延、胡索等树,亦有松,然渐小矣,而苔藓极浓厚。此界内草木皆有定处。七十二度至南北极,冰雪四时不消,草木不生,仅有苔藓,亦甚细薄。近北极常寒,惟近夏至时微温。七十二度稍南,虽有夏,甚短,故其地之草木,生叶、作花、结果俱甚速;少缓,恐遽寒,不能成也,亦可证造物主之裁制。凡植物各与所生之地相宜。热带荒瘠之区,草木之根与果内恒多汁,行旅若渴,可即采食之。天方沙土及阿非利加大漠,最热,赤日炎炎。云气至其地,辄干散,不能成雨,亦无泉源,故产西瓜极佳,以济行旅。南亚美利加有平原曰巴巴西,亦无雨,则多生草,名仙人掌。此草多汁,令兽食之不渴也。椰树、芭蕉,叶大且茂,人可就荫,以避正午酷暑。又椰树、芭蕉之类,其汁与热带之人体性相宜,故热带此类最多且畅茂。温带之人体性宜肉,故草极肥,养牛羊以食人。寒带之人行冰雪面,恒乘无轮车,车驾鹿,鹿嗜苔,故多生苔以饱鹿,令服车。造物之生草木,因地制宜,皆为人谋也。

赤道最高山,如一小世界,逐层气候不同,草木亦不同。最下层如赤道南北十五度界内,草木茂盛,果实甘美。上一层如十五度至三十四度,再上一层如三十四度至四十五度,再上一层如四十五度至五十八度,再上一层如五十八度至七十二度,再上至顶如七十二度至南北极,四时积雪,惟苔藓生焉。南亚美利加安达斯连山,离海面约三千尺或三千五百尺,山

内多芭蕉、棕榈,寒暑针自八十一度降至七十一度。自三千五百尺约至五千尺,多大羊齿,寒暑针降至六十六度。自五千尺约至六千五百尺,多葡萄等树。自六千五百尺约至八千尺,多橡类,寒暑针降至六十一度。自八千尺约至九千尺,多金鸡哪树(能治疟)。自九千尺约至一万尺,多虎刺。自一万尺约至一万二千尺,多细草。自一万二千尺约至一万六千尺,惟苔藓而已。自一万六千尺约至二万三千尺,四时积雪不消,山愈高则气愈薄,气薄,则凡水与一切流质,易散入气中,水散则生冷,故山之各层渐高渐冷也。试以杯水置玻璃罩内,而以风气车泄出罩内之器,渐泄则罩内之气渐薄,杯中之水渐化水气而散,亦渐冷,至后必成冰,此其证也。

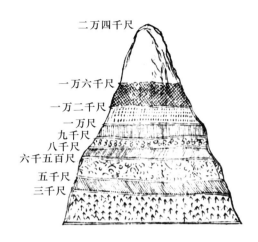

凡上升九里,气薄于平地一半;至十八里,薄于平地四分之一。

3 卷二 论内体

植物全体中,有无数细胞体,胞中皆有流质,此细胞一胞为一体,相比附而成植物全体。凡种子、根、本干、枝、叶、花、果,皆以此诸细胞体造成之。细胞体名曰内体;根、本干、枝、叶、花、果之类,名曰外体。

内体有四,一曰聚胞体,略如动物之肉;二曰木体,略如动物之骨;三曰线体,略如动物之筋;四曰乳路体,略如动物之血管。

聚胞体

聚胞体乃聚无数细胞为一体,诸细胞相粘合,不相和杂,故一一可分。此一切草木体中皆有之。其形状有圆者,如甲;有长者,如乙;有中有圆线圈者,如庚;有粘合而不挤紧者,如丙;有挤紧者,如丁;又有如戊者。凡叶之无管处,草木之心、皮之内层、果之瓤,皆以此作之。有如己者,在嫩木及皮中,戊之粘合如蜂房,割橘囊可验,己之粘合如墙砖。聚胞体中时有线体杂之,其线或平圆,或椭圆,如辛。

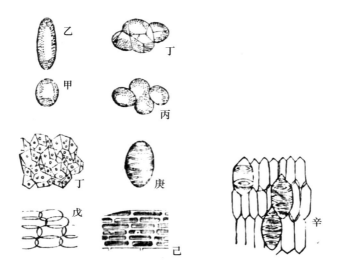

　　此体之胞无漏孔,中有液,乃轻气合养气所化成,而分数与水异,有微浆浸于中。又有一物,日光照之即呈色,夏则呈绿,故叶亦绿,秋则或黄或红,故叶亦或黄或红。又有一物,若糯米质,以淡气成之。凡植物根中、心中、果中,诸不透光处,浆最多,或云植物之浆,犹动物之脂也。

　　此体生于叶中、木中者,其初细胞甚小且少,近管处又生新者,渐生渐多,体以渐而大,故叶与木亦以渐而大也。

　　诸细胞相粘合,必有隙,隙中或有油,或有香胶,充满焉。又或有养气,或有液道,其液如水,液道之口,或通皮外,或通叶外,以接外气。凡有油与养气者,其口或大或小于细胞不定,惟液道之口,必甚小,非显微镜不能察焉。

　　其功用,令流质遍行植物体中。胞虽无漏孔,流质自能沁入,复沁出焉。

　　嫩木中聚胞体,节节相联,如甲。木老,则中之细胞消尽,而成长管。剖其管细察之,有无数细点凹迹也,如乙。

　　此体最易烂,凡叶、花、果落地后,与植物生命之气

隔绝,其中之炭质即合养气散为炭气;轻气,即合养气化为水;余如硫黄、磷、碱、青盐等质,即仍入土。故叶、花、果坠地后,其软处必先坏,核置干处不坏,遇湿亦即烂也。

木　体

木体乃合无数长管为一体,管柔而韧,长而甚细,合七管略如一发,二端俱锐,不见有漏孔。凡木之体、叶中之管,皆以此为之。欲验之,取木片浸水中,久而他质烂尽。独存此体,如麻丝也。

此体生既久,中有硫黄、磷、碱、青盐诸质,俱随土汁流入焉。其功用,令木坚固,又为土汁上升之路。此体初生如乙,其后因土汁中有定质点,留而不出,渐坚如甲。

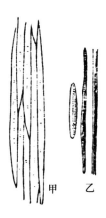

甲　乙

以上二体,初生甚微,逐日渐长,又生新者,故叶与枝干,皆渐大也。

线　体

线体亦合诸管为一体,管宽中而削末,锐其端,有线盘其中,管质甚薄而透光,故线可见。

甲

线不一,有作螺丝盘旋者,如甲,盘至锐处,线与管相粘合,各管上下以锐端相接通气。此种管以手引之则长,放之复缩,惟心之皮中、叶之管中及花中、嫩木中有之,他处则无。凡莲、天门冬、百合花之中最多,芭蕉中尤多。取此诸种入水中煮之,察以

甲

显微镜即见。此体松、杉皆无之。

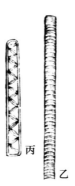

又有作圆圈平置管中者,如乙,石苇中最多。有作椭圆形斜置管中者,如丙。此二种管,以手引之即断。

其功用所以通植物体中之气,其气中养气极盛,较外气多八倍。动物之喉管,亦线体也,无线则管闭。

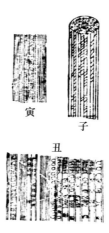

子为线体之原形,丑、寅俱为割开线体。显微镜内变大之形,丑中平圆、椭圆管多,螺线管少;寅中反是。

乳路体

乳路体亦以诸管为之,而支派联络相通,木中皆有之,而根中尤多,皮中亦多。南亚美利加之北,地名瓜伦皮亚,有木名牛树,体中乳路最多,刺以锥,乳即流出,人多取食之。又蒲公英体中,乳路亦多。

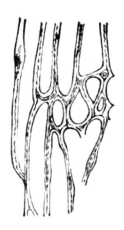

其功用,令树之乳,流通往来。乳有红者,有白者,有黄者,有如水无色者。乳之中,有树胶,有糖,有皮硝。

前三体俱相比附,凡有隙处,乳路即贯行其中。隙中既贯以乳路,尚有余隙,则有油,或香胶(如松香),或养气,或水,俱从微空以通外之风气。

植物中流质,有二动法。一、胞体中之流质,在内旋动。二、外来之流质,或上下升降,或四面流行,其上升由木体,其四面流行由聚胞体。

4　卷三　论外体

外体有七,曰根,曰干,曰枝,曰叶,曰花,曰果,曰种子。

根

根无叶,故无芽,皮上无小口,其内无心,以聚胞体为之。

根之功用有二:一以固树之干;二根管之末有小口,吸食土中诸汁以养身,根管非由短渐伸而长,乃管末逐节递生而增长,故能穿过石隙,以远吸土汁。根管之末最细,西国呼为微水绵,吸食之口恒在管末者。盖口在粗根,则不能远穿石隙以吸土汁,此造物主之妙用也。木根于土中四面远行,恒与上之枝叶相应,不差分寸,枝叶上雨露泻下,管口即吸食之。每叶若以线下垂,必遇一管口,管若略长,或略短,皆不能吸叶上之水,于此见上帝之大慈焉。

根管春夏吸食,秋冬则否,故移植花木,宜秋、冬二时也。

植物生于沃土,则根吸叶上之水;若生石中或沙砾内,则根管甚长,远吸土汁也。

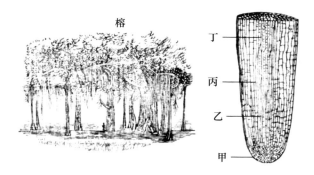

榕

此为显微镜映大根管末之图,甲为吸土汁之口,乙、丙俱为聚胞体之新而软者,丁为聚胞体之旧而硬者。

根管末小口,每年一易若叶然。当秋冬时,或脱,或烂,或成硬根。

凡植物只一根,在本干之下,常也。而榕树之类,往往枝间另生条,下垂入土,即生根,根管于土中四面远行,条渐粗大,亦变为干。印度有最古

榕树,大干三百,小干三千,全军远征,过此可驻其下。

亦有自本干生条入土为根者,如枫树之类是也。盖此类本干细而枝繁,生此亦以固干也。又有木,倒植之,枝即变根,根即变枝,北方有之。

根有不着土而浸水中者,如浮萍之类是也。

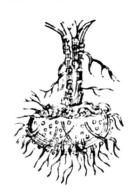

根有非四面远行者,则本干之下必有一团体,体中有浆或糖汁之类以养身,如百合、萝卜、芋之类是也。

根有不吸土汁,而吸他植物根中之汁,或干中、枝中之汁者,如女萝寄生之类是也。稗能害禾亦因此。凡人畜或肺或胃或脊,亦有生此类者,生则必病。

总根中有浆及粘物,皆所以养身,故初生之苗未有细根管吸食,亦能生也。

凡种树宜疏,疏则茂,密则有三害。根管交错,土汁吸尽,土瘠而树凋弱,一也。根弱,持干不固,经风易倒,二也。枝叶叠接,日光亏蔽,木质难成,虽成不坚致,三也。试验密林,四周之木茂,中间之木必纤长而凋弱,得日光少故也。

根分为三,一总根,居中,如甲。二根管,如乙。三干领,以护干足,如丙,此惟草本有之。

总根之状不一,有如团者,如丁。有如圆锥者,如戊。有分节而屈曲者,如己。有分枝分节而节节圆绽者,如庚。

干领为最要之物,但少伤,草即枯死。根管去尽而领不伤,能复生。

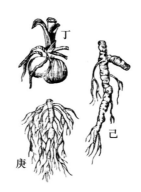

领有强者,有弱者。弱者,草结实后即干枯,枝干亦随之萎。草之一年一易者是也。

干

种子入土,初生一芽。其芽成叶,复生一芽。如此递生而成干。凡木质必从叶下行,试于干之半,以刀周割之,或以绳缚之,则上半仍渐大,而下半不复大。此其验也。盖根吸土汁,上升至叶,泄养气,收炭质。日光助之,变成木质,乃由叶下降,成通体之新木焉。问土汁何以能上升,曰,凡二流质,一厚一薄,厚质居胞囊内,与薄质遇,则厚质必沁出胞囊,薄质必沁入胞囊,但沁出缓而沁入速。干中有诸细长管,管中皆有胞囊,囊中皆有厚流质,故土汁上升甚速也。试取一玻璃管,其下紧缚一胞囊,囊中贮以糖汁,浸入水中,水必渐升,至满管而溢,此其证也。

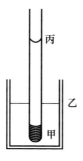

如图,甲为管下胞囊内厚流质,乙为器中水面,丙为管中糖汁与水和杂上升之面。

　　植物有四类:一外长类,新木质生于外。二内长类,新木质生于内。三上长类,新质逐节递生。四通长类,全体之质日长。

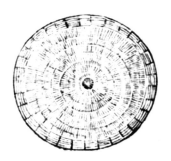

　　外长类每岁多一层,断木验其层数,能知木生之年数也。此为横截外长木之图,有七层,生已七年也。

　　凡外长木枝干,其径之大小,恒与叶之多少相应。当春时,新木初生如麻丝,试掣取一新叶,其蒂必联无数细丝,此其证也。至秋冬,则万千丝并凑坚硬,而成新层。

　　此类全干中有五物:一心,二心之皮,三木,四通皮与木之层,五皮。

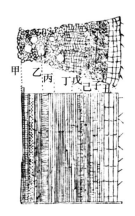

　　如图,甲为心皮,乙为旧聚胞体所成之管,丙为上一年之木体,丁为下一年之木体,戊为通皮与木之层,己为内皮,子为真皮,丑为第二层皮。上为横割所见,下为直割所见。

　　心以聚胞体为之,间有螺线体杂其中,其功用主养芽,故心内时有浆,浆成胶以养芽,植物遍体之芽皆通于心,心日增长而不增粗。

心皮以螺线体为之,有无数细支管,或达皮木之间,或达芽,或达叶之管中,养气由之上升至叶,散于空中,此其功用也。

木在心皮之外,每年增一层,层层包裹,乃由叶下回之木质所成。

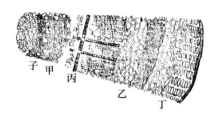

如图,子为心,甲为心皮,乙为旧生之木,丙为通皮木之层,丁为新生木。

木之分层者,由于春夏生新质,秋冬停止,至明年再生故也。赤道之下,虽有层,不甚分明。盖暑多寒少,停止之时短,木之新旧,不相悬绝也。距赤道愈远,层数愈分明,盖寒渐多,停止之时渐长,木之新旧回异也。又木之逐层,其厚薄逐年俱有定率。赤道之下,其层最厚,故木大;渐远赤道,其层渐薄,故木渐小。

近内诸层,土汁中之定质,久积不去,故甚坚而成黑色或黄色。近外诸层,土汁来往,所留定质未多,故不甚坚而色亦淡也。

通皮木之层,亦以聚胞体为之。其功用,乃为皮与木之路,令相通,亦以联皮与木,令紧固焉。

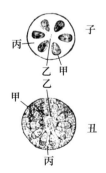

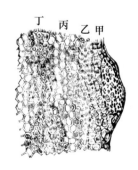

如图,子为初生之干;乙为心;丙为通皮木之层;甲为木体;丑为老干,干愈老则通皮木之层愈小。

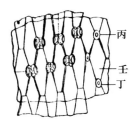

皮有四层:第一为外皮,如甲;第二如乙;第三如丙;第四为内皮,如丁。无论何种草木,其在气中诸体,外皮皆周遍,惟花心之口无之,故能受须之粉也。其在水中诸体,无外皮,外皮或一重,或二重,皆以细胞体成之。其胞相挤甚紧,不复成球形,如壬。外皮生汁,匀布周体,凝成薄膜,膜与外皮之功用,所以护内皮与木,不令风日燥之也。故热带内少雨,植物之外皮甚厚,温带多雨露,则薄,在水中则无。外皮上有口甚多,如丙、丁。当口处无膜,口外敛而内宽,口旁有物,所以护口,启闭之也。口之功用,以理植物中之汁,令热气散之毋太过也;又用以吸炭气入内,泄出养气而取其炭质也。凡植物在气中之诸体,皮上皆有口,根上则无,在水中者亦无,诸体之软而多汁处亦无。通长之类,则通体俱无。寄生之类,亦间有无者。凡口,枝干上皆有之,干上最多者,以西尺言之,每方寸中有一万五千口者,而叶底为尤多,且极小,非显微镜不能见也。以西尺言之,或叶面无口,而叶底方寸中有九万口者;或叶面方寸中有三万口,叶底方寸中有四万口者;或叶底、叶面方寸中俱二万口者;或叶面、叶底方寸中俱四万口者。外皮之上又有毛,亦以聚胞体为之。胞体甚细,毛有二种,一生叶之管上,与管通,以细胞体相接而成,上下停匀,如子。其功用所以收湿气,以护外皮,又令气之出入于口,无太过不及也。此类毛中,间或有螺线体者。一下广上锐,如丑。此类毛中有汁,故人手触续断,后必微疼,盖毛中之汁沁入手皮也。玫瑰叶上之香,亦毛中之汁香也。其枝上之刺,乃毛之硬者。第二层皮乙,亦以聚胞体为之,胞大而软,相附不紧挤,中有厚流

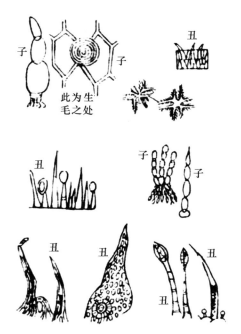

质,为彩色之本。外皮之口,吸取炭气,直达此层。此层内诸胞体,能分析之,散其养气,取其炭质,送入第四层皮内,而变化为木质。此层周遍植物之体,自干而枝而花叶,皆有之,根亦有之,但不能分析炭气,亦无彩色本之流质也,此层皮可作瓶塞。第三层皮丙,乃真皮也。此层植物初生时,只一重,后或增为二重,或三重,以长条聚胞体为之。此层内有胶,多可入药,如肉桂是也。第四层丁,为内皮,亦以长条聚胞体为之。此层之功用,能变化炭质为木质。凡枝、叶、花,皆凭此层而生。当春夏时,以刀周割外三层,植物初无大害,若割及此层,则无论草木皆立死。此层之状,为无数长丝,左右旋缠,纵横相交,如布之经纬。人用以作纸、作绳、作夏布、作网巾等物。此层之内,木之外,有木汁下行,成枝干之新木。此特言其大凡耳。外长之草,其皮有易分者,有不易分者,不可一概论也。

此亦外皮之图,以聚胞体成之,相挤甚紧,以显微镜察之如此。

内长类以胞体为之,其干初生时,中虚。明年,中生新质,挤外之旧质,令增大增长。明年,新质之内,又生新质,挤外之旧质,令更大更长,每

年如此。新质生于中,恒推挤外之旧质,故旧质愈久愈坚实。此类木无心、无皮,亦无通皮木之层,截验之,亦不分层,而外面最坚,刀不能伤,以绳紧缚之,亦不能损害,如椰树与竹之类是也。

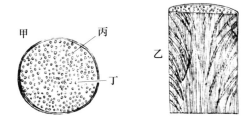

甲为横截椰树之图,乙为直剖椰树之图。中多聚胞体如丙,亦多线体如丁,其纹皆交互,观直剖图自明。椰树之干直上,上下大小停匀,无旁枝,顶生极大之叶。欲考其年数,度其长若干即知,盖每年增长若干略等也。

椰叶长而四垂,所以护其根,不令日晒。叶败则枯死,不能生枝故也。椰之用甚广。根可食,叶可作布、作篷、作苫、作篮、作灯笼、作席、作帽、作纸。叶中之大管可作橹。干可作栋梁、作舟、作枪杆、作绳、作席、作钓丝。芽可作菜。果之外皮可作绳,内皮可作酒器。果中有油,可作灯烛。花蒂中有汁,可作酒。大东洋诸岛中多椰树,有岛方十八里,中有万人,衣食、器用、房屋,皆取给焉。凡木之形状类椰者,皆可作酒、作油、作篷。

上长类每年叶落后,其干增一节,如背阴草是也。新西兰及东印度此类成木,最高者,其干中空而上削,其皮如鳞,乃逐年叶落后所留蒂痕也。其干长数百尺,将至顶,生长毛下垂,再上有长叶,四周散布。此木初生,中实,年久则空。子为横截上长木之图。戊为外皮,丙、丁为诸螺线体之

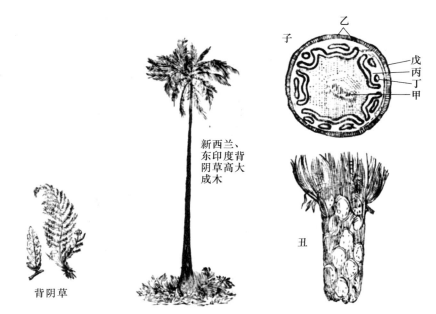

新西兰、东印度背阴草高大成木

背阴草

丑

合体。内色如黄漆,外色白。乙为皮,甲为心,乃胞体相挤而成。丑为上长木外面之图,如鳞者,皆叶之蒂也。

通长类以聚胞体为之,有因聚胞体渐大而增大者,如甲,如乙。有如花若干出,聚胞体居中若心,四面生诸长条,若花瓣者,如丙,如丁,如戊,如己。凡蕈、木耳、蔴茹等皆归此类。

干之形状异于常者甚多。有逐节向上增生者,如庚,如辛。有逐节增生,蔓衍于地者,如壬。有逐节增生,深入土中者,如癸。亦有生于土中,有诸条若根管,远行土中,其本或不复大者。有渐大若团者,如子,阿萝萝、番薯之类是也。亦有生土中渐大若团,而无远行之条,偶发一茎出土,作花而无叶,如丑,番红花、山慈菇之类是也。凡此诸种,人多误认作草根,不知皆植物之另一种也。盖察其团上有若鳞者,乃叶之类,非根所当有。

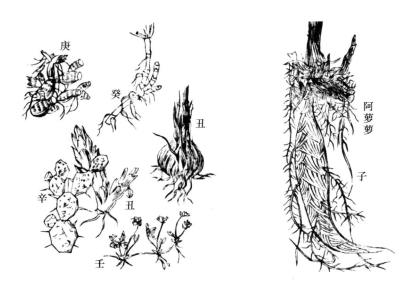

又番薯上有芽，割埋土中即生，非根所能。此其证焉。

木之干横截之，形状俱有妙理。图如下。

干之功用所以持枝叶,令四面纷披,以收热气及炭质,周行体内成新木。大树之干,必上下粗而中细。盖如此,中间更坚实牢固。若上中下如一,反易折矣。此造物主之妙用也。英国南海中多礁,船易坏,乃建高塔,夜燃灯以照行船。然地多飓,屡建屡圮,或思用法固之而未得。一日偶见大橡树,其干上下大而中细,顿悟其理,如法建之,果不复圮,至今巍然高峙云。干之中,胞、线、木三体咸备,根吸土汁上升,由干而枝而叶,泄出养气,日光助之,收炭质,复由叶下回,而成新木。其上升之力甚大。有海力师者,欲知其力大小,曾用器测之。如图,甲为截余树干,乙丙丁戊为曲玻璃管,管贮水银,乙、丁为水银面。以管末己紧接干之截处,而以橐紧缚之,如庚,则干中土汁上升,挤戊己管中之气,令水银丁面下降,乙面上升。视乙面上升若干,即知土汁之力若干。乳路之行异于此,以显微镜察之,见其动而不知其因何而动。

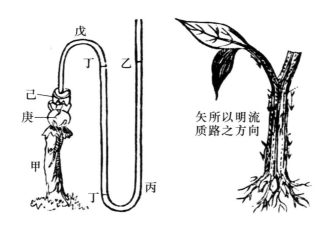

矢所以明流
质路之方向

凡树之干,可以造宫室、舟车、器用。

枝

由干旁发芽成枝,惟外长之类为然。枝生于干之四面,其位置依螺线自下盘旋而上,次序不乱,然当生之处,或受伤不生,或变为刺,或初生即萎,而木中成节。枝之不能秩然者,因此数端故也。何以知刺即为枝?

曰:刺亦从木心中出,与枝之生法同,且亦有生叶者,故知本即枝也。若加意培植,刺即变枝矣。枳类之刺,与蔷薇之刺不同。枳之刺即枝,而蔷薇之刺乃硬毛也。……花之藤,与枝不同,或即叶之总管变长而成,或若干而细,其功用,令花开于高处。

5 卷七 察理之法

置册五,册各分卷。一册记外长五部,分五卷。二册记内长五部,分五卷。三册记上长三部,分三卷。四册记通长三部,分三卷。五册记寄生,为一卷。置最利薄刃一,显微镜一,双镜最佳。寒士不能得,用单镜亦可。遇植物未知何类者,取枝叶花果,割以薄刃,察以显微镜,考其为何类,再考其为第几部,乃记于某册某卷中。若大而易辨者,不必用镜,目亦能辨之。既知为某类第几部,未已也。再细察其枝叶花果,与同部不相似者,详记之,盖每部中又分无数小部也。察理须极精极细,一树或一草,必详知其根若何,干若何,枝叶若何,花之萼瓣须心若何,何处为聚胞体,何处为线体,一切须了了于心。考千万种而忽略,不如考一种而详细。一日精察,胜于十年博览。治植物学者,尚其勉之。

今日详考一木,且详记之;明日详考一草,且详记之。春、夏、秋三季,日日如此,冬日草木凋零,无可考,乃取所记者比较而细分类部焉。曰,如此,不甚劳乎?曰,日得新理,但觉甚乐,不知劳也。

花叶既经考察后,勿轻弃,当收藏之。法夹以粗纸,而以重物压之,其纸每日一易,仍压之,俟干,或洒药水或掺药末于上,令不蛀,乃粘于精纸,而详记其名及所生之地,并标何类何部何门何种于旁,以备冬日分类部时复校。复校既毕,依类部分贴于大册中而藏之,后日欲再考,可检册查之,若欲再睹鲜艳之状,但以热水浸之,即复初形也。

根干枝之切薄片而考察者,亦当收藏之,以备复考。

外长类分部

第一部,花或尽具心须,自为雌雄,或兼三种。有有须无心,为雄花。有有心无须,为雌花。有全具心须,为兼雌雄之花,须或附于萼,或附于瓣,子房或全在萼之下,或大半在萼之下。此部分七小部。

一、花只一轮,或萼或瓣,胚小,多浆护之。

二、花二轮,兼萼与瓣,瓣不相连,种子独居一大房,种子大而胚小,浸多浆中。

三、花二轮,瓣之下相连不分,胚甚小,浸多浆中。

四、花二轮,瓣不相连,种子多而甚小,胚亦小,浸多浆中。

五、花二轮,瓣不相连,胎座偏于旁,胚无浆,或有亦不多。

六、花二轮,间或一轮,瓣不相连,胎座居中,在子房轴上,胚之浆不多,或无浆。

七、花二轮,瓣俱相连,胚之浆不多,或无浆。

第二部,花或尽俱心须,自为雌雄,或兼三花,有有须无心,有有心无须,有心须俱全,须或附于萼,或附于瓣,子房或全居萼上,或大半居萼上。此部分十小部。

一、花有二轮,萼瓣俱全,而出数不同,亦不相为本,瓣之下相连不分。其实之壳或甚硬,种子甚多,开裂有定处;或软,种子亦甚多,居有汁聚胞体中。胎座居中,或在轴上,或不在轴上,或偏于旁。子房易分,胚浆不多,或无。

二、花有二轮,萼瓣俱全,其出数有相同或相为本者,有不相同亦不相为本者,瓣之下相连不分。果甚硬,或独生,或聚生。胚大而浆不多,或无。

三、花有二轮,瓣之下相连不分,萼瓣之出数或相同,或相为本,胎座居中,不在轴上,胚浸多浆中。此小部间有一轮者,亦间有瓣不相连者,然甚少也。

四、花有二轮,瓣之下相连不分,萼与瓣之出数或相同,或相为本,胎座居中,在轴上,一果,有二子房,或三子房,胚甚大而浆少。此小部间有无轮者,亦间有瓣不相连者,然甚少也。

五、花有二轮,瓣之下相连不分,胎座或在轴上,或偏在旁,胚甚小,浸浆中,浆甚多,胚中之仁甚微,小于未茁之根。

六、花或二轮,或一轮,子房合而难分,种子有定数,胎座在轴上。实之壳或硬,开裂有定处;或软,种子居有汁聚胞体中;或有肉有核,如桃、李之类。胚之状扁椭而有尖,浆不多,或无。

七、花或二轮,或一轮,有瓣者,瓣不相连,子房合而难分,胎座或在裂缝上,或在轴上,种子多少不一定,胚之状若圆锥,胚中未茁之根甚长,养胚之浆不多,或无。

八、花或一轮,或二轮,有瓣者,瓣不相连,子房或可分,或不可分,胎座在裂缝上,种子多少有一定,胚扁椭而有尖,浆不多,或无。

九、花或一轮,或二轮,子房只一,胚扁椭而尖,无浆。

十、花或一轮,或二轮,若有瓣,不相连,胎座居中,或附轴,或不附轴,胚之状曲环抱浆,浆不多,干若粉。

第三部,花或尽具心须,或兼三种,有有心无须,有有须无心,有心须俱全,须与萼瓣不粘附。此部分十四小部。

一、花无轮,胚甚小,浆干若粉而甚多,胚居浆外。此小部中,间有一树之花有心无须、一树之花有须无心者。

二、花一轮,子房只一,间有二三子房者,俱易分,胎座居中不附轴,胚居浆外,或曲抱浆,浆干若粉,或坚凝。此小部间有须略附萼者,亦或有有须无心、有心无须者,然俱不多也。

三、花或二轮,或一轮,心皮有二三,合而孕一果,胎座居中,不附轴,胚抱浆,浆不多,干若粉。此小部间有须略附萼者,亦或有须无心、有心无须者。

四、花或二轮,或一轮,萼瓣之出数或相同,或相为本,萼互相叠,瓣作螺旋状,花放不能足,胎座居中附轴,须多少俱有一定,胚之浆甚少,或无。

五、花或二轮,或一轮,萼瓣之出数或相同,或相为本,且萼与瓣恒相比附，须之多少有一定，胎座居中附轴，间有一树之花有心无须、一树之花有须无心者。

六、花有二轮，子房之隔数，与萼瓣或相同，或相为本，胎座居中附轴，须之多少，俱有一定，胚居多浆中，浆凝而软，甚多，间有须附萼者。

七、花或二轮，或一轮，子房之隔数，与萼瓣不同，亦不相为本，胎座偏于旁，或在裂缝，亦有居中附轴者，须之多少，俱有一定，胚在多浆中，浆凝而软。

八、花或二轮，或一轮，须之多少无定，胎座或在裂缝，或附轴，胚小，居浆外，浆凝，或坚或软，甚多。

九、花有二轮，须之多少无定，胎座或附轴，或在裂缝，胚居多浆之外，浆干若粉，或无浆。

十、花或二轮，或一轮，胎座附轴，萼互相掩叠，或作螺旋状，须之多少无定，间亦有有定者，胚居微浆内，或无浆。

十一、花或二轮，或一轮，须与瓣之出数不同，亦不相为本，萼与瓣俱互相掩叠，须之多少有一定，间有无定者，胎座附轴，胚在微浆中，或无浆。

十二、花或二轮，或一轮，萼未开时，其边相连，瓣有互相掩叠者，有作螺旋状者，须之多少或一定，或无定，胎座附轴，胚在微浆内，或无浆。

十三、花或二轮，或一轮，胎座偏在旁，或在裂缝，胚之形或曲，或作螺旋状，浆甚微，或无。

十四、花或二轮，或一轮，胎座偏在旁，或在裂缝，胚之形正直，浆甚少，或无。

第四部，花或有须无心为雄花，或有心无须为雌心。此部分八小部。

一、花有二轮，诸子房合而难分，居萼上，胎座偏在旁，胚浸多浆中。

二、花有二轮，或一轮，子房居萼下，胎座偏在旁，胚无浆。

三、花或二轮，或一轮，诸子房可分，居萼上，胚在多浆中。

四、花一轮，子房居萼下，胚甚小，浆甚多。此小部中，间有花丛生成穗者。

五、花一轮，丛生成穗，诸子房居萼下，胚扁椭而有尖，无浆。

六、花或二轮,或一轮,散生不成穗,诸子房合而难分,居萼上,胎座居中,在轴上,胚浸多浆内,间有无浆者。

七、花一轮,散生,子房只一,居萼上,胚颇大,浸浆中,浆甚微。

八、花或一轮,或无轮,丛生成穗,诸子房居萼上,胚小,浆亦微。

第五部,无子房,种子露于外,亦无皮,须粉直扑种子之口而入。此部分四小部。

一、干多节多枝,叶俱相连不分,其管交错若网,须末有单囊,囊有诸细穴,粉从穴出,近胚之膜成管,露于外。

二、干直上多枝,叶相连不分,管或相交错,雌花散生,雄花须末有二囊,囊直裂,近胚之膜不露。

三、干直上,多枝,叶若针,雌花成卵,卵有种子。

四、干直上无枝,叶之管平行直达边,不相交错,有卵,卵有鳞,鳞之下有雄粉囊(如松杉之卵)。

内长分部

第一部,新生之木在外,中有心,叶之管相交错,与外长木同,惟单仁,故定为内长类,如蹲鸱是也。此部分五小部。

一、花兼有心须,诸子房不相合,子房内有多种子而无隔膜,种子之蒂甚长,胚珠之口在下,胎座亦在下。

二、花兼有心须,有数子房,子房合而尚可分,胎座附轴,瓣三出。

三、花兼有心须,有数子房,子房合而难分,胎座偏在旁,瓣或三出,或六出。

四、花分雌雄,雄花有须无心,雌花有心无须,有数子房合而难分,胎座附轴,瓣六出。

五、花分雌雄,萼瓣难辨,相连不分,粘附于心皮,子房亦合而难分,种子甚多,如蹲鸱是也。

第二部,花全具萼瓣心须,萼瓣与子房不相附。此部分四小部。

一、花瓣或三出,或六出,子房可分,无浆,间有花分雌雄者。

二、花瓣六出,其软处,内有汁,汁易干,故花易残,其花多浆。

三、花绿色,中无汁,不易残,浆甚多。此小部中,有花作他色者,瓣干而薄,甚憔悴,花多浆,间有无浆者。

四、瓣或二出,或三出,浆甚多,大半草本。

第三部,萼瓣心须俱全,萼瓣与子房相粘附。此部分三小部。

一、萼瓣之数不同,亦不相为本,须之数,或一或二或三,种子无浆。

二、萼瓣之数不同,亦不相为本,须之数,或一或二或三或四或五,其须恒有变成瓣者,种子无浆。

三、萼瓣之数或同,或相为本,须之数,或三,或以三为本,无变成瓣者,种子无浆。此小部间有萼瓣与子房不相粘附者。

第四部,花或二轮,或一轮,或无轮,其花分雌雄。雄花有须无心,并无心痕;雌花有心无须,并无须痕。此部分三小部。

一、根在水中,花或全,或不全,大率散生,胚居子房轴上,无浆。此小部中,间有花兼具心须者。

二、花兼有萼瓣,无跗,丛生于软茎上,茎分枝,有鳞,花外有总衣护之,胚坚,不甚可辨,浆凝聚,或坚或软,棕榈之类是也。此小部中,花或有兼具心须者。

三、花之状若鳞,或二花并生,或三花聚生,或诸花丛生,无跗,所生之茎无枝,外无总衣,胚在子房轴上,浆或干如粉,或凝而软,或无浆。

第五部,花乃抱花小叶所成,若鳞相掩叠,非真花也。色如叶,或绿或黄,亦无轮,小部不分。

上长类

以螺线体为之,其子无胚,不分小部(余见前)。

通长类

不分小部(余见前)。

寄生类

寄生类分三小部。

一、胚珠多少无定,偏居子房之旁,果中有多种子,萼五出,须囊有孔,粉从口出,如亚弗来写是也。

二、胚珠多少无定,偏居子房之旁,果中有多种子,萼或三出,或四出,或六出,须囊自裂。

三、胚珠单一,果中只一种子,种子有长茎。

俗儒之论曰,万物本乎太极。又曰,由于自然。夫自然则无主,太极则无知,何以能令子中之胚乳化糖以养苗?何以能令叶依螺线而生,巧合算理?何以能令根管吸引土汁及叶上泻下之雨露?何以能令根所吸之汁上升至叶,泄养气收炭质,以成木质?何以能令花瓣收日光中之色以悦目?何以能令须与心相为雌雄以孕果?何以能令或生细棉或生刺以自护其子?一一细思之,自不能不确然知有造化主矣。

6　卷八　分　科

植物共分三百有三科,外长类二百三十一科,内长类四十四科,上长类三科,通长类十一科,寄生类十四科。今略译最著者若干科,为入门初学之助云。

伞形科乃外长第一部第一小部五科之一也,草本。其花之跗,聚生而四散,团栾似伞。其果双生,双蜜房,在子房之上,体中乳路最多(此皆异于别科者,故先言之,下仿此)。叶对生,半分,或不分,有护足叶。花有白、蓝、黄、绀四色,总跗或有抱花叶若干环之,或无。萼在子房上,或不分,或五出。瓣亦五出,生蜜房外,含蕊时,相掩叠如屋瓦,五须,与瓣交错相对,含蕊时曲向内。子房二,心管亦二,口不分,果内二房,以轴为界。壳有五大痕、四小痕,痕中有油,子倒生,胚甚小。红莱菔、芹、八角、茴香、小茴香之类,皆归此科。此科诸植物体中多油,多生于温、寒二带,热带甚少,共二百六十七族,一千五百种。

石榴科，乃外长第一部第六小部十科之一也，大小木本。子房中多隔膜，瓣不相连，或无瓣，萼不相叠，种子甚多，须囊形长，叶多闪点。花有红、黄、白三色，独无蓝色。萼无定数，须倍于瓣。子房在萼下，或单，或分，自二至六。石榴、丁香之类，皆归此科，共四十五族，一千三百种。

绣球科，乃外长第一部第三小部五科之一也，草本，小木本。须附于瓣，囊直裂，心皮不分，叶对生，无护足叶，花聚生，中间跗短，四周跗长，有香者多，瓣或连或分，花状如轮，或如管。绣球、金银花之类，皆归此科，共十四族，二百二十种。

菱科，乃外长第一部第六小部十科之一也，草本，小木本，生湿地。子房中多隔膜，或单子房，瓣附萼末，或无瓣，须数与瓣同，亦附萼末，果壳干硬，无裂缝，种子只一，倒生，护胚之浆凝而软，胚形直。菱、芡之类，皆归此科，共八族，七十种。

菊科，乃外长第一部第七小部八科之一也，草本，小木本。单子房，瓣附萼末，含蕊时相并不相叠，或作带状，或分四五齿，落者多，须囊围绕作圆柱形。花聚生一台上，或分雌雄，或兼雌雄。有若干抱花叶，四面环绕之，萼在上，与子房相附，萼末生毛，或若羽，单子房，卵顺生，胚无浆，果小，壳干无裂缝，顶有萼之毛。凡菊类皆归此科，共一千有五族，九千种。

唇形科，乃外长第二部第二小部十科之一也，草本，小木本。瓣大小不相等。每花生四果，壳硬，无裂缝，内只一种子，枝干俱方。叶对生，中多香油。花亦对生，无小跗，总跗分枝，逐节俱作伞形。萼成管，在子房下，或分五齿，或分十齿，不落。瓣相连，亦在子房下，作唇形，上唇或分为二，或不分，下唇稍大，分为三、四。须附下唇分处，双囊，子房分为四，在软轮上，每房只一卵，顺生。果或一，或二、三、四，包于萼内。薄荷之类，归此科，共一百二十五族，二千三百五十种。

淡巴菰科，乃外长第二部第四小部七科之一也，草本，小木本。五须，胚长而尖，胎座附轴，叶不分，或微分，萼或四出，或五出，在子房下不落。瓣之下相连，在子房下，或四出，或五出，落，须附于瓣，与瓣交错，囊直裂，或顶有诸小穴，粉从穴出，双子房，心管无节。果或二房，或多房，种子无数,胚或直或曲,居软浆内。此科多毒药。淡巴菰、泰西山芋之类,皆归此科,族种若干未考定。

橄榄科,乃外长第二部第四小部七科之一也,大小木本。须或二或四,俱不相连,叶不分,对生,花成穗,亦对生,或分雌雄,或兼雌雄。萼不相连,在子房下,不落。瓣相连,亦在子房下,四出。须或二或四,生每二瓣间,双囊,直裂,子房无轮,内分二房,每房有二卵,俱倒生。心只一,管口不分,或分为二。果软而有汁,中有核,亦有干而裂者。胚有多浆护之。槐、丁香、橄榄之类,皆归此科,共二十四族,一百三十种。

实大功劳科,乃外长第二部第五小部八科之一也,大小木本。经冬不凋,枝或拳曲,叶不分,或对生,或交错生,心管之末多单口。胎座附轴,种子有一定数,俱倒生。瓣互相掩叠。花小而白,或带微绿,有散生,有成穗。萼或四出,或五、六出,含蕊时相掩叠。瓣或四出,或五、六出,含蕊时亦相掩叠。须附于瓣,与瓣交错相对,须茎直立,双囊,直裂。子房无轮,在萼上,内分二房,或三、四、五、六房。果软,无裂缝,中有核,自二至六不等。护胚浆甚多,胚小,分为二,仁甚微。共十一族,一百十种。

蔷薇科,乃外长第二部第八小部七科之一也,藤本,小木本。瓣不相连,子房不附萼,各房亦略不相连。叶或分或不分,交错生,多护足叶,或有闪点。花聚生散生不一定,恒兼雌雄。萼或四出,或五出,萼中有轮。瓣五出,附子房外。须或有定数,或无定数,生于萼,含蕊时曲向内,双囊,直裂。子房在萼上,或一房,或数房,其卵或二,或不止二,多倒生,心管旁生。果或硬壳,无裂缝,内只一子,或作葡萄状,或干壳,有一裂缝,内有多子,胚直而平。二仁,无浆,胚根小,其尖向胚连胎座点。蔷薇、玫瑰、月季之类,皆归此科,共三十八族,五百余种。

梨科,乃外长第二部第八小部七科之一也,大小木本。花瓣不连,其出等势,子房附萼,在花下。叶或分,或不分,交错生,有护足叶。花有白、淡红二色,或散生,或聚生。萼五出,余一在背。瓣亦五出,余一在前。有茎,茎附萼喉,须无定数,俱生于萼喉。子房之轮甚薄,粘附萼管中,子房自一至五不等,半粘连于萼。卵或二,或无定数。心管自一至五不等,口不分。此科果状俱似梨,果内之房,自一至五不等。核独居一房,胚直,仁平,无浆。苹果、梨、柰之类,皆归此科,共十六族,二百种。

梅科,乃外长第二部第四小部七科之一也,大小木本。瓣不连,五出,等势,单子房,心管恰生顶点。果软而湿,内有核,甚硬。叶不分,交错生。花有白、淡红二色,或散或聚,聚者如伞形。萼五出,落,瓣在子房外,须数约二十,生萼管口,含蕊时曲向内,双囊,在茎末,直裂,子房在萼上,卵二,倒生,心管末作肾状。胚直,胚根向胚连胎座点,仁扁而厚,一面凸一面平,无浆。梅、李、桃、杏之类,皆归此科,共五族,一百十种。

豆科,乃外长第二部第五小部八科之一也,草本,大小木本。花状如蝶,瓣不连,或无瓣,果有荚,果内一房,心管在顶点。叶分者多,交错生,间或有闪点。萼在子房下,五出,大小不等,余一在前。瓣生于萼足,或作蝶状,或等势,五出,间或二、三、四出,余一在后。须或有定数,或无定数,生子房外,或生子房下,其本连为一体,或二体,间或三体,心在上,一子房,亦有二子房至五子房者,单口,不分,在心管末。果皆如豆,或如梅,种子附于裂缝,或一或多。胚或直,或根曲抱仁,浆或有或无,仁较胚根甚大,多作杏仁状,茁芽时或出土或不出土,色变绿如叶。此科最易辨,盖他科之花无作蝶状者,果无作豆形者。豆、金雀、靛檀之类,皆归此科。此科中有大木至十五抱者,共四百六十七族,六千五百种。

肉桂科,乃外长第二部第九小部四科之一也,大木本。须囊曲裂,果露生,叶全,无护足叶,或交错生,或对生。花聚生,总跗分枝,或一簇,或四、五、六簇,成伞形,兼雌雄,间有分雌雄者。萼三出,含蕊时相掩叠,无瓣,须有定数,与萼对生,在子房外,其数以萼为本,中三须无囊,外六须或双囊或四囊,囊不在须末而贴附须茎,直裂,子房一,在萼上,卵或一或二,俱倒生,心管一,末微分为二、三。果软有汁,或如梅、李,或有壳,胚倒生,无浆,仁大,一面平一面凸。胚根小,在上。肉桂、香樟之类,皆归此科,共四十六族,四百五十种。

紫薇科,乃外长第二部第九小部四科之一也,小木本,间或草本。树皮甚韧,瓣不相连,或无瓣,须囊直裂,卵一,倒生,萼相掩叠。叶无护足叶,花或散生,或成穗。萼成管,有彩色,或四出,或五出,在子房下。须有定数,或八或四,间或二,生萼管之口,子房与心管俱一,口不分,果干而壳硬,无裂缝,亦有如梅、李形者,胚形直,无浆,或有浆,薄而软,仁一面平一面凸。紫薇、瑞香、楮树之类,皆归此科,共三十八族,三百种。

胡椒科,乃外长第三部第一小部三科之一也,小木本,草本。干有节,单子房,一卵,顺生。胚居胞囊中,浆初湿后干。叶或对生,或交错生,护足叶或有或无。花兼雌雄,或有跗,或无跗,或聚生总跗分枝,有抱花叶,须二,或三以上,或生于子房半周,或生于全周,或单囊,或双囊,粉圆而光润,子房不附他体,种子一,顺生。此科生卑湿地,溪谷、水滨最多,共二十族,六百种。

大黄科,乃外长第三部第三小部四科之一也,草本,间有小木本。叶交错生,护足叶成管,种子形直,果三角而硬,无裂缝。花成穗,或兼雌雄,或分雌雄。萼有色,与子房不相附,含蕊时相掩叠。须有定数,生萼底,间或生子房外,囊直裂,心不附萼瓣。子房分为三,每房一卵,顺生,其上有小穴,心管三。果无包衣,或萼抱护之。胚倒生,或偏于旁或附轴,有浆护之,根在上甚长。大黄、荞麦之类,皆归此科,共二十九族,四百九十种。

橘科,乃外长第三部第五小部十三科之一也,大小木本。树皮光润,遍体有油胞,果软无裂缝,内有多房,瓣相掩叠。须不附他体,叶多分,交错生,有闪点。近枝处有节。萼短,或三出,或五出,不落而枯。瓣或三出,或五出,其本甚广,不相连,或微连,附于心轮之旁。须之数或如瓣,或以瓣为本,生于心轮,须或分,或连为二、三体,囊在茎顶,心不附他体,多子房,心管一,锐上,口微开。卵或单或双,或无定数,倒生,或平生。果软而多汁,皮厚,内有无数油囊,诸房附轴,内包数胚,胚形直,无浆。仁厚而软,胚根短。橘、柚、橙、柑之类,皆归此科,共二十族,九十五种。此科果最多,西国有一大树,果多至二万,又坏果一万。

葡萄科,乃外长第三部第七小部七科之一也,藤本,有节,粗而易裂,间有小木本。萼瓣之出俱等势,胎座附轴,须与瓣交错相对,囊直裂,枝干中多胞体,内有汁,每年有一时,其汁流出甚多。叶或分或不分,低处对生,高处交错生,无护足叶。花聚生,总跗分枝,或成伞形,时或变成藤线,恒与叶相对生,花小色绿,萼微。瓣或四出或五出,附心轮外。须数与瓣同,生于心轮。茎不连,其下或微连。心在上,子房自二至六不等,心管一,口不分。果如球,内有汁,一房,种子或四或五,顺生,体甚硬,胚亦顺生,浆凝而坚,长三倍胚,胚根在下。葡萄本产里海滨,今遍地球皆有之,共七族,二百六十种。

罂粟科,乃外长第三部第八小部六科之一也,草本,小木本。体有汁如牛乳,单子房,萼落。胎座在旁,叶或分或不分,交错生,无护足叶。一本只一花,在顶,跗甚长。花具各色,独无蓝。萼或二出,或三出。瓣在子房下,或四出,或六出,或多出,恒以萼为本。须无定数,亦生于子房下,双囊,在茎末。心管甚短,或无管。卵甚多,无定数。果或作豆状,或具干壳,有裂缝,或作罂状。胎座或附裂缝,胚甚小而直,居浆底,浆作油状,仁平而凸。共十八族,一百三十种。

玉兰科,乃外长第三部第六小部八科之一也,大小木本。此科之树最美观,可称嘉树。有多子房,抱花叶甚大,瓣相掩叠。胚浆凝而软,最停匀。叶交错生,有闪点,近枝处有节。芽有薄膜护之,花散生,有香,兼雌雄,间有分雌雄者。萼或三出,或六出,落。瓣或三出,或多出,生于心下,有数轮,间有无萼瓣者。须多,无定数,生于心下,不相连,囊形长,附于茎,自顶至足。子房多而无隔膜,内或一卵,或多卵,卵或顺生,或倒生,心管短,口单。果或干,或软而有汁,内有多房,或有裂缝,或无裂缝,聚生于一长轴成锥状。胚小,居软浆下,浆甚多。此科北亚美利加最多,果不可食,共十一族,六十五种。

莲科,乃外长第三部第九小部三科之一也,草本。叶质软,作人心状,干平卧水底,即藕也。果有多房,花甚大,艳且香。胎座附于子房之隔,萼四出,与心瓣俱不相附。瓣俱相掩叠,末一瓣半化作须,在内者不落,在外者落,间或有相连者。须恒生于心轮,在瓣之上,双囊,附于茎,自顶至足,直裂,裂缝向内。心轮大而软,心有多子房,每房一卵,心管如轮辐。果无裂缝,种子附于软隔膜。胚小,居于浆底,浆如散粉,外有有汁之囊包之,仁软而内凹。维多利亚花归此科。此科外长内长不甚可辨,或言其二仁一非仁也。又干内亦难分层,而植物家多列于外长类,今仍之,共五族,五十种。

茶科,乃外长第三部第十小部七科之一也,大小木本。叶不分,对生,无护足叶,或有亦甚小。花瓣之出作等边状,须囊横加茎末,恰当重心,可转动。种子不多,或只一,心管长,叶有闪点。花成穗,小跗有节,花甚繁,有白、淡红二色,兼雌雄,间有分雌雄者。萼或五出,或六出,含蕊时相掩叠,凹向内,落。瓣或五出,或六出,或九出,不相连,间或本相连,与萼不等势。须无定数,生于心下,茎如线,连为一体或多体,或全分,双囊,直裂,多子房,在萼上,心管亦如线,自三至七不等。卵附轴甚大,或顺生,或倒生,果壳裂法不一,其内分房自三至七不等。胚或直或曲,无浆,或有亦不多,仁极大,内多油。茶、山茶、玉茗之类,皆归此科,共三十三族,一百三十种。

荔枝科,乃外长第三部第十一小部九科之一也,大木本,藤本。瓣之出不等势,有物附于瓣内,未有名,须囊直裂,子房分为三,卵有衣护之,衣连于胎座。叶分者多,交错生,有闪点或闪线。花成穗,有白、淡红二色,间有黄者,或兼雌雄,或分雌雄。萼或四出,或五出,有末微分,有惟本微相连,有全分者,含蕊时相掩叠。瓣生于心下,其出与萼相交错,或无瓣,含蕊时亦相掩叠。须之数或八或十,间或五、六、七,有多至二十者,则甚少也,或生于心轮,或近于心,须茎不相连,其本或微连,囊向内,子房间或有分为二与四者。每房或一卵,或二、三卵,心管不分,间或分为二、三。卵或顺生,胚珠与卵之末,方向相反,或倒生,双卵者,上顺下倒。果或有干壳,其房或二或三,裂缝在后,开时作翅状,或软,无裂缝。胚多曲,间或有直者,无浆,胚根近胚连胎座点。荔枝、龙眼之类,皆归此科,共五十族,三百八十种。

木棉科,乃外长第三部第十二小部六科之一也,草本,大小木本。须俱全,单囊内向。叶或微分,或大分,交错生,有护足叶,或有抱花诸小叶环花底。萼之出数,三、四、五不等,其下相连,含蕊时相掩叠。瓣生于心下，其出数与萼等，含蕊时作螺旋状。须无定数，亦生于心下，茎连为一体，囊横裂，子房分多房，卵或有定数，或无定数，心管之数如子房，或分或不分。果壳或干，或软而多汁。种子或有绵，胚曲，无浆，仁亦曲。此科无毒，多膏，可食，共三十九族，一千种。

十字科，乃外长第三部第十三小部四科之一也，草本。或一二年而萎，或多年而萎。瓣四出，作十字形。叶交错生。花成穗，有黄、白、紫三色。萼四出，落，含蕊时或相掩叠，或相并。瓣与萼相交错。六须，四长二短，长者相并，短者独立。子房不分，在上，胎座在旁。心管口分为二。果壳成荚，一房，裂缝二，种子或一或多，胚无浆。此科观须即可知。芥、莱菔、白菜之类，皆归此科，共一百七十三族，一千六百种。

瓜科，乃外长第四部第二小部三科之一也，蔓本。或一年而萎，或多年而萎。瓣相连，胎座在旁。果即瓜也。叶分五尾，状如手，通体多硬毛。花分雌雄，有白、红、黄三色。萼五出。瓣亦五出，与萼同状，不甚可辨。瓣内有总管、支管，如叶，或无瓣。五须，或俱分，或每二须连为一体，余一独立，生于瓣，亦与瓣相交错。双囊，其形长，心粘附于萼。子房不分，胎座三，俱在旁，弯向内，相切于子房之轴。种子或一或甚多，心管短，口甚厚而软。果内多汁，顶有萼痕。种子平，有皮护之。胚亦平，无浆。仁有总管、支管，如叶。凡瓜类皆归此科，已得五十六族，二百七十种，南亚美利加未考定。

胡桃科，乃外长第四部第五小部二科之一也，大木本。体内有水，或有胶。子房不分，卵一，顺生。叶交错生，无护足叶。花分雌雄，雄花成穗，雌花聚生，总跗分枝，间或雌雄共生于一茎上，雄花居抱花小叶中，小叶或二或三或六，大小不等，须数三，或不止，双囊。雌花之外，亦有若干抱花叶环护之。萼附于心，其出三、四、五不等，无瓣，或有亦甚小。子房分为二、三、四不等，一房在上，余在下。果有皮有核，或双裂缝，或无缝，核有硬壳，壳内多凹曲处，胚无浆，仁软有油，胚根甚短，生于上。其四族，二十七种。

栗科，乃外长第四部第五小部二科之一也，大小木本。子房分为二，或不止,卵倒生。叶不分,交错生,有护足叶。花分雌雄,聚生,雄花成穗,雌花或成穗,或总跗分枝。须数自五至二十不等,子房顶有萼痕,而周有轮形,其状不一。子房及卵俱甚多,然每不成,管口甚多。果只一房,壳硬而韧,无裂缝。种子或单或二、三,俱独居,仁甚大,平而凹,胚根甚小。此科花成穗,叶之支管直达边,俱与内长类相似。栗、橡之类,皆归此科,共八族,二百六十五种。

桑科,乃外长第四部第七小部七科之一也,大小木本,或藤本。体内多乳,单卵,倒生,胚曲如钩,多浆,胚根在上。叶之状不一,有大护足叶包其芽,叶甚粗落时有护叶圈痕。花小,聚生,或成穗,或成团,分雌雄。雄花之萼,或三出或四出,相掩叠,或无萼。须或三或四,生萼底,与萼之出相对,双囊,直裂。雌花之萼,其出二、三、四、五不等,子房不分,间或分为二,卵之小口在上,心管分为二,一大一小。果小而硬,内只一房,有有汁之软囊包之,种子一,有薄膜护之,胚浆软而多。桑、无花果之类,皆归此科,共八族,一百八十四种。

麻科,乃外长第四部第七小部七科之一也,草本。干粗多汁,一卵,倒生。胚曲如钩,无浆,胚根在上,花甚细。叶分,交错生,有护足叶。花分雌雄,雄花成疏穗,萼有鳞,相叠,须不多,与萼之出相对,茎如线,双囊,在茎末,直裂。雌花成密穗,或如松卵状,萼相连,包心,心无管,二口,果无裂缝,单种子。麻可作绳、作布、作麻药酒。共二族,二种。

杨柳科,乃外长第四部第八小部六科之一也,大小木本。子房不分而多种子,种子有绵。叶不分,交错生,有护足叶,或落或不落。花分雌雄,或有护衣,如酒杯状,或无,聚生成穗。须或分,或连为一体,双囊。子房不分,在萼上,卵多,俱顺生,居子房底。心管只一,或无,口或二或四。果内一房,裂缝二,种子在房底。胚直,浆不多,胚根在下。此科可以种子有绵辨之,共二族,二百二十种。

松柏科,乃外长第五部第三小部之一科也,大小木本。经冬不凋,体多厚胶,叶如针,干自下而上,逐节分枝。花分雌雄,雌花成穗,雄花之须连为一体,或散生,或聚生成穗,落,双囊,直裂,心开,子房平列作鳞状,无管与口,卵露于外。每二卵同房,或多卵同房,俱倒生,居心轮上。外包单膜,或双膜,顶点开而不合。胚珠一,果为诸雌花合并而生,状如叠鳞。胚有多浆护之,浆凝而软,有油,双仁,或数仁。松、柏、杉之类,皆归此科,共二十族,一百种。

水仙科,乃内长第二部第二小部四科之一也,大小木本,草本。根甚短,有屈曲卧地、节节生叶者。萼与瓣同状,须囊向内,心管不分,胚浆凝而软。叶狭而长,管平行,近干处无节。花或大或小不定,兼雌雄。萼瓣同色,交错等势,或合而成管,六须,附瓣与萼,心不附他体,分三房,卵甚多,心管一,口单,三出,胚有多浆护之,与种子方向同。水仙、萱、百合、葱、蒜之类,皆归此科,共一百三十三族,一千二百种。

姜科,乃内长第三部第二小部三科之一也,此科不生寒地,草本。根卧地蔓生,有节,干乃叶之本合而成,非真干也。无枝,一须,双囊,胚居有汁胞体中,其汁后成干浆。叶不分,足成筒状。花或成密穗,或成疏穗。萼在上,成短管,瓣亦成管,六出。萼瓣俱不等势,须三,惟中一须有用,囊直裂,粉光润,作球状。子房分为三,卵多。胎座附轴,心管如线,其末大而空。果或硬,分三房,种子多,或软,内有汁。姜、黄姜之类,皆归此科,共二十九族,二百四十七种。

芭蕉科,乃内长第二部第二小部之一科也。无干,叶之足有筒,重叠相裹成假干。花成穗,每花有一大抱花叶护之,萼瓣难分,共六出,分为二行,附于心,六须,生于每二出之间,双囊,俱如线,向内。心在下,子房分为三,卵或三或多,心管单,口微分,三出。果干,有裂缝,内有三房,间或软而多汁无裂缝。种子或多毛,胚顺生而直,作长方形。共四族,二十种。

五谷科,乃内长第四部第四小部五科之一也,草本。冬不凋,一年而萎,间或有大根,能历数年者,根甚短,多根管。干作圆柱状,中空,有节。当节处中实,干外有薄皮,系火石质所成。叶狭而长,不分,交错生,足抱干成管。花绿色,成穗,如络纬状,兼雌雄,间有分雌雄者,或有跗,或无跗。每花有若干抱花叶环之,分三层,外或一叶,或二叶,交错生,中二叶,亦交错生,下叶不分,上叶分,此二层叶,俱作人字式,叠成萼状,内或二叶,或三叶,叠如鳞,或分或不分。须数自一至六或六以上,不等,生于子房下,囊加茎末,恰当重心,可转动。心管分为二,或三,口有毛。子房底阔上狭,卵从底上升,浆如粉。胚偏居浆外,略近底。单仁,仁甚阔。昔人以此科之抱花叶为萼瓣,近始知其误。稻、大小麦、黍、稷、草之干圆而中空者,皆归此科,共二百九十一族,三千八百余种。

李善兰译事年表^①

1811 年(嘉庆十五年)(1 岁)

十二月二十八日,出生于浙江海宁。

1819 年(嘉庆二十四年)(9 岁)

自学《九章算术》,开始研习算学。

1824 年(道光四年)(14 岁)

作《甲申除夕》一诗,这是目前已知的李善兰最早的诗作。

读徐光启、利玛窦译的《几何原本》前 6 卷,通其义。

1830 年(道光十年)(20 岁)

向吴榕园学习作诗。

1840 年(道光二十年)(30 岁)

在数学研究上"所造渐深"。

1842 年(道光二十二年)(32 岁)

英军进攻乍浦。作《乍浦行》《汉奸谣》《刘烈女》等诗。

1845 年(道光二十五年)(35 岁)

到嘉兴,在陆费家坐馆。结交张文虎、顾观光、汪曰桢等算学名家和

---

① 编者在编写"李善兰译事年表"时对李善兰的重要事迹做了比较系统的简介,而非仅限于"译事"。另:叙述中的日期均为农历。——编者注

孙瀜(次山)等嘉兴名士。

冬,汪曰桢向李善兰出示元数学家朱世杰所著《四元玉鉴》3 卷,李善兰深入研究,撰成《四元解》2 卷。

1846 年(道光二十六年)(36 岁)

著《对数探源》《弧矢启秘》两书。

顾观光为《四元解》《对数探源》作序。

1848 年(道光二十八年)(38 岁)

著《麟德术解》3 卷。

1849 年(道光二十九年)(39 岁)

在嘉兴,与张文虎、孙瀜、杨韵(小铁)、于源等常在幻居庵一起谈诗论画。

在此期间,向陈奂学习经学。

1850 年(道光三十年)(40 岁)

丛书《指海》出版,其中收录李善兰的《对数探源》。

1851 年(咸丰元年)(41 岁)

丛书《艺海珠尘》壬、癸二集出版,收录李善兰的《方圆阐幽》和《弧矢启秘》。

与数学名家戴煦结交。赠送戴煦《对数探源》《弧矢启秘》两书。

1852 年(咸丰二年)(42 岁)

五月,到上海,进入墨海书馆。居住在大境杰阁。

与王韬结识。

六月,开始与伟烈亚力一起翻译《几何原本》后 9 卷。与艾约瑟合译《重学》。

七月至十月间应试科举。

十二月,与蒋敦复结识。

1855 年（咸丰五年）（45 岁）

译毕《几何原本》后 9 卷。顾观光、张文虎任校核,韩应陛写信给李善兰,表示愿意捐资出版。

徐有壬回湖州,与李善兰结交。

1856 年（咸丰六年）（46 岁）

韩应陛为李善兰与伟烈亚力的续译《几何原本》作跋。

1857 年（咸丰七年）（47 岁）

译毕《植物学》,并在秋季由墨海书馆开雕。

1858 年（咸丰八年）（48 岁）

续译《几何原本》刊行。《重学》刊行。不久,两书同毁于火。

《植物学》刊行。

与伟烈亚力合译《代数学》《谈天》《代微积拾级》。开始着手与伟烈亚力合译《奈端数理》。

著《火器真诀》一卷。

1859 年（咸丰九年）（49 岁）

《代微积拾级》由墨海书馆刊行,李善兰自序。

《代数学》由墨海书馆刊行。

是年秋,《谈天》由墨海书馆刊行,李善兰自序。

与艾约瑟合译的《重学》20 卷由墨海书馆刊行。与艾约瑟合译《圆锥曲线说》译成。

1860 年（咸丰十年）（50 岁）

是年在苏州,为江苏巡抚徐有壬幕僚。

四月,太平军进攻苏州,李善兰回沪向西人借兵,未果。太平军攻破苏州城,徐有壬死,李善兰著作尽失于苏州。

1861 年（咸丰十一年）（51 岁）

寓居上海,与吴嘉善、胡公寿、蒋敦复等来往密切。

1862 年（同治元年）（52 岁）

四月，至湘军安庆大营，为曾国藩幕僚。

1863 年（同治二年）（53 岁）

五月，向曾国藩引见张斯桂、张文虎。

九月，经李善兰推荐，容闳至安庆，为曾国藩幕僚。

1864 年（同治三年）（54 岁）

九月，与张文虎等人到金陵，筹建金陵书局。

十一月，被曾国藩保举为训导。

1865 年（同治四年）（55 岁）

八月，致信曾国藩，请其为《几何原本》作序。

曾国藩署名为续译《几何原本》作序。

1866 年（同治五年）（56 岁）

曾国藩出资三百金助李善兰刻印《则古昔斋算学》13 种。

李鸿章出资为李善兰刻印《重学》。

郭嵩焘推荐李善兰为京师同文馆算学馆教习。李善兰因《则古昔斋算学》尚未刻竣，称病推辞。

1867 年（同治六年）（57 岁）

四月，致方骏谟信。

冬，《则古昔斋算学》3 种出版。

1868 年（同治七年）（58 岁）

在江南制造局逗留数月，与傅兰雅合译《奈端数理》，未毕。

冬，离开金陵书局，应征京师同文馆。至上海，因无轮船入京，滞留数月。

1869 年（同治八年）（59 岁）

三月，离开上海赴京。四月，到直隶总督府拜访曾国藩。五月初，入京师同文馆，为算学馆教习。

将所发现的一个判别素数的方法交给伟烈亚力。伟烈亚力把这一方法冠以"中国定理",发表于香港的 *Notes and Queries on China and Japan*（《中日释疑》）杂志上,引发了一场关于"中国定理"的争论。

1871 年（同治十年）（61 岁）

加内阁侍读衔。

秋,杨兆鋆入京师同文馆,为李善兰得意弟子。

1872 年（同治十一年）（62 岁）

为华蘅芳《开方别术》作序。

著成《考数根法》一卷。

致华蘅芳信,提出"绝学"之说。

1873 年（同治十二年）（63 岁）

为德国传教士花之安（Ernst Faber, 1839—1899）《德国学校论略》作序,在序中提出了"教育强国"的观点。

自本年至 1875 年（光绪元年）,在《中西闻见录》上刊发《星命论》等文。

1874 年（同治十三年）（64 岁）

四月,升户部主事。

因患风痹,惮于行远,咫尺之遥,须人扶掖。

1875 年（光绪元年）（65 岁）

张之洞编《书目答问》,算学家中生存人不录,因李善兰以天算为绝学,故独录李善兰一人。

1876 年（光绪二年）（66 岁）

十月,升员外郎。

《测圆海镜》作为京师同文馆算学教材由京师同文馆出版,李善兰为《测圆海镜》作序,在序中提出了"合中西为一法"的教学模式。

1877 年（光绪三年）（67 岁）

傅兰雅主编的《格致汇编》第二年夏季册刊登李善兰演《代数难题》卷十三第四次考题。

1879 年（光绪五年）（69 岁）

四月,加四品衔。

1880 年（光绪六年）（70 岁）

正月,李慈铭夜晤李善兰。

春,京师同文馆《算学课艺》出版。《算学课艺》由李善兰阅定,其学生、算学馆副教习席淦、贵荣等编,京师同文馆总教习丁韪良作序。

春,与刘岳云谈论学术。此后,赠刘岳云《算学课艺》一部。

1882 年（光绪八年）（72 岁）

五月,升郎中。

撰写《级数勾股》一书,未完。

十月,在北京去世,据说是误饮药酒过量致死。

十一月二十日,在北京东四牌楼什锦花园胡同开吊。

1883 年（光绪九年）

李善兰养子崔敬昌迎李善兰的灵柩回海宁,归葬于硖石镇东山脚下的牵罾桥埂。

中華譯學舘·中华翻译家代表性译文库

许　钧　郭国良／总主编

第一辑	第二辑
鸠摩罗什卷	徐光启卷
玄　奘卷	李之藻卷
林　纾卷	王　韬卷
严　复卷	伍光建卷
鲁　迅卷	梁启超卷
胡　适卷	王国维卷
林语堂卷	马君武卷
梁宗岱卷	冯承钧卷
冯　至卷	刘半农卷
傅　雷卷	傅东华卷
卞之琳卷	郑振铎卷
朱生豪卷	瞿秋白卷
叶君健卷	董秋斯卷
杨宪益　戴乃迭卷	

第三辑

李善兰卷

陈望道卷

赵元任卷

曹靖华卷

李健吾卷

季羡林卷

许渊冲卷

方　　平卷

草　　婴卷

飞　　白卷